경제학

무작정 따라하기

경제학 무작정 따라하기

The Cakewalk Series - Economics

초판 1쇄 발행 · 2021년 3월 17일
초판 3쇄 발행 · 2024년 2월 5일

지은이 · 테이번 페팅거
옮긴이 · 김정수
발행인 · 이종원
발행처 · (주)도서출판 길벗
출판사 등록일 · 1990년 12월 24일
주소 · 서울시 마포구 월드컵로 10길 56(서교동)
대표 전화 · 02) 332-0931 | **팩스** · 02) 323-0586
홈페이지 · www.gilbut.co.kr | **이메일** · gilbut@gilbut.co.kr

담당 · 박윤경(yoon@gilbut.co.kr) | **제작** · 이준호, 손일순, 이진혁, 김우식 | **마케팅** · 정경원, 김진영, 김선영, 최명주, 이지현, 류효정
유통혁신 · 한준희 | **영업관리** · 김명자, 심선숙, 정경화 | **독자지원** · 윤정아

교정교열 · 김동화 | **전산편집** · 예다움 | **CTP 출력 및 인쇄** · 북토리 | **제본** · 신정문화사

ISBN 979-11-6521-496-8 13320
(길벗도서번호 070442)

정가 17,500원

....

독자의 1초를 아껴주는 정성 '길벗출판사'

(주)도서출판 길벗 | IT교육서, IT단행본, 경제경영, 교양, 성인어학, 자녀교육, 취미실용 www.gilbut.co.kr
길벗스쿨 | 국어학습, 수학학습, 어린이교양, 주니어 어학학습, 학습단행본 www.gilbutschool.co.kr

경제학
무작정 따라하기

테이번 페팅거 지음 | 김정수 옮김

길벗

준비마당 — 경제학의 역사

첫째마당 — 시장

다섯째 마당 — 경제학 개념

여섯째 마당 — 거시경제학

경제정책

준비
마당

경제학의 역사

The Cakewalk Series - Economics

01 경제학의 기원

최초의 경제학

경제학은 부족한 자원의 관리, 즉 제한된 양의 자원을 최대한 사용할 수 있는 방법에 대해 논합니다. 경제학이라는 말은 '집안 살림을 관리하다'라는 뜻의 그리스어 오이코노미아(Oikonomia)에서 유래되었습니다. 오이코노미아는 그리스의 철학자 크세노폰(Xenophon, 기원전 431~360)이 지주들이 보다 효율적으로 부동산을 관리할 수 있는 방법에 대해 저술하며 사용한 용어입니다. 그는 저술에서 노동 분배와 노동자의 전문화(노동자가 집중해서 수행할 수 있는 업무가 주어지는 것)에 대해 언급했습니다. 고대 그리스와 로마 국가들은 더 나아가 자본주의의 주 재료라 할 수 있는 사유 재산에 대한 개념도 발전시켰습니다.

그 후 수 세기가 지나도록 현재 우리가 알고 있는 경제학의 학문적 개념은 나오지 않았고, 경제 문제는 종종 철학자의 몫으로 돌아갔습니다. 예를 들어 그리스의 철학자 플라톤(Plato, 기원전 427~347)은 사회 정의에 관한 선언문인 자신의 저서 《국가(Republic)》를 통해 국가의 복지를 극대화하기 위해 철학자의 정치 참여를 촉구했습니다. 플라톤은 국가 복지 문제를 자유시장에 맡기고 싶지 않았던 듯합니다.

▶ 크세노폰

▶ 플라톤

세계 최초의 동전

기원전 7세기경 세계 최초의 동전이 사용되었습니다. 그로 인해 암탉 일곱 마리를 칼 한 자루와 바꾸던 교환경제는 보다 섬세한 경제 시스템으로 발전했고, 개개인은 전문화된 직업을 가지고 공통 화폐를 대가로 지급받게 되었습니다.

또 다른 그리스의 철학자 아리스토텔레스(Aristoteles, 기원전 384~322)는 교환 매체로써의 돈과 상대적 가치를 제공하는 방법에 대해 저술했습니다. 그는 더 나아가 공급과 수요 법칙의 초기 공식인 구매자와 판매자가 동의하는 공정 가격을 언급하기도 했습니다(36쪽 '공급과 수요' 참조).

▶ 아리스토텔레스

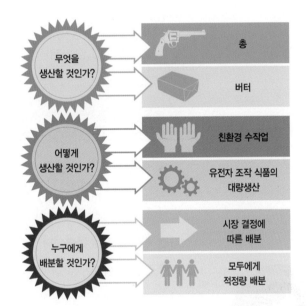

중상주의

일반적으로 중상주의는 국가가 원자재와 귀금속(특히 금과 은)을 축적할 것을 장려했고, 정부가 다음과 같은 주요 경제 영역에 관여해야 한다고 보았습니다.

중상주의의 기본적인 조건

- 국내 산업을 보호하고 통화 유출을 방지하기 위해 수입품에 관세 징수
- 규칙 및 규정 제정과 주요 수출 산업에 대한 보조금 지급

중상주의에 따르면 국가가 경제를 꾸리는 것은 금을 모으는 것과 같았습니다. 그러므로 프랑스산 실크 같은 수입 사치품을 위해 금을 지불하는 행위를 지양했습니다.

프랑스는 장 바티스트 콜베르(Jean-Baptiste Colbert, 1619~1683) 재무장관의 주도하에 중상주의를 채택하여 당시 무역으로 큰 성공을 거둔 네덜란드와 경쟁했습니다.

▶ 장 바티스트 콜베르

국가적 해적 행위

16세기에는 군주들이 해적질을 하는 것이 공공연하게 용인되었고, 국

▶ 프란시스 드레이크

가가 해적질을 후원하고 선동하기까지 했습니다. 프란시스 드레이크 (Francis Drake, 1540~1596) 같은 사람들은 스페인 선박을 공격하여 스페인이 아즈텍에서 수탈한 금을 빼앗았습니다. 가히 행동하는 중상주의라 할 만합니다.

▶ 영국은 프랑스에 수출을 하고 그 대가로 금을 받아 부를 축적하고자 했다.

제로섬 게임

중상주의에 의하면 경제는 제로섬 게임이었습니다. 누군가의 손해가 다른 누군가에게는 이익이고, 누군가의 이익은 또 다른 누군가에게는 손해였습니다. 제로섬 게임에서는 자원이 유한합니다. 이는 곧 부유해지기 위해서는 다른 사람이나 다른 나라의 부를 빼앗아야 함을 의미합니다.

이러한 경제적 사고방식은 유럽 국가들의 정치적 관점에 지대한 영향을 미쳤습니다. 중상주의는 식민지주의와 밀접하게 연관되어 있으며, 실제로 프랑스나 영국과 같은 유럽 국가들은 식민지의 천연자원을 독점함으로써 국부를 늘렸습니다.

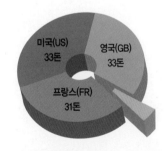

▶ 국가는 국부를 늘리기 위해 다른 나라에서 부를 빼앗아야 한다. 영국이 금 35돈을 가지기 위해 프랑스의 금 2돈을 빼앗는다면, 프랑스의 금 보유량은 31돈으로 줄어든다.

중상주의의 귀환

중상주의는 구식 경제 이론이지만 북미자유무역협정(NAFTA), 유럽연합자유무역협정과 같은 자유무역에 대한 비판의 일환으로 최근 다시 주목을 받았습니다. 또한 중상주의적 관점에서 국가가 산업과 경제개발에 매우 중대한 역할을 할 수 있다는 점도 부각되었습니다.

중상주의 선언문으로 통하는《해외 무역에 의한 영국의 부(England's Treasure by Forraign Trade)》를 집필한 영국의 상인 토마스 먼(Thomas Mun, 1571~1641)은 수출을 장려하고 수입을 지양해야 한다며 이렇게 주장했습니다.

"국내 생산이 가능한 재화의 수입을 금지해야 한다."

또한 영국인이 영국산 재화를 선호하도록 함으로써 사치품 수입을 줄여야 한다고 강조했습니다.

03 고전경제학

자유시장을 지지하는 고전경제학

고전경제학은 자유시장과 자유무역이 시장 효율성을 높이고, 경제 부흥을 이끈다는 믿음에 초점을 둡니다. 18~19세기에 급속한 경제 성장과 사회적 변화를 몰고 온 산업혁명은 경제에 큰 영향을 미쳤습니다. 이러한 경제적 변화에 힘입어 영국의 애덤 스미스(Adam Smith, 1723~1790)와 데이비드 리카도(David Ricardo, 1772~1823), 프랑스의 장 바티스트 세(Jean-Baptiste Say, 1767~1832)는 고전 '자유시장' 경제에 대한 일관성 있는 경제 이론을 제시했습니다.

고전경제학은 중상주의 이론과 반대로 다른 나라에서 금을 빼앗아 축적하지 않더라도 국부를 늘릴 수 있다고 봅니다. 고전경제학자들은 자유무역이 모두를 이롭게 하므로 제로섬 게임을 펼치는 무역을 할 필요가 없다고 주장합니다. 즉 어느 나라의 이익이 다른 나라의 손해를 의미하지 않는다는 것입니다.

▶ 데이비드 리카도

▶ 장 바티스트 세

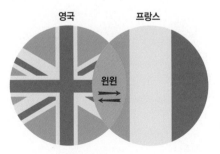

영국 프랑스

원원

▶ 무역은 제로섬 게임이 아니며, 두 국가가 모두 이익을 볼 수 있다.

또한 고전경제학은 다른 나라를 경쟁 상대가 아닌, 상생하며 상호 이익을 가져올 수 있는 관계로 보는 정치적 관점을 제시합니다. 고전경제학자들은 과도한 정부의 규제를 반대합니다. 그들은 탄력적인 가격이 시장 균형(공급과 수요가 일치하는 지점)을 만들고, 이로써 자원이 효율적으로 분배될 것이라 주장합니다.

고전경제학은 1930년대 대공황과 케인스주의가 출현하기 전까지 19세기의 지배적인 경제 이데올로기로 군림했습니다. 또한 자유시장을 중시한다는 점에서 추후에 등장하는 신고전경제학과 방향을 같이하기도 합니다.

애덤 스미스와 국부론

▶ 애덤 스미스

영국의 철학자 애덤 스미스가 미국이 독립 선언을 한 1776년에 출간한 《국부론(The Wealth of Nations)》은 새로운 무역, 상업 및 산업 세계를 설명하는 다양한 경제적 관념을 혁명적으로 공식화했습니다.

자유무역과 시장경제의 시작

스미스는 중상주의를 전면에서 비판하며 자유무역이 경제 복지를 향상시킨다고 역설했습니다. 그는 자유무역, '보이지 않는 손'과 같은 경제적 관념들을 공식화했습니다. 특히 이기적인 이익 추구가 어떻게 시장을 움직이고 공동의 선을 추구하는지 설명하기 위해 보이지 않는 손이라는 용어를 만들어냈습니다.

> "인간은 오로지 자신의 이익만 염두에 둔다. 다른 많은 경우와 마찬가지로, 인간은 이 과정에서 보이지 않는 손에 이끌려 자신이 의도치 않은 목적을 실행하게 된다. 인간은 의도적으로 공익을 위할 때보다도 자신의 이익을 추구함으로써 더 빈번히 그리고 효과적으로 공익을 도모하게 된다."
>
> 애덤 스미스, 《국부론》

또한 스미스는 산업혁명에서 매우 중요한, 노동의 전문화와 분업 이론을 발전시켰습니다. 그런데 그가 자본주의자, 특히 독점력을 가진 이들을 경계했다는 사실은 잘 알려져 있지 않습니다(136쪽 '독점' 참조). 그는 자유시장주의자가 아니었으며, 공공재를 제공하고 사유 재산을 보호하며 독점을 규제하는 정부의 역할을 강조했습니다.

《국부론》은 경제학파를 공식화하고, 자유시장을 지지하는 고전경제의 초석을 마련하는 데 중요한 역할을 했으며, 250여 년이 지난 지금까지도 여전히 회자되며 논의의 중심에 서 있습니다.

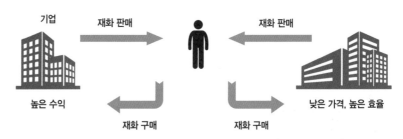

▶ 보이지 않는 손=이기심+경쟁적인 시장
어느 기업이 높은 수익을 내면, 다른 기업들이 수익을 좇아 시장에 진입해 보다 낮은 가격에 재화를 판매한다. 즉 시장이 경쟁적이라면 보이지 않는 손이 기업들이 과도하게 수익을 내는 것을 예방한다.

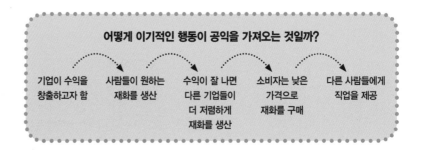

05 마르크스주의

마르크스주의는 고전경제를 완전히 뒤집어놓았습니다. 정부가 사유재산을 철폐하고 공장과 같은 생산 수단을 공동 소유해야 한다고 주창했으며, 이로써 국부의 공정한 배분이 가능하다고 보았습니다. 마르크스주의는 부를 가져오는 자본의 소유자와 열악한 환경에서 낮은 급여를 받으며 일하는 노동자 사이의 엄청난 불평등을 초래한 산업혁명을 기반으로 발전했습니다.

자본주의를 향한 일침, 마르크스주의

독일의 철학자 칼 마르크스(Karl Marx, 1818~1883)는 불공평한 자본주의는 필연적으로 프롤레타리아트(Proletariat)라 불리는 억압받는 노동자들의 지속적인 봉기를 야기하며, 종국에는 평등과 공동 소유에 기반을 둔 계급이 없는 공산주의 사회가 창조될 것이라고 주장했습니다.

하지만 마르크스의 예측에는 근거가 부족했습니다. 가장 발전한 자본주의 국가들은 자본주의를 규제하고 노동자의 근무 환경을 개선하며 인플레이션을 감안해 급여를 늘리기 시작했습니다. 노동자들은 공산주의 혁명을 추구하는 대신 급여가 높은 직업을 가지고 성장하는 중산층이 되기를 원했습니다. 오히려 혁명을 경험한 국가들은 부패하고 독재적인 정권의 지배하에 놓였습니다.

▶ 칼 마르크스

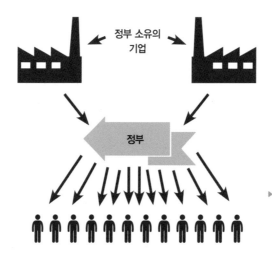

정부 소유의
기업

정부

▶ 마르크스주의 정부는 생산 수단을 소
유하고 무엇을 생산할지 결정한다.
그리고 더 나아가 사람들에게 어떻게
물건을 분배할지 결정한다.

마르크스주의의 문제점과 시사점

마르크스의 유토피아적 명제인 동등한 급여와 인센티브의 부재는 경
제를 정체시키고 비효율성을 야기해 결국 부족과 잉여가 발생한다는
문제점을 안고 있습니다. 공산주의 경제에서는 중앙정부가 생산을 관
리합니다. 빵과 같은 재화가 부족한 경우에도 기업들은 자유롭게 빵
가격을 인상하거나 총기 생산을 빵 생산으로 변경할 수 없습니다. 관
료주의적 결정이 바뀔 때까지 빵 부족은 계속됩니다.

하지만 마르크스주의는 러시아 혁명의 기초였으며, 폭주하는 자본주
의에 대한 사회주의적 비판은 20세기 내내 강력한 이데올로기적 영향
력을 발휘했습니다. 비록 1989년 베를린 장벽 붕괴가 마르크스주의의
되돌릴 수 없는 패배를 의미할지라도 자본주의의 공정성을 향한 마르
크스의 의문은 여전히 유효합니다.

▶ 부의 공동 소유에 대한 마르크스
주의적 이상은 매혹적인 이데올
로기이지만, 현실화되기는 어려
운 것으로 판명되었다.

06 케인스 혁명

▶ 존 메이너드 케인스

알아두세요

경제주기
경제가 성장하거나 침체되며 등락을 거듭하는 자연스러운 현상

알아두세요

명목임금
화폐의 액수로 나타낸 근로자의 임금. 물가가 오르면 실질적인 임금은 작아진다.

영국의 경제학자 존 메이너드 케인스(John Maynard Keynes, 1883~1946)는 정부가 개입함으로써 경제주기*가 과도하게 변동하는 것을 방지하고, 높은 실업률을 완화할 수 있다고 강조했습니다(213쪽 '경제주기' 참조). 1930년대 이전 서구 경제권은 고전적인 자유시장 경제 체제를 지배적인 통설로 받아들였습니다. 하지만 미국발 대공황이 전 세계적으로 큰 영향을 미치면서 규제되지 않은 자유시장에 대한 신뢰가 무너지기 시작했습니다. 고전경제학에 따르면 시장은 항상 균형 상태를 이루기 때문에 실업과 같은 시장 불균형 상태는 오래 지속되지 않습니다. 하지만 이러한 이론은 대공황 시기의 대규모 실업 사태에 직면하면서 비현실적일 뿐만 아니라 비생산적인 것으로 드러났습니다.

케인스는 시장이 항상 균형 상태에 있는 것은 아니라고 주장했습니다. 일례로 명목임금* 하락을 반대하는 노동자들 때문에 임금을 올리기는 쉬워도 내리기는 쉽지 않습니다. 이때 균형 상태에 이르지 않은 임금은 실업을 초래합니다. 또한 경기침체기에는 경제 전망이 불투명하기 때문에 지출이 줄어들고 저축이 늘어납니다(154쪽 '절약의 역설' 참조). 따라서 경기침체기에는 수요가 부족해지며, 이러한 수요가 위축되는 주기를 극복하는 것은 무척 어렵습니다.

"장기적으로 보면 우리는 모두 죽는다."

대규모 실업 사태에 직면한 고전경제학자들은 종국에는 시장이 장기적 균형을 이룰 것이라고 주장했습니다. 이에 케인스는 시장이 스스로 균형을 이룰 때까지 기다리다가는 모두 죽을 텐데, 왜 기다려야 하느냐고 반문했습니다. 케인스는 상황이 나아질 때까지 기다리기보다는 지금 행동하고자 했습니다. 그는 정부가 상당한 저축분이 있는 민간 부문에서 돈을 빌려 경제에 투자함으로써 경제 회복을 앞당길 수 있다고 보았습니다. 그는 이러한 자금 투입이 경기침체와 디플레이션, 심각한 실업 문제를 종식시킬 수 있다고 주장했습니다.

케인스가 1936년에 출간한 《고용 이자 및 화폐의 일반 이론(General Theory of Employment, Interest and Money)》은 정부가 경제주기에 영향을 미칠 수 있는 방법을 고안하여 완전히 새로운 경제학파를 창조해낸 혁명적인 책입니다. 하지만 이 책은 부채가 없는 균형예산을 유지하며 정부 참여를 제한하는 기존의 정설을 뒤집어 논란의 중심에 서기도 했습니다.

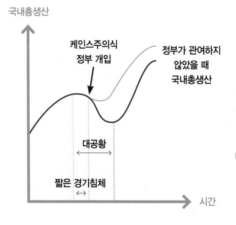

▶ 대공황은 장기적인 경기침체를 초래했다. 케인스주의는 정부의 개입으로 장기적인 경기침체에서 벗어나 빠른 경제 회복을 이루고자 했다.

신케인스주의

▶ 폴 새뮤얼슨

제2차 세계대전 이후, 미국의 경제학자 폴 새뮤얼슨(Paul Samuelson, 1915~2009)은 1948년에 출간한 자신의 저서《경제학(Economics)》을 통해 보다 전통적인 방법으로 케인스주의 사상을 풀어냈습니다. 이러한 그의 시도는 추후에 신케인스주의라 불리게 되었습니다.

하지만 그는 케인스주의를 지나치게 단순화했습니다. 이에 1962년, 영국의 경제학자 조앤 로빈슨(Joan Robinson, 1903~1983)은 그를 '케인스주의의 사생아'라고 비난하기도 했습니다.

그럼에도 불구하고 케인스주의와 신케인스주의 모두 전후 서구 세계에 지대한 영향을 미쳤습니다. 이 영향력은 1970년대에 스태그플레이션이 발생하고, 고전주의 아이디어가 부활해 케인스주의에 이의를 제기할 때까지 계속되었습니다. 1970년대는 케인스주의의 한계가 드러난 시기였습니다. 케인스주의에 기초한 재정정책으로는 높은 실업률과 인플레이션을 해결할 수 없었기 때문입니다.

> "경제학자들은 너무 쉽고 아무 쓸모없는 임무를 맡는다. 그들은 거센 폭풍이 몰아칠 때, 태풍이 지나가면 바다는 다시 평온해질 것이라고 말할 뿐이다."
>
> 존 메이너드 케인스,《화폐개혁론(A Tract on Monetary Reform)》

07 통화주의

통화주의는 통화 공급 조정을 통한 인플레이션 규제를 강조합니다. 통화주의는 노벨 경제학상을 수상한 미국의 경제학자 밀턴 프리드먼(Milton Friedman, 1912~2006)에 의해 주창되었으며, 여러 케인스주의 학파와 대립 구도를 이루었습니다. 통화주의는 통화 공급량이 국가 전체의 생산량보다 빠르게 증가하면 인플레이션이 발생한다는 데에 이론적 기초를 둡니다. 통화주의자들은 통화량 증가를 조정하고 인플레이션을 관리하는 재정정책을 옹호하며 중앙은행이 주요한 경기침체기에 충분한 통화 공급에 실패함으로써 디플레이션과 장기적인 실업 문제를 야기했다고 주장합니다(263쪽 '독립적인 중앙은행' 참조).

▶ 밀턴 프리드먼

> "인플레이션은 언제 어디서나 통화와 관련된 현상이다."
>
> 밀턴 프리드먼, 《인플레이션의 원인과 결과(Inflation Causes and Consequences)》

통화주의는 1970년대에 스태그플레이션이 나타나기 이전에는 다소 덜 알려진 경제 이론이었습니다. 하지만 경기침체와 인플레이션이 동시에 발생하면서 제2차 세계대전 이후 대세였던 케인스주의가 후퇴하고, 미국과 영국에서 새롭고 급진적인 통화주의가 시도되기 시작했습니다. 통화주의는 인플레이션 규제뿐 아니라 자유시장 경제학 그리고 공급 중시 경제학과 연계하여 규제를 철폐하고 정부 역할을 최소화할 것을 강조했습니다.

1979년 미국 연방준비제도이사회 의장을 역임한 폴 볼커(Paul Volcker, 1927~2019)도 통화주의를 채택했습니다. 그는 프리드먼의 법칙에 의거해 통화 공급 증가를 제한함으로써 인플레이션을 통제하고자 했습니다. 볼커가 재직 중이던 1981년에는 이자율이 자그마치 20%까지 치솟았습니다. 볼커는 1980년 14%로 정점을 찍었던 인플레이션율을 1983년에 3%까지 낮추며 성공적으로 인플레이션율을 끌어내렸습니다. 하지만 인플레이션 감소는 더블딥(Double-dip)*과 10%까지 치솟은 실업률이라는 값비싼 대가를 치른 결과였습니다.

통화주의 신봉자들은 인플레이션 조정을 위해 더블딥과 실업률 증가가 불가피했다고 주장합니다. 하지만 통화주의 반대론자들은 통화 공급과 인플레이션의 상관관계가 프리드먼이 피력한 만큼 크지 않으며, 인플레이션을 낮추기 위해 도입한 정책들이 필요 이상으로 가혹했다고 주장합니다. 실제로 오늘날 대부분의 중앙은행은 인플레이션을 통화 공급과 별도로 직접 관리합니다. 그렇지만 프리드먼이 통화정책 운용에 미친 지대한 공헌은 여전히 유효합니다(242쪽 '통화정책' 참조).

▶ 폴 볼커

알아두세요

더블딥
경기침체 후 잠시 회복기를 보이다가 다시 침체에 빠지는 이중침체 현상

통화량과 인플레이션의 관계

통화 공급	⟹	통화 공급
100만 달러	⟹	200만 달러
인플레이션 0%	⟹	인플레이션 100%

▶ 통화량이 100만 달러일 때에는 인플레이션이 0%다. 이때 통화량이 두 배로 늘어 200만 달러가 되면 100%의 인플레이션이 나타난다.

08 혼합경제

20세기 경제학은 전반적으로 자유시장 경제와 사회주의(혹은 사회민주주의) 간의 논쟁으로 점철되었습니다. 하지만 실제로 경제학은 서로 다른 경제 관점을 실용적으로 절충한 경우가 많습니다. 그래서 자본주의로 간주되는 경제 체제도 실제로는 정부 개입과 자유시장이 공존하는 혼합경제 체제의 모습을 보이는 것입니다.

혼합경제는 최선의 선택이다

사유재는 민간 부문이 주도하며 보이지 않는 손에 의해 사람들이 원하는 대로 유통됩니다. 반면 공공재는 정부가 어느 정도 유통에 관여합니다. 의료 서비스나 교육 같은 공공재에는 이윤 추구 동기가 효과적으로 작용하지 않기 때문입니다.

▶ 혼합경제는 자유시장과 정부 개입의 장점을 모두 포용한다. 개인이 최선의 결정을 내리는 경우가 있는 반면, 정부가 경제적 복지를 증진시키는 경우도 있다.

이데올로기의 융합

케인스주의와 통화주의 같은 경제학 이론의 차이점이 언제나 명확하게 구분되는 것은 아닙니다. 특히 2008년 금융위기 이후 이러한 현상은 더욱 심화되었습니다(300쪽 '신용경색' 참조). 경제 이론은 끊임없이 발전하고 새로운 경제 현상과 새로운 견해를 더해갑니다. 또한 경제학자들은 케인스주의나 통화주의의 기조를 따르면서도 다른 학파의 의견을 수용할 준비가 되어 있습니다. 더 나아가 일부 경제학자는 전통적인 경제학파 구분이 현실적인 경제 문제를 반영하지 못하며, 환경과 삶의 질, 개발 경제를 함께 고려해야 한다고 주장합니다.

새롭게 부상한 경제적 개념

행동경제학

복잡한 인간 심리 메커니즘을 통해 경제학을 들여다봅니다. 사람들은 위험을 회피하기 위해 여행자보험이나 생명보험에 가입하기도 하고, 도박을 하거나 복권을 사기도 합니다. 행동경제학은 이러한 인간 본성의 모순을 연구합니다.

환경경제학

천연자원의 사용과 경제활동이 환경에 미치는 영향에 대해 연구하며, 환경 문제를 고려하여 조화로운 경제활동을 영위하기 위한 정책과 장려책을 강구합니다. 대표적인 예로 지구온난화를 예방하기 위한 탄소세를 들 수 있습니다. 환경경제학은 대체로 국내총생산보다 환경적 지속 가능성을 더 중요하게 생각합니다.

행복경제학

행복과 삶의 질에 영향을 미치는 요소들을 연구합니다. 행복경제학자들은 행복의 원인에 대한 이해를 바탕으로 삶의 질을 높이는 경제정책을 제안합니다. 행복경제학은 경제학의 범위를 재정적인 가치 증진에서 시민의 자유와 건강, 레저 문제 등으로 확장하며, 대체로 국내총생산보다 복지를 더 중요하게 생각합니다.

개발경제학

저소득 국가의 생활 수준과 복지 증진에 대해 논합니다. 개발경제학은 세계 경제 불평등 해소라는 목적하에 경제 성장과 구조적 변화 및 장기적 개발을 도모하는 정책을 연구하며, 전통적인 경제학보다 넓은 범위의 정치적·사회적 정책을 망라합니다.

09 경제학의 한계

경제학은 과학인가, 예술인가

경제학자는 데이터를 모으고, 모델을 만들며, 이론을 수립하고, 정책을 제안할 뿐만 아니라 예측까지 합니다. 그런데 경제학은 과학일까요, 예술일까요? 수학적인 모델과 같은 경제학의 일면은 일종의 과학적 분석이라 볼 수 있습니다. 하지만 경제적 데이터는 같은 데이터라 할지라도 수많은 방법으로 다르게 해석될 수 있다는 점에서 예술에 가깝다고 할 수 있습니다.

경제학은 실증과학(데이터)과 규범과학(데이터를 제시하는 방법), 정책에 대한 판단을 포괄하는 학문입니다. 예를 들어 경제학자는 순 이민율에 관한 데이터를 통해 이민율의 발생 원인을 알아내고, 모델과 이론을 이용해 이민율이 급여와 경제 성장에 미치는 영향을 예측할 수 있습니다. 하지만 같은 데이터를 바탕으로, 어느 경제학자는 이민이 국내총생산을 끌어올린다는 점을 강조하는 반면, 다른 경제학자는 이민이 비숙련 노동자의 임금을 낮춘다는 사실을 강조합니다.

경제학자는 과학과 데이터에서 출발하지만 매우 주관적인 결론에 도달합니다. 이는 결론을 도출하기까지 변수가 많고, 변수를 해석하는 방법이 경제학자들의 선호에 따라 달라지기 때문입니다.

정답이 없는 경제학

경제적 변수, 특히 먼 미래에 대한 변수를 예측하는 것은 무척 어려운 일입니다. 경제학에서는 같은 데이터가 서로 다른 해석으로 이어지기도 합니다. 어느 경제학자는 부채 증가를 긍정적으로 평가하는 반면, 다른 경제학자는 부정적으로 평가합니다. 경제학에서 이러한 결과의 불확실성은 흔한 일입니다. 수학처럼 확실한 것을 선호하는 사람들은 답답하게 느껴지겠지만, 이것이 경제학의 현실입니다. 경제학은 예측할 수 없는 사건과 개개인의 비이성적인 행동이 넘쳐 나는 분야입니다.

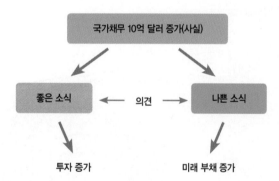

▶ 국가채무가 10억 달러 증가했다는 사실은 정부가 투자를 늘려 경제 성장을 도모했다는 좋은 소식이 될 수도 있고, 다음 세대에게 물려줄 부채가 증가했다는 나쁜 소식이 될 수도 있다.

첫째
마당

시장

The Cakewalk Series – Economics

10 공급과 수요

아무리 경제학에 문외한이라도 공급과 수요의 세계에서 벗어날 수 없습니다. 만약 여러분이 맨해튼이나 런던에서 작은 아파트 한 채를 구입하려 한다면 100만 달러는 가지고 있어야 합니다. 작은 아파트 한 채가 왜 이렇게 비쌀까요? 바로 공급과 수요의 법칙이 작용했기 때문입니다.

공급과 수요의 법칙

- 공급은 기업들이 시장에 제공하고자 하는 재화의 양이다. 일반적으로 기업들은 가격이 오를수록 더 많은 수익을 남길 수 있기 때문에 판매량을 늘리고자 한다.

- 수요는 사람들이 재화에 지불하고자 하는 가격이다. 보통 가격이 오를수록 수요는 감소한다.

주택 가격, 왜 이렇게 높을까?

기본적으로 맨해튼과 런던에는 높은 급여를 제공하는 회사가 많아 도시 내 주택 수요가 굉장히 많습니다. 반면 주택 공급량은 주택 신축 부지를 찾기 어려워 매우 적습니다. 그로 인해 수많은 고액 연봉자들이 제한된 주택 공급량을 놓고 경쟁하는 것입니다. 상대적인 공급 부족은 수요 증가, 즉 가격 상승을 의미합니다.

19세기 미국의 중서부 지역 정착민들은 거대한 땅에 자신의 집을 자유롭게 지을 수 있었고, 집의 가치는 건축 자재값에 그쳤습니다. 주택 수요가 늘면 공급도 쉽게 늘어나 주택이 부족할 일이 없었습니다. 현재 맨해튼과 런던의 상황과는 현저히 달랐습니다.

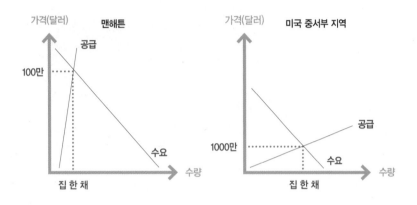

맨해튼에서는 주택 한 채의 가격이 100만 달러에 육박합니다. 이는 공급이 제한적인 데 비해 수요가 많기 때문입니다. 반면 중서부 지역은 수요가 매우 적고, 공급은 많기 때문에 주택 가격이 싸집니다.

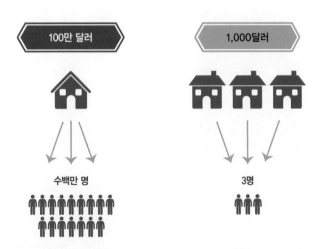

▶ 인구가 과밀한 지역에서 주택 수요가 늘면 주택 가격이 오른다. 주택 부지가 충분한 지역에서는 주택 공급이 부족할 일이 없어 주택 가격이 낮게 유지된다.

1800년대, 프랑스 황제 나폴레옹이 한 지역의 호텔에 머물며 계란을 주문했다. 그런데 계란값이 터무니없이 비쌌다. 나폴레옹은 깜짝 놀라 호텔 주인에게 물었다.

"계란이 이토록 비싸다니, 이 지역에는 계란이 흔치 않은가?"

호텔 주인은 이렇게 답했다.

"계란이 아니라 황제가 흔치 않습니다."

호텔 주인은 황제가 비싼 값을 지불할 능력이 있음을 알고 있었고, 지역 내 계란값을 정할 권한을 가지고 있었다(136쪽 '독점' 참조). 게다가 호텔 주인은 나폴레옹에게 비싼 값을 부를 두둑한 배포도 가지고 있었다.

11 보이지 않는 손

앞서 언급했듯 애덤 스미스는 개개인이 자신의 이익을 추구할 때 보이지 않는 손을 통해 시장 균형이 이루어진다고 주장했습니다. 그런데 시장은 구체적으로 어떻게 균형에 이르게 될까요? 누군가가 자리 잡고 앉아 이 세상에서 거래되는 모든 것의 국제 가격을 결정하지 않는데, 과연 무엇이 평균 시장 가격을 결정할까요?

가격은 어떻게 정해지는 걸까?

한 커피숍에서 질 좋은 커피 한 잔을 1달러에 판매한다고 가정해봅시다. 커피숍은 커피를 마시러 온 손님들로 가득 차 자리가 부족하게 될 것입니다. 즉 수요가 공급보다 높아지게 되죠. 손님이 많으면 커피숍 주인은 커피값을 인상합니다. 커피값이 오르더라도 커피숍은 손님들로 가득 차고 수익은 증가할 것입니다.

커피값은 수요가 일부 줄어들어 더 이상 줄 서는 손님이 없는 균형가격에 이를 때까지 올라갈 것입니다. 이때 커피숍 주인이 커피값을 10달러로 올린다면 손님은 적고, 커피 재고는 쌓이는 상황에 놓이게 될 것입니다. 이러한 상황에서는 커피값을 인하해 손님을 모으는 것이 해결책입니다.

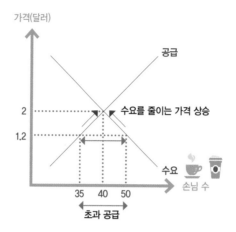

▶ 커피값이 1.2달러일 때 수요는 공급을 초과한다. 이때 기업들은 커피값을 수요와 공급이 일치하는 2달러로 인상한다.

새로운 공급을 유도하는 보이지 않는 손

보이지 않는 손은 수요가 많은 곳에 자원을 유통시킵니다. 한 기업이 유기농 케일을 판매하기 시작했다고 가정해봅시다. 만약 유기농 케일의 인기가 치솟는다면, 기업은 가격을 인상해 수익을 늘릴 것입니다. 한 기업의 수익 증가는 다른 기업들의 시장 진입을 유도해 유기농 케일의 제조와 판매를 늘립니다. 그로 인해 결국 시장 내 유기농 케일 공급이 증가하고 가격은 낮아지게 됩니다.

보이지 않는 손이 작동하지 않는 경우

스미스의 보이지 않는 손은 오랫동안 통용되었지만, 그렇다고 항상 실제로 적용되는 것은 아닙니다. 예를 들어 브랜드 충성도가 높은 회사는 소비자들이 경쟁사의 제품을 합당한 대체품으로 여기지 않기 때문에 지속적으로 가격을 인상할 수 있습니다. 그로 인해 애플(Apple)이 최신 아이폰 모델을 수백 달러에 팔아 높은 이윤을 남길 수 있는 것입니다. 최신 아이폰 모델의 가격은 일부 소비자가 애플 브랜드에 보이는 충성도를 반영합니다. 이러한 상황에서는 가격을 끌어내리는 보이지 않는 손이 존재하지 않습니다.

> "때때로 보이지 않는 손이 보이지 않는 이유는
> 보이지 않는 손이 그곳에 존재하지 않기 때문이다."
>
> 조지프 스티글리츠(Joseph E. Stiglitz), 《인간의 얼굴을 한 세계화(Making Globalization Work)》

12 암시장

비정상적으로 높아지는 티켓 가격

암시장에서 비싼 값에 공연 티켓이 판매되고 있다는 이야기를 들어본 적이 있을 것입니다. 2016년, 가수 아델(Adele)의 런던 공연 티켓이 원래 가격인 83달러의 299배에 달하는 2만 4,840달러에 판매되었습니다. 이 현상 또한 공급과 수요로 설명할 수 있습니다.

대부분의 음악 팬은 공연을 보기 위해 티켓을 구매하지, 티켓을 되팔아 수익을 내는 데에는 관심이 없습니다. 암시장에서 거래되는 티켓의 수는 많지 않습니다. 즉 공급이 매우 제한적입니다. 하지만 공연에 가고 싶어 하는 사람은 아주 많고, 그중에는 어마어마한 값을 지불할 의지와 능력이 있는 사람도 있기 마련입니다. 역설적으로 이런 식의 판매는 불법이기 때문에 암시장에서 티켓 가격은 더 오르게 됩니다. 불법 행위를 할, 위험을 감수할 사람의 수와 공급이 적을수록 가격은 오르기 마련입니다.

마약에도 적용되는 암시장의 법칙

불법 약물도 마찬가지입니다. 마약 공급을 차단하는 것은 좋은 생각입니다. 하지만 마약 공급을 차단하기 위해 불법 마약 제조 시설을 없애면, 오히려 공급이 줄어 가격이 오를 수 있습니다. 다시 말해, 정부가 공급을 차단하기 위해 강력한 조치를 취할수록 마약 거래상은 상대적으로 더 많은 이익을 취할 수 있습니다.

한편 마약 합법화를 지지하는 사람들은 불법 마약 거래가 암시장에서의 수익성을 잃게 된다면, 많은 범죄 조직이 손을 뗄 것이라고 주장합니다(물론 다른 부작용도 많이 있겠지만 말입니다).

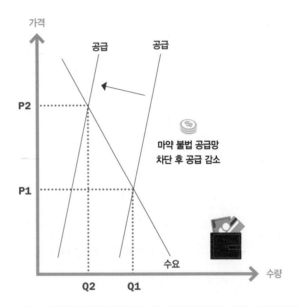

▶ 정부가 마약 불법 공급망을 차단한 후 마약 공급이 줄어들었다. 하지만 그로 인해 마약 가격이 올랐고, 역설적으로 범죄 조직은 더 많은 수익을 올리게 되었다.

13

효용극대화

경제학 이론은 사람들이 개인의 효용극대화를 추구한다고 가정합니다. 간단히 말해 효용은 구매를 통해 얻게 되는 만족과 행복입니다. 즉 사람들은 가장 가지고 싶거나 가장 필요한 재화를 구매합니다.

가장 만족하는 최적의 구매

우리가 한계점에서 의사결정을 내린다는 것은 중요한 개념입니다. 케이크에 비유하자면, 두 번째 케이크 조각에서 느끼는 만족감으로 한계효용을 설명할 수 있습니다.

여러분이 케이크를 한 조각 먹을 때에는 높은 만족감(한계효용)을 느낄 것이고, 한 조각에 5달러를 지불할 의향이 있을 것입니다. 하지만 아무리 케이크를 좋아한다 해도, 앉은 자리에서 두 번째 내리 먹는 케이크 조각이 첫 번째 케이크 조각만큼 만족스럽지는 않을 것입니다. 두 번째 케이크 조각의 한계효용은 첫 번째 케이크 조각보다 훨씬 적습니다. 두 번째 케이크 조각이 5달러인데 얻을 수 있는 효용이 1달러라는 생각이 든다면, 여러분은 아마도 다음을 기약할 것입니다.

이론적으로 소비자는 재화를 구매할 때마다 단위당 한계효용*을 평가합니다. 그리고 소비자는 한계효용이 단위당 가격에 비해 같거나 높은 재화를 구매합니다.

알아두세요

단위당 한계효용
한 단위의 구매로 얻을 수 있는 만족의 크기

🍰	= 😊	높은 효용
🍰🍰	= 😐	적은 효용
🍰🍰🍰	= ☹️	불만족하기 시작

▶ 두 번째, 세 번째 먹는 케이크 조각의 한계효용은 첫 번째 케이크 조각의 한계효용보다 낮다.

예산 제약과 효용

효용극대화는 인간의 진화에서도 엿볼 수 있습니다. 원시인은 사냥을 나가기 전에 시간과 에너지를 가장 잘 사용할 수 있는지 평가했습니다. 사냥에 성공한 원시인은 필요에 따라 고기 몇 점을 더 좋은 도끼와 맞바꾸기도 했습니다. 원시인은 이러한 물물교환을 통해 효용을 극대화한 것입니다.

만약 원시인이 비이성적인 결정을 내려 안전한 주거지를 확보하지 못했다면, 그는 곧바로 죽느냐 사느냐의 문제에 직면했을 것입니다. 상대적으로 물자가 풍부한 오늘날, 효용극대화는 다행히 생존의 문제는 아닙니다. 현대의 우리에게 효용극대화는 다양한 선택을 감안한 행복극대화의 문제라 할 수 있습니다.

14 가치의 역설

물과 다이아몬드의 역설

재화의 가격이 항상 재화가 사회에 얼마나 유용한지를 반영하는 것은 아닙니다. 물은 필수불가결하지만 가격은 저렴합니다. 다이아몬드는 장식품에 불과하지만 비싼 값에 팔립니다. 그렇다면 우리는 왜 다이아몬드에는 비싼 값을 지불하면서 물은 싼값에 사려 할까요?

한계효용에 따라 결정되는 수요

이는 우리가 일생 동안 다이아몬드를 살 일이 별로 없기 때문입니다. 일생을 통틀어 다이아몬드 반지 한 개의 한계효용은 매우 높습니다. 그래서 많은 사람이 결혼반지를 사는 데 비싼 값을 치르는 것입니다. 하지만 이미 배우자를 위해 다이아몬드 반지를 한 개 샀다면, 평생 더 이상 다이아몬드를 사지 않을 확률이 높습니다.

반면, 많은 사람이 매일 물을 삽니다. 우리는 물을 처음 마신 순간부터 지금까지 계속해서 물을 필요로 하고, 물의 한계효용은 우리가 나이를 먹어도 줄어들지 않습니다. 물과 다이아몬드의 단가는 크게 다르지만, 일생 동안의 총량으로 볼 때 우리는 다이아몬드보다 물에 더 많은 돈을 쓸 것입니다.

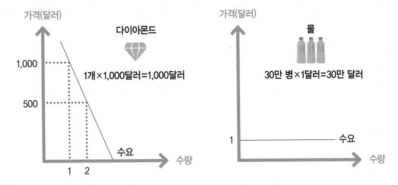

▶ 다이아몬드는 한 개에 1,000달러지만, 일평생 다이아몬드를 하나만 살 것이므로 총지출은 1,000달러다. 물은 한 병에 1달러지만, 일평생 30만 병 정도의 물을 마시므로 총지출은 30만 달러에 이른다.

희소성이 다이아몬드의 가격을 높게 유지한다

재화의 가치는 희소성과도 관련이 있습니다. 다이아몬드 생산은 소수의 대규모 업체가 좌지우지하며 공급을 제한해 높은 가격을 유지합니다. 만약 물이 높은 수익을 보장한다면, 사람들이 물 시장에 진입하는 것을 막기 어려울 것입니다.

잠깐만요!　　**말 한 필과 맞바꾼 왕국**

사막에서 목마름에 시달리고 있다고 가정하자. 이때 수중에 있는 돈으로 다이아몬드를 살 것인가, 물을 살 것인가. 당연히 물을 살 것이다. 이 경우 물의 한계효용은 다이아몬드의 한계효용보다 극명하게 높다. 여러분이 목말라 죽어가고 있다면 세상 모든 다이아몬드는 순식간에 가치를 잃게 된다. 이때 물 한 병만 살 수 있다면 여러분은 아마도 전 재산을 들여서라도 목숨을 보전하고자 할 것이다.

셰익스피어의 희곡 〈리처드 3세〉를 통해서도 가치의 역설을 엿볼 수 있다. 이제 우리는 리처드 3세가 자신의 왕국을 말 한 필과 맞바꾸겠다고 한 이유를 경제적 관점에서 이해할 수 있다. 그가 전장에서 탈출해 사형에 처해질 상황에서 벗어나는 것의 한계효용은 절체절명의 문제였던 것이다. 이 이야기는 한계효용이 얼마나 급박하게 바뀔 수 있는지를 잘 보여준다.

15 비이성적 행동

현실 속 한계효용 이론의 한계

한계효용 이론은 명확한 이론입니다. 그런데 현실에서도 잘 적용될까요? 여러분은 쇼핑을 할 때 재화의 한계효용과 한계비용을 따지나요? 아무리 경제학자라도 슈퍼마켓 통로에서 바나나 몇 개의 한계효용을 따지지는 않을 것입니다. 실제 현실에서는 한계효용 외에도 다양한 요소가 소비에 영향을 미칩니다.

제한된 합리성

인간은 이성적이지만 선택의 폭이 너무 넓을 때 서둘러 결정하느라 차선책을 선택하기도 합니다. 일례로 습관적 구매를 들 수 있습니다. 사람들은 아침 식사용 시리얼을 살 때 시장에 나와 있는 모든 시리얼을 평가할 시간이 없어 매번 같은 제품을 삽니다. 세상의 모든 시리얼을 먹어본다면 조금 더 나은 시리얼을 찾을 수 있을지도 모르지만, 이는 노력 대비 의미 없는 일입니다. 기존 지식을 바탕으로 빠른 결정을 내리는 것이 중요합니다.

충동구매

사람들은 종종 계산대 옆에 진열되어 있는 재화를 별 생각 없이 구매합니다. 영리한 소매업자들은 수익이 많이 나는 초콜릿이나 더운 여

름날 부채 같은 물건들을 일부러 계산대 옆에 비치해 충동구매를 부추깁니다. 인간은 본능적으로 충동구매를 하기 마련이고, 당시에는 좋아 보인다는 이유로 별 쓸모없는 물건에 돈을 낭비하기도 합니다.

군중행동

사람들은 경우에 따라 각각의 장점을 평가하는 대신, 여러 사람의 집단적 행동을 따릅니다. 예를 들어 주택 가격이 오르고, 대다수의 사람이 가격 상승세가 지속될 것이라고 예상한다면, 다수의 의견에 동조하기 쉽습니다. 이러한 현상을 '대중의 지혜(Wisdom of the crowds)'라 하며, 관습적 관점을 바꾸기란 상당히 어렵습니다.

이타적인 행동

이타주의는 사람들이 다른 이들의 복지를 고려하여 자선활동을 하거나, 실업자를 고용하는 것을 일컫습니다. 전통적인 경제학은 일반적으로 사람은 이기적이며, 개인의 효용과 부를 최대화하려 한다고 가정합니다. 하지만 이는 대가 없이 남에게 베푸는 순수한 이타심을 간과한 가정입니다. 이타심의 동기는 수익 최대화처럼 간단하지 않기 때문에 측정하기 어렵습니다.

부족한 자기통제력

우리는 이성적으로 이른 저녁에 두 시간 동안 시험공부를 하겠다고 계획하지만, 실제로는 자정이 되도록 휴대폰만 들여다보는 경우가 많습니다. 장기적으로 봤을 때 시간 낭비는 비이성적이지만, 우리는 통제와 노력 부족으로 덜 중요한 것을 하느라 시간을 허비하고 맙니다. 마찬가지로 다이어트를 할 때에도 자기통제력이 없다면 실패할 가능성이 큽니다.

낙관주의 편견

낙관주의 편견은 사람들이 스스로 다른 이들보다 부정적인 상황에 놓일 위험이 적다고 믿을 때 발생합니다. 많은 사람이 자신은 병에 걸릴 가능성이 적다고 판단해 건강보험에 가입하지 않습니다. 만약 금융 거래인이 낙관주의 편견을 가지면 주식 가격에 거품이 끼기도 합니다. 그들은 시장이 정점에 이른 순간에도 거품에서 벗어날 수 있다고 낙관하며 계속해서 주식을 사고 보유합니다.

베블런재

어떤 재화는 낮은 가격이 낮은 사회적 지위를 상징합니다. 그리고 사람들은 그러한 재화에 가치를 두지 않습니다. 반면 높은 가격이 높은 사회적 지위를 상징하는 재화는 사회적 지위를 과시하고자 하는 사람들 사이에서 각광받습니다.

비싼 물건일수록 아무나 가질 수 없습니다. 값비싼 물건을 구매하고 전시할 수 있으면 대외적으로 성공을 과시하고, 더 나아가 상위 1%에 드는 것처럼 보이게 할 수도 있습니다. 대표적인 베블런재로 미술품, 호화로운 자동차, 값비싼 보석 등을 들 수 있습니다.

과시적 소비와 베블런재

▶ 소스타인 베블런

소스타인 베블런(Thorstein Veblen, 1857~1929)은 1899년에 출간한 자신의 저서 《유한계급론(The Theory of the Leisure Class)》을 통해 과시하기 위해 값비싼 재화를 구매하는 사람들과 유한계급을 비판했습니다. 그는 '과시적 소비(Conspicuous consumption)'라는 용어로 사치품을 소유하고자 하는 인간의 욕구를 설명했습니다.

대부분의 사람에게 효용보다 가격이 높은 베블런재를 구매하는 것은 비이성적인 행동입니다. 하지만 어떤 사람에게 베블런재의 효용은 값비싼 물건이 상징하는 위신과 사회적 지위에 있습니다. 사람들은 미술에 대해 잘 알지도 못하면서 판매자가 높은 가격을 매기면 좋은 작품이라고 생각하기도 합니다.

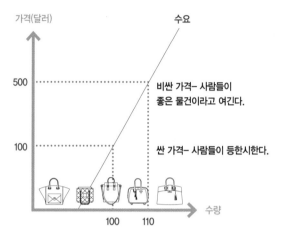

가격(달러)

수요

500 ‥‥‥‥‥‥‥‥‥‥‥ 비싼 가격– 사람들이
좋은 물건이라고 여긴다.

100 ‥‥‥‥‥‥‥‥‥‥‥ 싼 가격– 사람들이 둔한시한다.

수량

100   110

▶ 베블런재는 사람들의 선호도가 가격 형성에 직결되고, 가격이 오르면 선호도가 높아지는 재화를 말한다. 과시적 소비자는 재화의 가격이 비쌀수록 구매를 늘리는 성향이 있다.

17 넛지

우리 일상에 큰 영향을 미치는 넛지

최근 경제학에 '넛지'라는 개념이 부상했습니다. 넛지는 작은 제안과 긍정적(혹은 부정적) 유인책이 소비자에게 영향을 미칠 수 있다는 이론입니다. 경제분석가들은 재화를 제시하는 방식에 가져온 작은 변화가 소비 결정에 큰 영향을 미친다는 사실을 알아차렸습니다. 결과적으로 "감자튀김도 같이 드시겠어요?"라고 묻는 사소한 넛지가 우리의 일상으로 파고들었습니다.

커피숍에서 커피를 주문하면, 바리스타가 "커피와 함께 머핀도 드시겠어요?"라고 물을 것입니다. 바리스타는 왜 이런 질문을 하도록 교육받은 것일까요? 직접적으로 머핀을 언급하면, 소비자가 머핀을 구매할 가능성이 커지기 때문입니다. 여러분이 머핀을 살 생각이 전혀 없었더라도 맛있는 머핀을 사겠느냐는 질문을 받으면 '음, 내가 머핀을 좋아하긴 하지. 먹어볼까?'라고 생각할지도 모릅니다.

이러한 상업적 넛지는 특히 음식 소비를 늘리는 데 탁월하게 작용합니다. 광범위하게 퍼진 넛지의 영향력이 전세계의 비만 증가에 일조했다고 해도 과언이 아닙니다. 많은 음식점이 깜짝 음료와 디저트 등을 팔기 위해 혈안이 되어 있습니다. 판매자들은 소비자가 이러한 넛지를 쉽게 거절하지 못한다는 사실을 너무나 잘 알고 있습니다.

긍정적인 방향으로 사용되는 넛지

넛지는 상반된 방향으로 작용할 수도 있습니다. 정부와 지방자치단체들은 소비자들이 보다 건강한 선택을 할 수 있는 넛지가 제공되도록 노력해왔습니다. 예를 들어 정부는 소매업자들이 머핀 칼로리를 눈에 띄게 표시하도록 했습니다. 머핀을 사겠느냐는 물음에 많은 소비자가 사겠다고 대답합니다. 하지만 곧이어 머핀이 450칼로리임을 알게 된다면 다시 괜찮다고 답할 수도 있습니다.

단순한 격려 메시지도 넛지가 될 수 있습니다. 한 연구에 따르면 대학 학업 진도에 대해 격려 메시지를 받은 학생의 출석률이 그렇지 않은 학생의 출석률보다 더 높았습니다. 이는 넛지가 가지는 긍정적 보강효과입니다. 하지만 학교나 정부가 건강한 식습관과 지출 습관을 장려하기 위해 넛지를 사용하는 것처럼, 기업들도 반드시 필요하지도 않고, 원하지도 않는 재화를 소비자에게 판매하기 위해 정교하게 넛지를 사용합니다.

가히 넛지의 대결이라 할 만합니다. 기업들은 설탕 함유량이 높은 에너지 드링크를 스포츠 스타와 연결시켜 건강식품처럼 보이게 합니다. 그와 동시에 건강 관련 단체들은 설탕 함유 음료를 비만과 연결시켜 소비를 억제하고자 합니다.

출시 기념 할인

새 휴대폰 계약을 체결하면, 보통 첫 6개월은 할인 요금이 적용된다. 이때 저렴한 할인 요금은 눈에 띄게 큰 글씨로 적혀 있는 반면, 6개월 후에 매달 두 배에 이르는 요금이 청구된다는 사실은 작은 글씨로 적혀 있다. 소비자는 저렴한 출시 기념 할인가에 이끌려 계약을 체결하고, 결국에는 비싼 돈을 지불한다.

신청은 쉽게, 취소는 어렵게

기업들은 소비자가 쉽게 추가 서비스를 신청할 수 있게 한다. 하지만 서비스 계약이 체결되고 난 후에는 취소가 어렵다. 소비자는 고객상담센터에 전화를 걸어 취소 문의를 해야 한다. 그러면 상담원은 소비자를 붙잡기 위해 할인가를 제시한다.

18 기회비용

기회비용은 하나를 얻기 위해 다른 하나를 포기해야 한다는 개념입니다. 만약 부모님에게 등록금을 받아 친구들과 여행을 가는 데 써버리면, 등록금을 낼 돈이 없게 된다는 기회비용이 발생합니다. 우리는 제한된 자원을 두고 선택을 해야 합니다.

선거철이 되면 정치인들은 '세금 인하'라는 공약을 내걸곤 합니다. 하지만 정치인들은 이러한 공약의 기회비용에 대해서는 설명하지 않습니다. 세금이 인하된다면 다음과 같은 기회비용이 발생합니다.

세금 인하에 따른 기회비용

- 국가채무 증가
- 의료비 지출 감소

그런데 이러한 기회비용은 일반적으로 유권자가 스스로 해결해야 하는 경우가 많습니다. 이처럼 기회비용은 종종 눈에 띄지 않습니다.

이성적인 사람들은 기회비용을 고려해 의사결정을 내립니다. 하루 종일 잠을 자고 텔레비전을 보는 데 시간을 써버리면 공부할 시간이 없다는 기회비용이 발생합니다. 하지만 인간은 비이성적일 수 있고, 기회비용을 무시하거나 과소평가하기도 합니다. 특히 기회비용이 미래에 발생할 때에는 더욱 그렇습니다. 여러분은 시험공부를 해야 하니 여행을 가지 않을 것인가요? 여행을 가는 것의 기회비용은 시험에서 좋지 않은 성적을 받을 가능성과 후에 성적으로 받게 될 평가입니다. 하지만 때로는 눈앞의 현실이 먼 미래보다 중요해 보입니다.

기회비용은 원그래프로 쉽게 설명할 수 있습니다. 만약 정부가 의료비 지출을 늘리고자 한다면, 이때의 기회비용은 민간 부문이나 교육 및 국방 관련 비용을 축소하는 것입니다.

세상에 공짜 점심은 없다

이 유명한 말은 기회비용의 개념을 잘 설명합니다. 한 항공사에서 '공짜 식사'를 제공한다고 가정해봅시다. 정말 식사가 공짜일까요? 답은 '아니오'입니다. 항공사는 이미 비행기표값에 식사값을 포함시켰습니다. 저가 항공사들은 식사, 음료 등을 제공하지 않고 비행기표값을 낮추기도 합니다. 이런 저렴한 비행기표의 기회비용은 서비스의 질이 낮아진다는 것입니다. 예를 들어 저가 항공사는 공항에서 비행기표를 출력할 때 요금을 청구하기도 합니다.

> "경제학에서 제일 먼저 배우는 개념은 희소성이다. 모두를 만족시킬 만큼 충분한 것은 아무것도 없다. 정치학에서 제일 먼저 배우는 것은 경제학에서 제일 먼저 배운 개념을 무시하라는 것이다."
>
> 미국의 경제학자 토머스 소웰(Tomas Sowell), 《현실은 선택인가?(Is Reality Optional?)》

공짜 재화에도 기회비용이 발생할까?

기회비용에도 예외는 있습니다. 어떤 재화는 정말 '공짜'입니다. 만약 여러분이 지붕에 태양광 패널을 설치한다면, 기회비용 없이 태양열을 사용할 수 있습니다. 만약 여러분이 깨끗한 강 근처에 산다면, 기회비용 없이 물 한 컵을 마실 수 있습니다. 강 근처에서는 강물이 공짜이지만, 다른 곳으로 이동하면 물을 공짜로 마실 수 없습니다. 그러므로 기회비용이 증가합니다. 건조한 지역에서는 누군가가 화단에 물을 준다면 이웃이 마실 물이 없을 수도 있습니다.

> **잠깐만요!** **기회비용과 실제비용**
>
> 1만 달러를 주고 새 차를 샀다고 가정하자. 3년 후 차의 가격은 3,000달러가 되었다. 이때 계속 차를 보유한다면 얼마의 기회비용이 발생할까? 차를 판다면 손에 쥐게 되는 돈은 3,000달러다. 이때 구매 가격은 기회비용과 무관하다.

19 수요의 탄력성

경제학의 기본 법칙에 따르면 가격이 올라가면 수요가 줄어듭니다. 그런데 이때 수요는 과연 얼마만큼 줄어들까요? 탄력성은 가격이나 수입 변화에 따른 수요의 변화를 측정합니다.

예를 들어 전기세가 20% 인상되면 일부 가구는 반드시 필요하지 않은 전기 사용을 줄일 것이므로 수요가 2% 감소하게 될 것입니다. 이 경우, 가격 변화에 따른 수요의 변화비율이 낮으므로, 전기의 수요는 가격 비탄력적입니다. 하지만 싸구려 소시지의 가격이 20% 인상되면 소비자들은 대체 식품으로 돌아설 것이고, 수요는 무려 50%까지 떨어질 것입니다. 이 경우, 가격 변화에 따른 수요의 변화비율이 크므로, 싸구려 소시지의 수요는 가격 탄력적입니다.

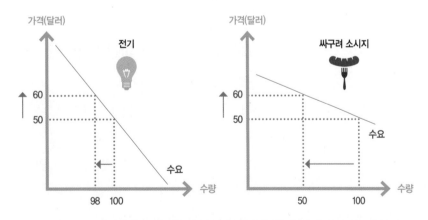

▶ 전기의 수요는 가격 비탄력적이어서 가격이 올라도 수요가 별 영향을 받지 않는다. 하지만 싸구려 소시지의 수요는 가격 탄력적이어서 가격이 오르면 소비자들은 대체 식품을 구매할 것이므로 수요가 급락한다.

가격 탄력성과 수요의 관계

탄력성이 낮은 전기세가 인상되면 생산자에게는 이롭지만 소비자에게 는 불리합니다. 전기세가 인상되기 전 판매 수량은 100, 단위당 가격 은 50달러입니다. 즉 이때 판매자의 수익은 5,000달러(100×50달러)입 니다. 여기서 전기세가 20% 인상되면 판매 수량은 2% 감소하여 98이 되고, 단위당 가격은 60달러로 상승합니다. 이때의 수익은 5,880달러 (98×60달러)가 됩니다. 결과적으로 판매자의 수익이 880달러 증가했습 니다.

하지만 탄력성이 높은 싸구려 소시지의 경우, 가격 인상은 수익 감소 로 이어집니다. 가격 인상 전에는 판매 수량이 100이고, 단위당 가격 은 50달러이므로 이때의 수익은 5,000달러(100×50달러)입니다. 그런데 가격이 20% 인상되면 수량이 50% 감소하여 50이 되고, 단위당 가격 은 60달러로 상승합니다. 이때의 수익은 3,000달러(50×60달러)가 됩니 다. 결과적으로 생산자의 수익이 2,000달러 감소했습니다.

따라서 기업들은 수요가 가격 비탄력적이면 재화의 가격을 올리기도 합니다. 그렇기 때문에 기업이 시장 독점력을 가지고 있으면 재화의 가격이 비싼 경향이 있습니다.

어떤 재화는 왜 가격에 민감할까?

대체재의 유무에 따라 가격민감성이 달라집니다. 여러분이 8시간 동 안 기차를 타야 하는데, 기차 안에 샌드위치를 판매하는 곳이 단 한 곳 뿐이라고 가정해봅시다. 가장 저렴한 샌드위치가 8달러라면, 여러분 은 8달러를 내고 샌드위치를 사거나, 굶어야 합니다. 샌드위치의 가격 이 비싸다고 생각하는 사람들은 기차에 오르기 전에 샌드위치를 사놓 을 것입니다. 하지만 언제나 준비하지 못하는 사람이 있기 마련이고,

그들은 기차에서 샌드위치를 살 수밖에 없습니다. 그러므로 다른 먹을 것이 많은 시내 중심가에 비해 기차 안에서 파는 샌드위치의 가격은 비탄력적입니다.

필수품인지의 여부도 가격민감성을 결정하는 요인이 됩니다. 전기세가 인상된다고 해서 요리를 안 할 수는 없겠지요. 전기오븐을 대체할 가스오븐을 살 수도 있겠지만, 이는 전기세 인상에 대한 반응 치고는 너무 과합니다. 전기는 마땅한 대체재가 없으므로 전기 수요는 가격 비탄력적입니다.

하지만 해외여행의 경우, 어느 나라의 여행비용이 늘면 목적지를 변경하거나 올해에는 아예 휴가를 가지 않기로 결정할 수 있습니다. 그러므로 해외여행은 가격에 보다 민감합니다.

담배 수요는 많은 흡연자가 담배에 중독되어 있으므로 가격 비탄력적입니다. 그래서 정부는 담배에 부과하는 세금을 종종 인상하고, 단기적으로 쉽게 조세수입을 늘립니다.

비탄력적인 재화의 가격이 계속 높아지지 않는 이유

초콜릿과 같은 비탄력적인 재화의 가격을 올려 수익을 늘릴 수 있음에도 불구하고 기업들이 가격을 인상하지 않는 이유는 무엇일까요? 초콜릿은 대체할 만한 재화가 많지 않고, 종종 필수품으로 여겨지기도 합니다. 그러므로 초콜릿 생산자가 가격을 인상하면 수익은 증가할 것입니다. 그런데 왜 초콜릿 가격은 계속 오르지 않았을까요?

만약 모든 초콜릿 가격이 한꺼번에 오른다면 수요는 비탄력적일 것입니다. 하지만 특정 초콜릿 브랜드가 가격을 올리면, 사람들은 다른 브랜드의 초콜릿을 살 것입니다. 초콜릿은 수요 비탄력적인 재화이지만 개별 생산자가 생산하는 각각의 브랜드는 가격에 매우 민감합니다.

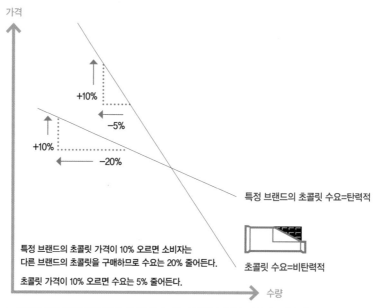

가격

+10%

−5%

+10%

−20%

특정 브랜드의 초콜릿 수요=탄력적

특정 브랜드의 초콜릿 가격이 10% 오르면 소비자는
다른 브랜드의 초콜릿을 구매하므로 수요는 20% 줄어든다.

초콜릿 가격이 10% 오르면 수요는 5% 줄어든다.

초콜릿 수요=비탄력적

수량

▶ 초콜릿은 가격 비탄력적인 재화다. 하지만 특정 브랜드의 초콜릿 가격이 오른다면 소비자들은 다른 브랜드의 재화를
구매할 것이다.

석유 수요는 가격 비탄력적일까?

1970년대에 석유 가격이 하루아침에 세 배로 치솟았습니다. 하지만
수요는 그다지 줄어들지 않았습니다. 이 현상은 전형적인 비탄력적 수
요라 할 만했습니다. 운전자들은 대안이 없어 계속 석유를 사야 했습
니다. 하지만 시간이 지나면서 이야기가 바뀌었습니다.

석유 가격이 오르자 자동차 생산자들은 큰 충격을 받았습니다. 예전
에는 자동차가 '기름을 많이 먹어도' 문제가 되지 않았습니다. 하지만
석유 가격이 오르면서 자동차를 판매할 때 연료 효율성이 중요한 요
소가 되었습니다. 석유 가격 인상은 연료 효율성을 높이고, 운전 습관
의 변화를 가져왔습니다. 석유 가격이 오랜 기간 동안 상승하자 사람
들은 자동차의 대체재를 찾기도 했습니다. 석유 가격이 한창 상승한
2008~2009년 미국과 유럽에서는 자전거와 같은 대체 교통수단의 이

용률이 증가했습니다.

중요한 것은 단기적으로 수요는 매우 비탄력적이라는 것입니다. 하지만 사람들은 시간이 지날수록 비싼 가격에 적응하고, 대체재를 개발하려는 노력을 합니다.

20

열등재

열등재는 소득이 증가할수록 덜 사게 되는 재화입니다. 열등재의 개념은 이치에 맞지 않아 보이기도 합니다. 대부분의 사람은 소득이 증가하면 더 많은 재화를 구매합니다. 소득 증가가 구매 증가를 의미하는 재화를 정상재라고 합니다.

소득이 증가하면 수요가 감소하는 재화

여러분이 빠듯한 예산으로 장을 봐야 한다면, 가장 저렴한 빵을 살 것입니다. 하지만 소득이 늘면 더 좋은 빵을 사고 싶어질 것입니다. 수요의 소득탄력성은 소득의 변화가 재화의 수요에 가져오는 영향을 측정합니다. 소득이 증가하면 모두가 더 많은 재화를 살 수 있습니다. 그런데 정말 모든 재화를 더 많이 사게 될까요?

시외버스는 열등재를 설명하기에 좋은 예입니다. 일반적으로 시외버스는 가장 저렴한 동시에 가장 느리고 가장 불편한 교통수단입니다. 시외버스는 열등재이기 때문에 학생들이나 저소득층이 주로 이용합니다. 하지만 그들도 급여가 높아지게 되면 더 이상 시외버스를 이용하지 않고 개인 자동차나 고속기차를 이용할 것입니다.

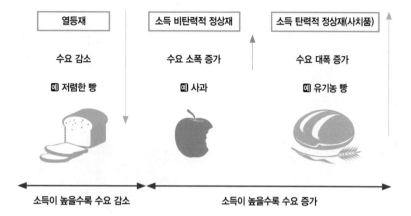

소득 증가에 따른 수요

열등재	소득 비탄력적 정상재	소득 탄력적 정상재(사치품)
수요 감소	수요 소폭 증가	수요 대폭 증가
예 저렴한 빵	예 사과	예 유기농 빵

소득이 높을수록 수요 감소 　　　　　　소득이 높을수록 수요 증가

▶ 소득 증가는 재화에 따라 다른 영향을 미친다. 소비자들은 열등재(저렴한 빵)의 소비를 줄이고 유기농 빵을 구매한다.

경제 성장과 열등재

제2차 세계대전 이후 저렴하면서도 영양이 풍부한 통조림 식품이 식탁에 자주 올랐습니다. 하지만 경제가 성장하고 소득이 늘면서 소비자들은 통조림 식품 대신 신선한 야채와 고기를 소비했습니다.

경기불황기에 소득이 감소하면 통조림 식품 같은 열등재의 수요가 증가합니다. 2009년 경기불황기에 미국에서는 통조림 식품 수요가 11% 늘었습니다. 흥미롭게도 같은 시기에 가족계획과 피임 수요도 늘었습니다. 자녀 부양에 드는 비용이 피임에 드는 비용보다 훨씬 크기 때문에 경기불황기에는 비용이 더 적게 드는 피임을 택하게 됩니다.

둘째
마당

시장실패

The Cakewalk Series – Economics

21 외부효과

시장실패는 왜 일어나는 걸까?

시장실패는 규제되지 않은 자유시장이 비효율성을 초래하여 최적의 결과를 이끌어내지 못할 때 발생합니다. 교통 체증, 집단 예금 인출 사태, 환경오염, 실업, 가격 폭등과 같은 사례는 자유시장이 효율적으로 작동하지 않는다는 징후입니다.

외부효과는 생산활동이나 소비활동이 제3자에게 영향을 미칠 때 발생합니다. 교통량이 많은 시간대에 자가용을 이용하면 연료비가 듭니다. 하지만 연료비 외에 교통 체증이나 공해처럼 제3자에게 부정적인 영향을 미치는 문제에는 따로 비용을 지불하지 않습니다.

우리가 경제활동과 관련한 의사결정을 내릴 때는 대개 외부효과를 고려하지 않습니다. 450칼로리의 머핀을 먹으면서 향후 당뇨병을 치료하느라 의료보험제도에 미칠 부정적인 외부효과를 고려하지는 않습니다.

> "자본주의는 가장 추악한 사람들의 가장 추악한 의도가
> 어쩌다 보니 모두를 위한 최선의 결과를 가져온다는 놀라운 믿음이다."
>
> 존 메이너드 케인스

자유시장 내 소비 과잉

자가용을 이용하면 싸고 편리하게 출퇴근을 할 수 있습니다. 하지만 모든 사람이 자가용으로 출퇴근을 한다면 심각한 교통 체증이 발생할 것입니다. 이는 전형적인 시장실패이며, 교통 체증은 모두에게 이롭지 않습니다.

만약 여러분이 교통 체증을 줄이기 위해 버스를 이용한다 해도 상황은 크게 달라지지 않을 것입니다. 도로에는 단지 자동차 한 대가 줄었을 뿐이고, 교통 체증은 여전할 것입니다. 그러므로 대부분의 사람은 여전히 자가용을 이용하는 것이 이성적이라고 판단합니다.

여기서 문제는 사람들이 사적비용만 지불한다는 것입니다. 사람들은 사적인 연료비 외에 교통 체증이나 공해와 같은 사회적 비용을 지불하지 않습니다. 교통 체증의 외부비용은 다음과 같은 사회적 사중손실[*]을 야기합니다.

알아두세요

사중손실
최적화된 수량의 재화나 서비스가 생산되지 않을 때 발생하는 경제적 효용의 순손실

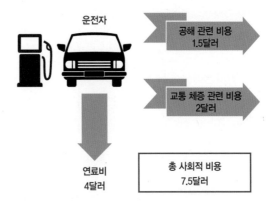

▶ 여기서 사적비용은 자가용을 운전하는 데 드는 연료비다. 외부비용은 교통 체증과 공해와 같이 다른 사람들이 직면한 문제를 지칭한다.

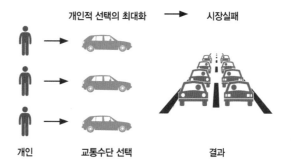

개인적 선택의 최대화 → 시장실패

개인　　　　교통수단 선택　　　　결과

▶ 사람들은 개인적 편익을 최대화하기 위해 자가용을 이용한다. 이때 다른 사람들도 자가용을 이용하면 교통 체증이라는 시장실패가 발생하게 된다.

교통 체증에 따른 사회적 사중손실

· 출퇴근 시간 증가

· 석유 소비 증가

· 대기오염

· 시내 접근성 감소로 인한 산업 피해

긍정적 외부효과

외부효과는 긍정적으로 작용하기도 합니다. 여러분이 자전거를 타고 시내로 나간다면 공해가 감소한다는 긍정적 혜택이 모든 사람에게 돌아갑니다. 여러분이 전염병 예방 접종을 한다면 물론 자신에게도 좋겠지만 사회적으로 다른 사람들을 이롭게 할 수 있습니다.

아이들을 교육해야 하는 이유

19세기 초중반에 많은 어린이가 공장에서 일했습니다. 하지만 이들에게 의료 서비스나 교육은 거의 제공되지 않았습니다. 가난한 가정에서 자녀를 학교에 보내는 것은 희생이 따르는 일이었죠. 그래서 교육이 사적으로나 공적으로나 좋은 것일지라도 어린이들이 교육을 받기는 어려웠습니다.

사실 교육이 어린이에게만 이로운 것은 아닙니다. 기업도 교육을 통해 보다 생산적인 노동력을 공급받을 수 있었습니다. 하지만 자유시장 체제하에서는 충분한 교육의 기회가 제공되지 않았고, 결국에는 정부가 관여해 어린이에게 보통교육을 제공해야 했습니다. 이로써 장기적으로 사회 전체가 개선된 교육의 혜택을 받게 되었습니다. 사회적 편익이 높아지게 된 것입니다.

사회적 효율성이 높아진다는 것의 의미

자유시장은 재화를 최저가로 생산하는 것과 같은 일종의 효율성을 가져옵니다. 하지만 사회적으로 효율을 높이기 위해서는 사회적 이익과 비용뿐 아니라 소비와 생산의 모든 외부효과를 고려해야 합니다.

벌과 사과나무는 상호보완적이며, 긍정적인 외부효과의 좋은 예입니다. 벌은 사과나무의 수분을 도와 긍정적인 외부효과를 제공합니다. 그리고 사과나무는 벌과 양봉자에게 꿀을 제공하며 긍정적인 외부효과를 보여줍니다. 벌은 사과, 아보카도, 블루베리, 오이, 키위 등 400종이 넘는 농산물의 수분을 돕습니다. 그러므로 벌을 보호하는 행위는 먹이사슬을 위한 매우 중요한 긍정적인 외부효과를 제공합니다.

벌과 사과나무의 긍정적 외부효과

꿀

수분

▶ 사과 농부는 꽃과 꿀이라는 긍정적 외부효과를 양봉자에게 제공하고, 양봉자는 벌을 통해 사과나무 수분을 도움으로써 사과 농부에게 긍정적 외부효과를 제공한다. 둘은 상호호혜적인 관계다.

22

공공재

공공재는 사회 구성원 모두에게 편익을 제공합니다. 하지만 자유시장에서는 공공재가 전혀 공급되지 않을 수도 있습니다. 사람들이 대가를 지급하지 않고도 공공재의 편익을 이용할 수 있기 때문입니다. 그래서 공공재의 사회적 유익성에도 불구하고 기업들이 공공재를 제공하여 수익을 남기기는 어려울 수 있습니다. 다음과 같은 재화와 서비스를 공공재의 예로 들 수 있습니다.

공공재의 예

국가 안보	환경 정화	가로등	법과 규칙

공공재의 특징

공공재는 누군가가 소비한다고 해서 다른 사람이 사용할 양이 줄어들지 않습니다. 이를 '비경합재'라고 합니다. 만약 여러분이 사과를 하나 먹으면 다른 사람은 편익을 누릴 수 없습니다. 사과는 한 번 먹으면 사라지죠. 하지만 여러분이 가로등 아래를 지나가도 가로등 불빛은 사라지지 않아 다른 사람들이 이용할 수 있습니다.

사유재

공공재

▶ 사과는 하나밖에 없으므로 한 사람만 먹을 수 있다. 하지만 가로등은 한 사람이 지나간 후에도 다른 사람들이 이용할 수 있다.

공공재의 또 다른 특징은 일단 공공재가 제공되면 사람들이 공공재로부터 편익을 누리는 것을 막을 수 없다는 점입니다. 치안 유지가 잘되어 범죄가 줄어들면 사회 구성원 모두가 낮은 범죄율의 혜택을 누릴 수 있습니다. 거리에 가로등이 설치되면 거리는 선택의 여지없이 모든 사람을 위해 밝게 유지될 것입니다.

사람들이 공공재를 이용하는 것을 막을 수 없기 때문에, 자유시장에서는 누구나 대가를 지불하지 않고도 공공재를 이용할 수 있습니다. 아름다운 앞마당을 가지고 있다 해서 마당 앞을 지나는 사람들에게 돈을 내라고 할 수 없는 것과 마찬가지입니다.

공공재의 무임승차 문제

이는 환경 개선이나 공원 유지와 같은 공공 서비스 부문에서 문젯거리가 되기도 합니다. 가로등을 설치하면 이용자에게 편익이 제공되지만, 현실적으로 이용자에게 부담금을 부과하기는 어렵습니다. 기부금을 받는 방법도 있지만 대부분의 사람은 다른 사람이 기부하고 본인은 계속 공짜로 가로등을 이용하기를 바랍니다. 쉽게 말해, 기부금을 내는 사람들에게 무임승차를 하는 것입니다. 예를 들어 홍수 대비책을 세운다고 가정해봅시다.

홍수 대비책의 비용과 이익

사회	개인
총비용: 2,000만 달러 사회적 순이익: 1억 달러	개인적 비용: 1인당 20달러 개인적 편익: 1인당 100달러

※ 총인구: 100만 명

홍수 대비책의 사회적 순이익은 1억 달러로, 총비용 2,000만 달러보다 큽니다. 홍수 대비책을 현실화하기 위해서는 1인당 20달러씩 내야 합니다. 20달러는 홍수 대비책의 개인적 편익인 100달러보다 적은 금액입니다. 하지만 사람들이 20달러를 선뜻 지불할까요? 이런 상황에서는 대부분 다른 이들의 노력에 무임승차하기 쉽습니다. 여러분도 총인구 100만 명 중 누군가에게 비용을 전가할지도 모릅니다. 그러므로 민간 기업은 지불 가능성이 확실치 않은 홍수 대비책 사업에 발을 들이지 않을 것입니다.

공공재 관련 비용은 일반적으로 다른 이에게 무임승차하는 것을 사전에 예방하기 위해 세금으로 충당합니다. 홍수 대비책 비용을 충당하기 위한 세금으로 1인당 20달러가 부과되면 이때 총편익은 총비용보다 크기 때문에 사회 공동체는 홍수 대비책의 혜택을 누리게 됩니다.

무임승차는 공공재만의 문제가 아닙니다. 기숙사에서 공동 주방을 이용해봤다면 무임승차를 직접 경험해보았을 것입니다. 많은 학생이 다른 누군가가 주방을 깨끗이 청소하기를 기다립니다. 본인은 아무것도 하지 않으면서 그저 깨끗한 주방의 편익을 누리고 싶어 합니다. 하지만 모두 다른 누군가가 궂은일을 하길 기다리는 동안 주방은 오랫동안 더러운 채로 남아 있게 됩니다.

다양한 종류의 무임승차 문제

쇼루밍

쇼루밍(Showrooming)은 오프라인 상점에서 물건을 살펴본 뒤 구매는 저렴한 온라인 상점에서 하는 소비 행태를 지칭합니다. 많은 소비자가 오프라인 서점을 둘러보는 것을 좋아합니다. 오프라인 서점에서는 온라인 서점에서보다 많은 정보를 얻을 수 있습니다. 그런데 소비자들은 오프라인 서점에서 책을 살펴본 뒤 집으로 돌아가 온라인 서점에서 저렴한 가격에 책을 구매하고 싶다는 유혹에 빠지곤 합니다.

만약 모든 소비자가 오프라인 서점에서는 구경만 하고 온라인 서점에서 구매를 한다면 오프라인 서점은 사라질지도 모릅니다. 쇼루밍을 하는 사람들은 다른 누군가는 돈을 더 내고 오프라인 서점에서 책을 살 테니 오프라인 서점이 문을 닫지 않을 것이라고 생각합니다. 쇼루밍에 대한 대책으로 일부 상점에서는 소비자가 옷을 입어볼 때 요금을 부과하고, 실제로 구매하는 경우 요금을 돌려주는 방안을 고려하기도 했습니다.

▶ 오프라인 서점은 임대료를 내야 하기 때문에 재화의 가격을 비싸게 매긴다. 반면 온라인 서점은 비용이 적게 들기 때문에 보다 싼 가격에 재화를 팔 수 있다. 만약 모든 소비자가 온라인 서점만 이용한다면 오프라인 서점은 사라질지도 모른다.

조세피난처

일부 다국적 기업은 세율이 높은 국가에서 영업활동을 하면서, 세율이 낮은 바하마나 리히텐슈타인과 같은 국가에 주소지를 두어 법인세를 절약합니다. 이러한 기업들은 영업 국가에서 공공 지출(고등교육을 받은 노동력과 의료 서비스 보조금 및 공공기반시설)의 혜택을 받습니다. 하지만 세금을 내지 않으므로 세금을 납부하는 노동자나 다른 기업에 무임승차를 한다고 볼 수 있습니다. 즉 이러한 기업들은 다른 이들이 납부하는 세금에 기대어 정부 지출의 혜택을 누립니다.

조세피난처를 이용하는 기업들은 근로자들의 소득세나 상품판매세를 통해 간접적으로 세금을 납부한다고 주장합니다. 하지만 법인세 부담을 낮췄다는 사실 자체가 무임승차로 해석될 여지가 있습니다. 특히 오프라인 기업들이 납부하는 지방세를 내지 않는 온라인 기업들은 더욱 그렇습니다. 만약 모든 기업이 바하마에 주소지를 등록한다면, 정부는 지출을 줄이거나 세금을 납부할 다른 방안을 강구해야 할 것입니다.

지역 공동체 VS 대도시의 공공재

작고 유대가 깊은 공동체에 사는 시민들이 지역 내 범죄율을 줄이고자 한다고 가정합시다. 지역 주민들은 회의를 열어 사설 경호원을 고용하기로 결정하고, 비용을 각출하기로 했습니다. 이 경우, 시민들은 무임승차를 할 수 있더라도 잘 아는 사람들 사이에서의 체면을 생각해 기꺼이 비용을 납부하고 좋은 시민이 되고자 할 것입니다. 따라서 이러한 지역 공동체에서는 자유시장과 일반 시민에 의해 공공재가 공급될 수 있습니다.

하지만 이러한 모델이 인구가 500만 명인 대도시에서도 실현 가능할까요? 사설 경호원은 모든 시민에게 이롭지만 대도시 시민들은 500만

명 사이에서 익명으로 존재하기 쉽고 공동체 정신도 희박합니다. 누군가가 무임승차했을 때 다른 사람이 알아차리기도 쉽지 않습니다. 그러므로 도시의 규모가 클수록 민간 부문이 공공재를 제공하기가 더욱 어렵습니다.

23 공유지의 비극

공유지의 비극이란, 개개인이 공용 자원을 이용할 때 자신의 이익만을 추구함으로써 자원이 훼손되는 현상을 말합니다. 이는 자유시장에서 소비자의 이기적 행위가 전반적인 경제적 복지를 가져온다고 보는 이론과 반대됩니다.

지나치게 많은 사람이 소를 방목하여 황폐해진 목초지를 예로 들어봅시다. 목초지를 사용하는 사람 수가 줄어들면 풀이 다시 자라날 가능성이 있습니다. 하지만 계속해서 많은 사람이 소를 방목한다면 목초지는 더욱더 황폐해질 것이고, 결과적으로 모두에게 손해가 됩니다.

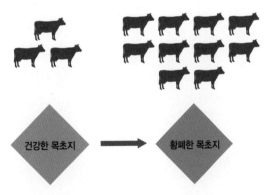

▶ 작은 목초지에 소 세 마리를 방목한다면 풀이 다시 자라날 수 있다. 하지만 같은 곳에 소 열 마리를 방목한다면 목초지는 점점 황폐해질 것이다.

어부들의 어류 남획 문제

또 다른 사례로 어류 남획을 들 수 있습니다. 현대 장비를 갖춘 어부들이 어업 규정이 없는 바다에서 어류를 남획해 어류 개체 수가 줄어들었고, 어떤 어종은 일부 해역에서 멸종되었습니다. 1970년대에 북해에서는 고등어가 사라졌고, 대구 개체 수가 위험 수준까지 줄어들었습니다.

문제는 어부들이 남획의 위험성을 안다 해도 어획량을 줄일 이유가 없다는 것입니다. 만약 모든 어부가 어획량을 25% 줄인다면, 어류 개체 수는 다시 늘어날 것입니다. 하지만 어부 한 명이 어획량을 줄일 때 다른 어부들도 그렇게 한다고 보장할 수 있을까요? 일부 어부는 총 어류 개체 수가 결국에는 감소할 것이라는 가정하에 다른 이들이 어획량을 줄이는 상황을 이용할 수도 있습니다. 즉 어부들은 자신의 이익을 지키기 위해 물고기가 사라지기 전에 최대한 남획을 할 것입니다.

공유지의 비극은 일반적으로 정부가 정책을 세워 해결합니다. 유럽연합은 어류 남획을 예방하기 위해 어획량을 제한하는 어업정책을 내놓았습니다. 이에 어부들의 수입이 줄어들었고, 파산에 이르기도 해 많은 논란이 뒤따랐습니다. 게다가 지난 50년간 줄어든 어류 개체 수를 다시 끌어올리는 것도 쉬운 일이 아니었습니다. 하지만 이러한 정책이 없었다면 어류 개체 수는 더욱더 줄어들었을 것입니다.

24 ≡ 피구세

오염 유발자가 그에 따른 비용을 지불한다!

피구세는 영국의 경제학자 아서 세실 피구(Arthur Cecil Pigou, 1877~1959)의 이름을 따서 만들어진 세금으로, '오염 유발자가 그에 따른 비용을 지불한다'라는 원칙에 기초합니다. 부정적인 외부효과를 가져오는 재화의 생산자나 소비자는 그 상품에 부과된 세금을 납부해야 합니다. 즉 소비자와 생산자가 재화의 총 사회적 비용을 지불해야 하는 것입니다.

피구는 술을 예로 들어 피구세를 설명했습니다. 주류 판매는 치안과 감옥 및 의료비의 지출을 늘려 사회적 비용을 수반합니다. 기업들은 주류 판매에서 높은 한계수익*을 얻었지만, 치안이나 의료보험 등의 문제에 드는 비용은 회피해왔습니다.

예를 들어 맥주 한 병의 가격이 4달러이고, 주류 판매에 따른 사회적 외부비용으로 간 손상과 관련된 의료비 2.5달러, 주취 상태에서 야기된 범죄를 처리하는 데 필요한 치안비 1.75달러가 든다고 가정합시다. 이는 정부가 맥주 한 병당 4.25달러의 세금을 징수해야 한다는 뜻입니다. 이때 맥주 한 병의 사회적 한계비용은 8.25달러(4달러+2.5달러+1.75달러)가 됩니다.

자유시장에서는 맥주 한 병의 가격이 여전히 4달러일 것입니다. 하지만 외부비용을 감안한, 사회적으로 효율적인 맥주 한 병의 가격은 두 배에 가까운 8.25달러입니다.

▶ 아서 세실 피구

알아두세요

한계수익
재화 한 단위를 더 판매했을 때 얻는 총수입의 증가분

세금은 수요가 가격 비탄력적일지라도(59쪽 '수요의 탄력성' 참조) 과도한 주류 소비를 방지하는 효과가 있습니다. 주류 가격이 오르면 주객들은 하룻밤 7병에서 5병으로 소비량을 줄일 것입니다. 그리고 2병을 덜 마신 만큼 취기도 덜해 사회적 외부비용을 야기하는 행위도 줄어들 것입니다.

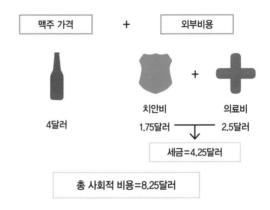

▶ 맥주 한 병의 가격은 4달러, 외부비용은 4.25달러다. 피구세는 맥주 한 병의 가격을 4.25달러로 인상하여 총 사회적 비용을 8.25달러로 끌어올린다.

착한 세금의 부작용

세금이 많으면 탈세를 하는 사람이 늘어나기 마련입니다. 쓰레기 처리에 부과되는 세금이 좋은 예입니다. 쓰레기에 세금을 부과하는 데는 이유가 있습니다. 세금으로 쓰레기 매립지 관련 환경비용을 처리할 수 있고, 쓰레기 방출을 제한하는 효과도 있습니다.

하지만 쓰레기 처리 비용이 비싸지면 비양심적인 사람들은 쓰레기를 불법 투기하기도 합니다. 공터와 길거리에 쓰레기가 버려지면 도시 미관을 해치는 외부비용이 초래될 뿐만 아니라 쓰레기를 수거하는 데 더 많은 비용을 들여야 합니다.

주류도 마찬가지입니다. 만약 주류세가 너무 비싸지면 사람들은 세금을 피해 집에서 술을 빚거나 주류 밀수에 뛰어들 것입니다.

▶ 쓰레기 세금은 이론적으로는 타당하지만 현실적으로는 사람들이 합법적인 쓰레기 처리 비용을 피하기 위해 불법 투기를 하는 의도치 않은 결과를 가져오기도 한다.

설탕에도 세금을 매겨야 할까?

세계보건기구(WHO)에 따르면 설탕은 건강에 심각한 영향을 미칩니다. 설탕은 비만과 당뇨병, 충치 같은 건강 문제를 악화시키는 원인으로 지목되었죠. 그러므로 설탕 함유 음료를 소비하면 사회적 외부비용이 야기됩니다. 특히 의료비가 증가하고, 건강 악화로 인해 경제 성장이 저하됩니다. 따라서 설탕 함유 음료에 피구세를 징수하는 것은 합당합니다. 피구세로 얻은 조세수입은 의료 서비스를 개선하고, 건강한 식단에 대한 교육을 하는 데 쓰일 수 있습니다.

세수중립(Revenue neutral)

설탕세 인상은 판매세나 소득세 인하로 상쇄될 수 있습니다. 즉 정부가 전반적인 세금 부담을 늘리지 않고, 부정적 외부효과가 있는 상품에 세금 부담을 전가할 수 있습니다. 피구세의 핵심은 조세수입 증대가 아니라 부정적 외부효과를 생산하고 소비한 주체가 총 사회적 비용을 지불하도록 하는 데에 있습니다. 설탕 함유 음료에 부과하는 세금이 상상도 못한 것일 수도 있지만, 이러한 세금은 사회적 복지를 증진하는 동시에 설탕이 함유되지 않은 대체재 소비를 촉진합니다.

1960년대 이후 서구권에서는 흡연율이 큰 폭으로 감소했는데, 그 배후는 높은 담배세였습니다. 1965년 미국 성인 인구의 흡연율은 43%였습니다. 그런데 2015년에 이르러서는 17.3%로 떨어졌습니다. 담배세는 흡연율을 끌어내림으로써 평균수명을 연장하고 의료비 지출을 줄였습니다. 더 나아가 건강한 노동력으로부터 생산량 증대를 이끌어내는 데 기여했고, 흡연과 관련된 질병을 치료하는 데 드는 수십억 달러를 충당했습니다. 오늘날 많은 사람이 담배세를 정당한 조세수입 확보 방안이라고 생각합니다. 언젠가는 설탕세도 담배세처럼 받아들여질 날이 올 것입니다.

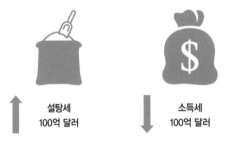

설탕세
100억 달러

소득세
100억 달러

▶ 만약 설탕세가 100억 달러 더 부과된다면 같은 금액만큼의 소득세가 감세될 수 있다. 설탕세의 목적은 전반적 조세수입 증대가 아니라 사회적 비용이 큰 상품에 세금을 부과하는 것이다.

25 농업의 시장실패

농부가 풍년에도 정부 보조금을 받는 이유

농업 분야에는 다른 어떤 산업 분야보다 많은 보조금이 제공됩니다. 경제학자들은 완전경쟁 조건을 설명할 때 다수의 농부가 다수의 소비자를 상대로 사과와 배를 거래하는 시장을 예로 들곤 합니다. 하지만 실제로 농업은 시장실패에 매우 민감하고, 그 때문에 가장 많은 보조금을 받습니다.

심지어 농부는 풍년에도 보조금을 받습니다. 새로운 화학비료를 사용한 덕분에 작물 수확량이 20% 증가했다고 가정합시다. 수확량 증가는 농부에게 이로울까요? 일단 표면적으로 봤을 때 수확량 증가는 농부에게 이롭습니다. 하지만 모든 농부가 같은 비료를 사용해 작물 전체 수확량이 20% 증가했다면 작물 가격이 폭락하고, 결과적으로 농부의 수입이 감소합니다.

비탄력적 수요

농산물 수요는 상대적으로 비탄력적입니다. 즉 공급이 증가했을 때 추가 공급분을 판매하기가 어렵다는 뜻입니다. 당근 가격이 내렸다고 해서 사람들이 당근을 더 먹지는 않기 때문입니다. 농부들은 과잉 공급이 발생하면 가격을 내려 아무도 원치 않는 농산물을 판매하려 합니다.

공급량이 20% 증가하면 가격은 40% 폭락하게 됩니다. 하지만 수요는 고작 5% 증가할 뿐입니다. 5%의 판매량 증가는 40%나 인하된 당근 가격을 보상하기에 충분하지 않습니다. 따라서 농부의 수입이 감소하게 되고, 일부 농가는 파산에 이르기도 합니다.

풍작이 역설적으로 일부 농가를 파산에 이르게 한 것입니다. 하지만 20%의 농가가 파산한 이듬해에 흉작이 든다면, 그 해에는 식량 부족 문제가 대두되고, 농산물 가격이 치솟을 것입니다. 농업은 본질적으로 변동성이 높은 산업입니다. 그러므로 농산물 가격을 안정화하고 일정한 공급을 확보할 필요가 있습니다.

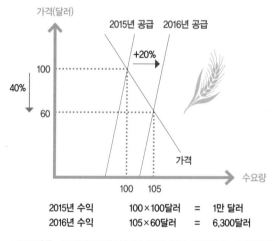

2015년 수익	100×100달러	= 1만 달러
2016년 수익	105×60달러	= 6,300달러

▶ 2015년에는 수요량이 100이고 가격이 100달러였다. 2016년에는 수요량이 105로 늘고 가격이 60달러까지 떨어졌다. 이러한 가격 하락은 농가 수입 하락으로 이어진다.

거미집 이론

거미집 이론은 변동성이 높은 농산물 가격을 잘 묘사합니다. 농부들이 항상 전년도 농산물 가격을 기준으로 수요 관련 의사결정을 내린다고 가정했을 때, 다음과 같은 시나리오를 예상할 수 있습니다.

- 첫 번째 해: 공급 부족으로 인한 가격 인상. 가격 인상이 이듬해에 공급 증가를 가져온다.
- 두 번째 해: 공급 증가로 인한 가격 인하. 가격 인하로 인한 농가 파산이 이듬해에 공급 부족을 가져온다.
- 세 번째 해: 공급 부족으로 인해 가격이 인상된다.

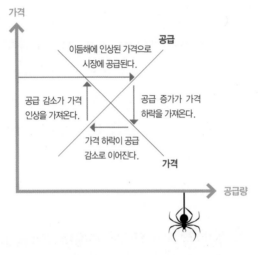

▶ 농산물의 시장 가격은 변동성이 높다. 한 해의 과잉 공급은 다음 해의 공급 감소로 이어진다. 하지만 공급이 감소되면 가격은 다시 올라간다.

26

정부실패

정부실패는 시장에 대한 정부의 개입이 자원의 최적 배분 등 본래 의도한 결과를 가져오지 못하거나 기존의 상태를 오히려 더욱 악화시키는 경우를 말합니다. 앞서 살펴본 농업 부문에 정부가 관여하는 것은 타당해 보입니다. 하지만 실제로는 정부 참여가 또 다른 문제를 낳기도 합니다.

실패로 끝난 유럽경제공동체의 공동농업정책

알아두세요

유럽경제공동체
1957년에 벨기에, 프랑스, 이탈리아, 룩셈부르크, 네덜란드, 서독이 만든 경제협력단체. 추후 유럽연합에 흡수됐다.

유럽경제공동체(European Economic Community, EEC)*는 1970년대에 공동농업정책(Common Agricultural Policy, CAP)을 시행하여 변동성 높은 농산물시장에 가격과 공급 안정화를 가져오고자 했습니다. 또한 농산물의 최저보증가격을 설정하고 수입품에 관세를 매겨 농부들이 일정한 소득을 얻을 수 있도록 했습니다.

하지만 문제는 농부들이 최저보증가격정책에 힘입어 농산물 공급을 과도하게 늘렸다는 것입니다. 농부들은 후한 값이 매겨진 최저보증가격에 농산물을 판매할 수 있었으므로 환경에 유해한 화학비료 사용을 늘려가며 생산량을 최대로 끌어올렸습니다. 이 상황에서 소비자는 자신도 모르는 사이에 농산물에 높은 가격을 지불해야 했습니다. 또 유럽경제공동체 밖의 농부들은 높은 관세 때문에 수출길이 막히기도 했습니다.

공동농업정책은 유럽 납세자들에게도 불리하게 작용했습니다. 한때 유럽경제공동체는 예산의 70%를 아무도 먹고 싶지 않아 하는 농산물에 사용했습니다. 공동농업정책은 결국 농산물의 과잉 생산으로 이어졌습니다. '산처럼 쌓인 버터', '와인이 흐르는 강'이라는 표현이 나올 정도였습니다. 과잉 생산된 농산물은 원가 이하의 가격에 해외시장으로 팔려나갔습니다. 유럽경제공동체에서 들여온 값싼 농산물은 현지 농산물시장의 가격 폭락으로 이어졌습니다. 그리하여 유럽경제공동체 밖의 농부들은 높은 수출관세와 낮은 수입 농산물 가격, 소득 감소로 인해 어려움을 겪게 되었습니다.

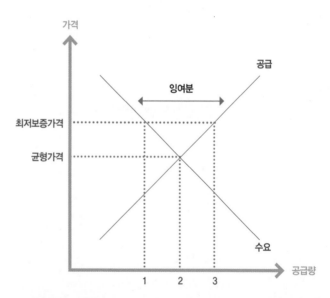

▶ 최저보증가격이 균형가격보다 높게 설정되면 공급 과잉이 발생한다. 정부는 최저보증가격을 유지하기 위해 과잉 공급된 잉여분을 사들여야 한다.

의도하지 않은 결과의 법칙

어떤 문제를 해결하기 위해 도입한 정책이 완전히 다른 문제를 불러일으키는 경우를 '의도하지 않은 결과의 법칙(The raw of unintended consequences)'이라 합니다. 농업 보조금은 농부의 수입을 안정화하고 농산물 공급을 보장하기 위해 도입되었습니다. 하지만 농업 보조금은 의도와 다르게 다른 나라 농부들의 생존을 위협했고, 과도한 화학비료 사용을 촉진했으며, 납세자의 세금 부담을 늘렸습니다. 정부의 정책이 농산물 가격 폭락과 공급 부족이라는 문제는 해결했지만 다른 문제들을 야기한 것입니다.

정부가 직면한 또 다른 문제는 이익을 본 단체들이 두둑한 보조금에 맛을 들이면 좀처럼 이를 포기하려 하지 않는다는 것이었습니다. 유럽과 미국의 농업단체들은 거액의 농업 보조금을 지속적으로 받기 위해 정부에 열심히 로비를 합니다. 경제적 관점에서 보면 보조금을 회수해야 합당하지만, 정치적 관점에서는 기득권에 보조금을 지급하는 것이 보다 합당하고 쉬운 일입니다.

공동농업정책 개혁

공동농업정책은 오랜 기간 열띤 협상 끝에 천천히 개혁되었습니다. 농산물 최저보증가격은 낮춰졌으며 과잉 공급은 근절되었습니다. 하지만 농부들은 여전히 보조금을 받습니다. 보조금의 대부분은 농부가 소유한 농지와 연계되어 있고, 토지를 많이 소유한 부유한 농부에게 이롭습니다.

정부실패는 피할 수 없는 일입니다. 자연친화적인 농업과 전원생활을 장려하는 보조금을 제정하는 것도 가능합니다. 단지 효과적인 계획이 필요할 뿐입니다.

미국에서 제조된 대부분의 식품에는 옥수수 시럽으로 만든 액상과당이 함유되어 있다. 옥수수 시럽은 비만의 원인임에도 불구하고, 옥수수 농가는 많은 보조금을 받는다. 미국은 1995년부터 2012년까지 약 2,770억 달러의 보조금을 농가에 지급했고, 그중 817억 달러가 옥수수 농가에 집중되었다. 결과적으로 미국 정부는 불량식품산업에 보조금을 지급한 셈이다.

셋째
마당

노동시장

The Cakewalk Series – Economics

27 임금 결정

왜 어떤 스포츠 스타들은 다른 사람들이 부러워하는 일을 하며 주급 20만 달러를 받고, 왜 화장실 청소부는 다른 사람들이 꺼리는 일을 하며 겨우 주급 400달러를 받을까요? 재화와 서비스처럼 임금도 공급과 수요의 요인들에 의해 결정되기 때문입니다. 임금을 결정하는 중요한 요인들은 다음과 같습니다.

노동 공급과 임금

과일을 따는 일을 할 수 있는 사람은 많습니다. 신체 건강한 사람이 하고자 하는 의지만 있으면 바로 뛰어들 수 있는 직업입니다. 따라서 잠재적 노동 공급이 높습니다. 이때 임금이 소폭이나마 상승한다면 더 많은 사람이 일자리에 노동력을 공급할 것입니다. 반면 법조계와 같은 전문 직군은 직업을 수행할 자격을 갖춘 사람 수가 적습니다. 변호사가 되기 위해서는 5년에 걸쳐 학위를 따고 법률 연수를 받아야 합니다. 따라서 변호사의 노동 공급은 비탄력적이며, 변호사 수는 임금이 10% 인상된다 해도 그다지 늘어나지 않을 것입니다.

기업은 숙련된 변호사를 통해 수백만 달러의 법무비를 절약할 수 있습니다. 그러므로 기업은 최고의 변호사를 고용하는 데 돈을 아끼지 않습니다. 이러한 제한적인 변호사의 공급과 높은 비용을 감수하는 기업의 행태는 변호사들의 시간당 수임료를 끌어올립니다. 이와 반대로 과수원을 운영하는 농부는 과일 따는 인부에게 높은 임금을 제공할 이유가 없습니다. 시장은 경쟁적이고 비용을 낮춰야 하기 때문입니다. 과일을 따는 일을 하고자 하는 사람은 많으므로, 이때 노동 수요는 임금 탄력적입니다. 그로 인해 과일 따는 인부는 변호사보다 낮은 임금을 받는 것입니다.

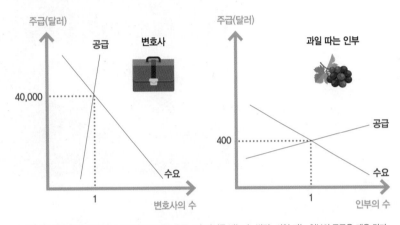

▶ 변호사의 공급은 제한적이고 수요가 높으므로 주급 4만 달러를 받는다. 반면, 과일 따는 인부의 공급은 매우 많다. 과일 따는 인부의 임금은 농부의 수익을 낮추므로 이들에 대한 수요는 낮다.

경제지대

경제지대(Economic rent)는 업무를 수행한 대가로 자신이 받고자 하는 임금과 실제로 지급받는 임금의 격차를 말합니다. 과일 따는 인부의 경제지대는 매우 낮습니다. 그들이 받는 임금은 최저임금을 겨우 웃도는 수준일 것이고, 그들은 그 임금을 받아들일 것입니다. 반면 인기 있는 축구선수의 경제지대는 매우 높습니다. 리오넬 메시(Lionel Messi)는 일주일에 1,000유로를 받아도 축구를 할 용의가 있을지도 모릅니다. 하지만 메시처럼 숙련된 축구선수의 공급은 오직 '한 명'입니다. 공급이 완벽하게 비탄력적입니다. 메시가 경기를 잘 이끌어가고, 한 시즌에 많은 골을 기록한다면 구단주는 수백만 유로의 수익을 얻게 될 것입니다. 이러한 이유로 메시의 경제지대는 매우 높습니다.

▶ "리오넬 메시는 유일하다."

이 조건은 연봉 협상에 매우 유리하게 작용한다. 메시는 자신의 희소성과 수익성을 내세워 매우 높은 임금을 요구할 수 있다.

28 분업

분업은 생산 과정에서 노동자들에게 일정 업무가 주어질 때 발생합니다. 노동자 한 명이 자동차를 한 대 만드는 데 얼마나 걸릴까요? 몇 주, 몇 달, 아마 몇 년이 걸릴지도 모릅니다. 하지만 노동자 한 명이 작업장에서 자동차 바퀴만 조립한다면 그는 아마도 하루에 1,000대 이상의 자동차에 바퀴를 달 수 있을 것입니다. 자동차를 만드는 것과 같은 복잡한 제조 공정은 분업에 적합합니다. 분업의 장점은 다음과 같습니다.

분업의 장점

· 노동자가 받아야 할 훈련이 줄어들고, 숙련되지 않은 노동자도 충분히 생산성을 향상시킬 수 있다.

· 노동자가 공장 내에서 이동할 필요가 없고, 사용하는 도구 수도 적으므로 노동자의 건강과 안전에 이롭다.

· 노동자가 자신이 가장 잘하는 업무에 집중할 수 있다.

· 생산성이 증대되고, 이는 노동자의 임금 상승에 기여한다.

"필연적으로, 전문적인 일을 하는 사람이 가장 잘할 수 있다."

크세노폰, 《키로파에디아(Cyropaedia)》

분업의 문제점

생산라인에서 같은 일을 반복적으로 하면 상당히 지루합니다. 급여를 많이 받는다 해도 어쩔 수 없죠. 따라서 이직률이 높습니다. 칼 마르크스는 분업이 노동자의 소외를 야기한다고 비판했습니다. 19세기 미국의 철학자 랄프 왈도 에머슨(Ralph Waldo Emerson, 1803~1882)과 헨리 데이비드 소로(Henry David Thoreau, 1817~1862)는 분업으로 인해 시민들이 생산 과정에서 배제되는 현상을 우려했습니다. 서구 사회가 부유해지면서 비록 시장 규모는 작았지만, 수작업으로 만든 니치 상품에 대한 관심이 다시 부각되기도 했습니다. 대량생산된 제품들은 인간적인 멋이 덜했기 때문이 아닐까 싶습니다.

▶ 랄프 왈도 에머슨

▶ 헨리 데이비드 소로

잠깐만요! **분업과 헨리 포드**

미국의 사업가 헨리 포드(Henry Ford, 1863~1947)는 처음으로 생산라인을 도입한 것은 아니지만 1913년에 전례 없는 규모의 분업과 생산라인을 도입했다. 그의 새로운 자동차 생산 시스템은 매우 효율적이어서 1908년부터 1912년 사이 포드 모델T의 가격을 30%나 낮출 수 있었다. 포드는 노동자들에게 평균 임금보다 다섯 배 높은 임금을 지급했고, 주당 평균 근무 시간도 줄였다. 이 혁명적 생산라인은 곧 전 세계로 퍼져 제품 가격을 낮추고 노동자의 실질임금을 상승시켰다.

29 최저임금

최저임금은 국가가 임금의 최저 수준을 정하고, 사용자에게 그 이상의 임금을 지급하도록 강제함으로써 저임금 노동자를 보호하는 제도입니다. 최저임금의 목적은 저소득층의 소득을 늘리고 불평등을 줄이는 것입니다. 하지만 비평가들은 최저임금이 너무 높게 설정되면 실업으로 이어질 수 있다고 주장합니다.

최저임금의 장점

• 저소득층에 보다 높은 임금을 제공한다. 최근 불평등이 심화된 가운데, 최저임금은 임금 격차를 줄이는 데 도움이 된다.

• 기업들은 임금이 높아지면 노동생산성을 개선한다. 예를 들어 기술에 투자해 노동력을 보다 효과적으로 이용한다. 장기적으로 높은 임금과 숙련된 노동력은 낮은 임금으로 경쟁력을 유지하는 것보다 경제에 유익하다.

• 노동시장 참여도를 높인다. 학생, 실업자, 어린아이를 둔 부모는 임금이 높아지면 적극적으로 노동시장에 뛰어든다.

• 노동조합이 감소하는 가운데, 최저임금은 임금 인상 협상에 어려움을 겪는 노동자에게 이롭게 작용한다.

최저임금의 문제점

최저임금 인상의 가장 큰 단점은 기업이 비용 증가로 인해 고용을 줄일 수도 있다는 것입니다. 이론적으로 최저임금 인상은 실업을 야기할 수 있습니다. 최저임금이 균형임금보다 높은 선에서 설정될 경우, 수요는 줄어들고 공급은 늘어납니다. 그럼 공급(일을 하고자 하는 사람)에 비해 모자란 수요(일거리)만큼 실업이 발생하게 됩니다.

또한 최저임금 때문에 노동 법규 자체를 피해 경제활동을 하는 사람들이 생기기도 합니다. 일부 노동자는 암시장을 통해 일하거나 자영업자로 등록해 일합니다. 이 과정에서 노동자들은 더욱 부당한 처우를 받기도 합니다.

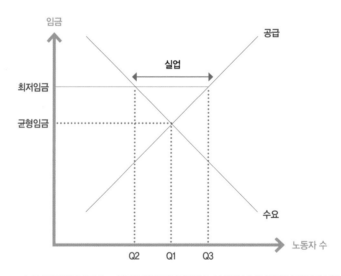

▶ 노동 수요와 공급이 만나는 지점에서 균형임금이 결정된다. 이때 정부가 최저임금을 균형임금보다 높게 설정하면 노동 공급이 수요보다 커져 실업이 발생한다.

최저임금과 실업률 간의 경험적 증거

최저임금 인상이 고용에 미치는 영향에 대한 많은 연구 결과, 최저임금이 소폭 인상될 때 실업률은 거의 늘어나지 않는다는 사실이 밝혀졌습니다. 노동 수요가 비탄력적일 때 기업들은 보다 높은 급여를 제공할 의사가 있습니다. 하지만 노동시장은 완전경쟁시장이 아니며, 기업들은 수요독점(Monopsony)*을 행사할 수 있습니다. 그러므로 일부 기업은 기형적으로 낮은 임금을 책정하기도 하는데, 최저임금은 이러한 행태를 바꾸는 데 도움이 됩니다.

알아두세요

수요독점
임금 결정에 행사하는 독점력

최저임금이 미치는 영향

최저임금이 모든 상황에 동일한 영향을 미치는 것은 아닙니다. 어떤 업계는 다른 업계보다 더 많은 영향을 받습니다. 예를 들어 미용실은 인건비 부담이 높습니다. 따라서 최저임금이 인상되면 인건비가 증가하게 되고, 결과적으로 수익이 감소합니다. 수익이 많은 다국적 기업은 최저임금 인상을 감당할 수 있겠지만, 하루 벌어 하루 먹고사는 소매업자들은 최저임금 인상을 받아들이기 어렵습니다.

30

수요독점

수요독점은 기업이 시장지배력을 바탕으로 노동자를 고용하는 시장 형태를 말합니다. 순수한 수요독점 상태에서는 다수의 노동자에 단 하나의 잠재적 고용주가 존재합니다. 이때 노동자는 실질적으로 급여 수용자가 되며, 노동자가 낮은 급여를 수용하지 않는다면 아예 일을 할 수 없게 됩니다. 수요독점의 예는 다음과 같습니다.

수요독점의 예

- 정부가 고용하는 소방관
- 단 하나의 주요 고용주(탄광, 면화 공장 등)가 있는 소도시의 노동자

기업에만 유리한 수요독점

수요독점은 하나의 대규모 고용주가 한 도시나 마을을 장악하는 일이 흔했던 산업혁명 시기에 비일비재하게 나타났습니다. 당시 노동자들은 교육을 받지 못했고, 대중교통이 발달하지 않아 다른 직장을 찾아 이동하기 어려운 형편이었습니다. 따라서 당시 노동자들은 고용주로부터 착취당하기 쉬운 구조하에서 포로처럼 일했습니다.

수요독점 이론에 의하면 기업은 경쟁시장을 통해 노동자를 고용할 때

보다 소수의 저임금 노동자를 고용할 때 수익을 극대화할 수 있습니다. 수요독점은 생산량과 근로자 수, 급여 감소를 가져오므로 사회 전반적으로 비효율적입니다. 이러한 상황은 높은 수익을 올리는 기업에만 유리합니다.

▶ 산업혁명으로 인해 온 도시를 장악하는 강력한 대기업이 등장했다. 당시 선택할 수 있는 일자리는 지역 공장과 광산이 전부였다.

노동조합의 탄생

19세기 후반, 노동자들은 낮은 임금과 열악한 근무 조건에 불만을 품기 시작했습니다. 그리하여 노동자들은 수요독점력을 가진 고용주에 대항하여 노동조합을 결성했습니다. 노동조합의 목적은 임금 인상과 근무 환경 개선이었습니다.

노동조합은 파업을 무기로 고용주의 힘에 맞섰습니다. 파업은 기업의 수익 감소로 이어질 수 있었으므로, 일부 기업은 노동조합의 요구에 응해 임금을 인상하고 근무 조건을 개선하기도 했습니다. 하지만 대부분의 기업은 파업을 이겨낼 충분한 자원(수익)이 있었고, 노동자들은 동일한 임금을 받고 다시 일터로 내몰렸습니다.

노동조합   100달러   80달러   수요독점

▶ 강력한 수요독점으로 인해 임금은 80달러로 낮아졌다. 이때 노동자들은 노동조합을 결성해 100달러로 임금 인상 협상을 시도할 수 있다.

잠깐만요! ▶ **오늘날에도 수요독점이 있을까?**

이론적으로 노동자들은 보다 높은 임금을 제공하는 직업을 찾을 수 있다. 하지만 실제로 노동자들이 직업을 바꾸기는 어렵다. 새로운 직장을 얻기 위해 준비하고 면접을 보는 데에는 상당한 시간이 걸린다. 따라서 대부분의 노동자는 소폭의 임금 인상을 위해 새 직장을 찾느니 현재 직장에 머문다. 또한 지리적으로 이동하는 것도 어렵다. 일자리는 많지만 생활비가 많이 드는 다른 나라로 이동하는 것은 결코 쉽지 않다.

31 일자리

노동총량불변의 오류

노동총량불변의 오류는 한 국가 내 일자리 수가 고정되어 있다는 주장과 관련이 있습니다. 만약 일자리 수가 정해져 있다면 이민자가 현지인의 일자리를 빼앗는다는 주장에 힘이 실립니다. 이민자가 일자리를 얻는다면 다른 누군가는 일자리를 잃게 되기 때문입니다.

하지만 일자리 수가 고정되어 있다는 주장에는 오류가 있습니다. 일자리를 얻은 이민자의 소득은 지출 증가로 이어져 새로운 일자리를 창출합니다. 즉 일자리 수는 고정되어 있지 않습니다. 이민은 노동 공급뿐아니라 노동 수요도 함께 늘립니다. 그리고 대부분의 이민자는 소위 3D(Dirty, Dangerous, Difficult) 업종에 종사합니다. 그들이 아니라면 기업들은 노동자를 구하는 데 애를 먹을 것입니다.

순 이민이 있는 나라에서 신규 노동자들은 재화와 서비스를 소비하는 데 임금을 사용합니다. 이는 추가 수요와 새로운 일자리를 창출합니다. 전반적인 수요가 증가하면 기업들은 경제 성장에 발맞춰 더 많은 노동자를 고용합니다. 이민자들이 얻은 일자리만큼 새로운 일자리가 더 창출되는 것입니다. 인구가 증가하면 일자리 수는 일정하게 유지되는 것이 아니라 증가합니다.

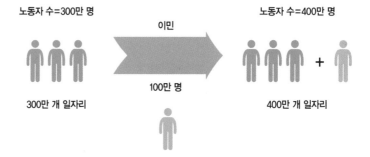

노동자 수=300만 명 → 이민 → 노동자 수=400만 명
300만 개 일자리 → 100만 명 → 400만 개 일자리

▶ 이민은 인구수뿐 아니라 일자리 수도 함께 늘린다.

실업률과 이민

만약 어떤 국가가 실업률이 높은 와중에 순 이민이 있다면, 이민자들이 실업 문제를 악화시킬까요? 원칙은 같습니다. 이민자들이 일자리를 얻을 수도 있지만, 그렇다고 해서 전반적인 실업률이 증가하지는 않습니다. 모든 조건이 동일하다면 새로운 노동 공급은 노동 수요의 증가로 이어집니다. 문제는 실업자들이 이민자들 때문에 일자리를 잃었다고 생각할 수도 있다는 것입니다. 하지만 이민 자체는 실업의 원인이 아닙니다. 실업은 주기적 요인(경기침체 등)과 구조적 요인(관련 기술 부족 등)에 의해 발생합니다.

잠깐만요! 대규모 미국 이민

1880년부터 1920년까지 미국은 2,000만 명 이상의 이민자를 받아들였다. 하지만 이는 실업을 초래하지 않았고, 오히려 경제 고속성장에 기여해 미국을 세계 최대 경제대국으로 만들었다. 또한 이 기간 동안 노동자의 실질임금도 상승했다.

노동총량불변의 오류를 향한 비판

노동총량불변의 오류가 항상 성립하는 것은 아니며, 이민이 실업을 야기하는 상황이 존재한다고 주장하는 사람들도 있습니다. 이민자들이

알아두세요

실질임금실업
실질임금이 균형가격보다 높게 설정
되어 노동 공급이 수요보다 높은 상
태에서 발생하는 실업. 고전적 실업
이라고 하기도 한다.

매우 낮은 임금을 기꺼이 받아들인다면 현지 노동자는 실질임금실업[*] 상태에 놓일 수도 있습니다. 현지 노동자는 매우 낮은 임금을 받아들일 의향이 없으므로 일자리를 구할 수 없습니다.

그리고 만약 이민자들이 일자리를 구한 뒤 소득의 대부분을 고향으로 보낸다면 어떻게 될까요? 이 경우에는 국내 총수요가 한정적으로 증가할 것입니다. 하지만 실제로 이민자들은 임금의 꽤 많은 부분을 생활비로 사용합니다.

이민자들이 현지 노동자보다 훨씬 더 고도로 숙련된 경우도 있습니다. 전문 인력이 필요한 고용주는 덜 숙련된 현지 노동자보다 고도로 숙련된 이민자를 선호하기 마련입니다.

주당 근무 시간을 단축하면 고용이 늘어날까?

실업을 줄이기 위해 정부가 주당 근무 시간을 단축해야 한다고 주장하는 사람들이 있습니다. 그들에 따르면 정부가 주당 근무 시간을 단축하면 기업은 줄어든 근무 시간을 만회하기 위해 고용을 늘립니다. 이때 노동자 개개인의 소득은 줄어들겠지만(근무 시간이 줄어들기 때문에) 일자리 창출이라는 사회적 편익이 실현됩니다.

이러한 주장은 그럴듯하게 들리지만, 실제로는 주당 근무 시간을 단축한다고 해서 실업 문제가 해결되는 것은 아닙니다. 더 많은 노동자를 고용하는 데에는 행정비, 교육비, 관리비와 같은 비용이 뒤따릅니다. 따라서 기업은 추가 고용 없이 생산성을 높이는 방향으로 눈을 돌릴 것입니다. 또한 주당 근무 시간이 줄어 임금이 감소한 노동자는 지출을 줄일 것이고, 이는 소비 감소로 이어지게 됩니다.

이뿐만이 아닙니다. 기업은 적절한 노동자를 고용하지 못할 수도 있습니다. 대부분의 관리자 및 근로자의 기술과 경험은 대체 불가능합니다. 새로 고용된 직원이 전임자의 기술과 경험을 그대로 이어갈 수는 없습니다. 노동은 다른 어떤 생산 요소보다 내외부적 요인에 의해 바뀌기 쉽습니다.

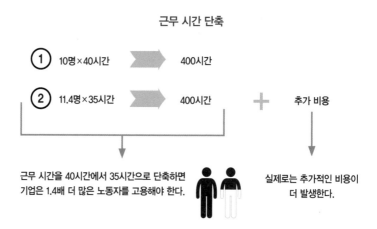

근무 시간 단축

① 10명×40시간 ➡ 400시간

② 11.4명×35시간 ➡ 400시간 ＋ 추가 비용

근무 시간을 40시간에서 35시간으로 단축하면 기업은 1.4배 더 많은 노동자를 고용해야 한다.

실제로는 추가적인 비용이 더 발생한다.

▶ 이러한 주장에 의하면 근무 시간이 단축되면 더 많은 일자리가 창출되어 실업을 줄일 수 있다.

잠깐만요!　　**프랑스의 주당 최대 35시간 근무제**

2000년 2월 프랑스 정부는 주당 최대 35시간 근무제를 시행했다. 이 제도는 주당 근무 시간이 짧아진 노동자들 사이에서 비교적 인기가 있었다. 하지만 이 제도가 실업을 줄였다고 보기는 어렵다. 2010~2016년 프랑스의 실업률은 노동시장이 유연한 미국과 영국의 실업률보다 훨씬 높았다. 이에 주당 최대 35시간 근무제 같은 노동시장 규제가 기업이 노동자를 고용하는 것을 가로막는다고 보는 의견도 있다.

---

32 성 격차

대부분의 경제권에서 여성은 남성보다 낮은 급여를 받습니다. 지난 10여 년간 급여 격차가 줄어들긴 했지만 여전히 여성의 급여가 남성의 급여보다 낮은 경우가 비일비재합니다. 어떤 경제 이론으로 이러한 현상을 설명할 수 있을까요?

학력과 전문 자격

과거에는 남성이 학위를 취득하고 전문적인 자격 조건을 갖춘 경우가 많아 높은 급여를 받았습니다. 하지만 최근 들어서는 학력 격차가 줄어들었습니다. 그럼에도 같은 교육 수준의 노동자 사이에서 여전히 급여 격차가 존재합니다. 영국의 경우, 졸업 후 10년이 지난 시점에서 고학력 여성의 소득은 고학력 남성 소득의 77%에 불과했습니다.

노동생산성

고단한 육체노동은 남성에게 유리했습니다. 하지만 현대 경제가 서비스직을 중심으로 돌아가면서 상황은 바뀌었습니다. 현대 경제에서 노동 수요는 석탄더미를 옮기는 육체노동이 아닌 서비스 기술과 지식에 기반을 둡니다.

시장 원리

스포츠계에는 명백한 급여 격차가 있습니다. 대부분의 스포츠 종목에서 남자 선수들은 여자 선수들보다 더 많은 급여를 받습니다. 테니스 같은 일부 스포츠 종목에서는 격차가 많이 줄어들었지만, 미식축구나 야구의 경우 남자 선수들이 참여하는 경기에 더 많은 돈이 몰립니다. 이러한 급여 구조를 바꾸기 위해서는 여자 스포츠계의 성장과 더불어 여자 선수에 대한 수요 증대가 이루어져야 합니다.

차별

얼마 전까지만 해도 공장에서 일하던 여성 노동자들은 같은 업무를 하는 남성 노동자들에 비해 적은 급여를 받았습니다. 영국에서는 이러한 뻔뻔한 차별을 균등임금법에 의해 불법 행위로 간주했습니다. 1970년에 균등임금법이 채택된 이후 여성의 급여는 1960년 남성 급여의 60%이던 것이 2016년에는 80%까지 늘어났습니다.

유리천장

같은 일에 종사하는 다양한 노동자 집단이 같은 금액의 급여를 받도록 법제화하기는 쉽습니다. 하지만 여성이나 소수민족 출신 근로자의 승진을 꺼리는 고용주를 처벌하기는 어렵습니다. 단순히 시간당 급여가 적다면 문제는 간단합니다. 하지만 승진의 경우는 차별인지, 다른 합당한 이유 때문인지 알아내기가 어렵습니다. 고위직에 진출한 여성의 수가 적은 것은 보이지 않는 유리천장 때문이기도 합니다. 유리천장은 여성의 고위직 승진을 막는 조직 내 보이지 않는 장벽을 뜻하는 말입니다.

초과 근무

남성이 초과 근무 수당을 받을 수 있는 생산직에 많이 종사하기 때문에 남성의 급여가 높다는 의견도 있습니다. 서비스 부문의 사무직은 생산직에 비해 초과 근무 수당을 받을 일이 적습니다.

경력 공백

출산으로 인한 여성의 경력 공백이 급여에 미치는 영향은 남성과 여성의 지속적인 급여 격차를 설명하는 가장 명확한 요인입니다. 35세 여성의 급여는 남성 급여의 90%이지만, 55~64세 여성의 급여는 남성 급여의 74%에 그칩니다. 출산으로 인해 경력 공백이 생기면 업무에 필요한 기술을 빠르게 익히지 못해 승진을 하거나 높은 급여를 받을 가능성이 낮아집니다. 또한 기업은 출산휴가 기간 동안 급여를 지급하고 대체 직원을 고용해야 하기 때문에, 출산휴가를 쓰지 않을 노동자를 고용하는 것을 선호합니다. 즉 기업들이 출산휴가에 따른 비용을 회피하는 것이 여성 차별로 이어진다고 볼 수 있습니다. 하지만 기업 입장에서 이는 단지 비용을 줄이기 위한 노력일 뿐입니다.

33 인구고령화

현대 사회의 인구고령화는 잘 알려진 문제입니다. 2014년 미국의 인구조사에 따르면 2012년부터 2050년까지 65세 이상 인구수는 두 배 가까이 치솟아 4,310만 명에서 8,370만 명으로 늘어날 것이라 예상됩니다. 그에 따라 미국의 노년부양비는 다음과 같이 증가할 전망입니다.

미국의 노년부양비

1940년		2010년		2050년
11%	➡	21%	➡	36%

※ 65세 이상 인구수/18~64세 인구수×100

노년부양비의 증가는 미국에도 부담이지만, 이탈리아나 일본 같은 나라에는 더욱 큰 부담이 됩니다. 일본의 경우, 2005년 30%이던 노년부양비가 2050년에 70%까지 치솟을 것으로 보입니다. 고령인구비율은 1960년대에 태어난 베이비붐 세대가 노년층이 되고 평균수명이 연장되면서 증가했습니다.

인구고령화, 비관적이기만 할까?

인구고령화는 필연적으로 국가부채를 과도하게 늘린다는 비관론에 휩

싸이기 쉽습니다. 하지만 미국 및 여러 주요 경제국들은 이미 노년부양비 문제에 대처한 경험이 있습니다. 1940년부터 2010년 사이 고령인구비율이 두 배로 증가했습니다. 이 시기에는 생활 수준도 급격히 향상되었습니다. 이 당시 노년부양비의 증가는 경제 성장과 기술 발전에 힘입어 경제에 악영향을 미치지 않았습니다. 경제 성장이 지속되면 국민소득이 증가하여 늘어나는 의료비를 감당할 수 있습니다.

인구고령화가 가져올 영향

- **조세수입 확보의 어려움:** 은퇴자들은 소득세와 사회부담금을 적게 납부한다. 일하지 않는 사람에게 세금을 부과하기는 어렵다.

- **자격지출의 증가:** 자격지출은 의료비나 사회보장연금처럼 정부가 일정 자격을 지닌 사람들에게 지급하기로 약정한 지출이다.

- **적자예산:** 정부는 조세수입이 감소하는 와중에 정부 지출을 늘려야 하는 딜레마 상황에 빠진다. 그리하여 정부는 늘어나는 고령화 인구의 의료비와 연금을 감당하기 위해 세율을 높인다. 이때 정작 세금을 내는 노동자들은 세금 증가의 편익을 누리지 못한다.

- **노동력 부족:** 인구가 고령화되면 상대적으로 생산 가능 인구가 줄어든다. 과연 의료 부문과 같은 영역의 경제 공백이 채워질 수 있을까?

- **경제 부문의 변화:** 고령화된 인구는 경제 부문의 변화를 가져온다. 예를 들어 교육 부문의 중요성은 줄어들고, 의료 부문의 중요성은 도드라질 것이다.

- **저축:** 고령화된 인구는 다른 소비와 저축 습관을 보여줄 것이다. 상대적으로 높은 저축비율은 은퇴 후 소득원으로서의 국채 수요를 늘릴 수 있다.

정년 상향 조정, 과연 합당할까?

인간의 수명이 늘어나면 정년을 상향 조정하는 것이 합당해 보입니다. 은퇴 연령이 상향되면 정부의 연금 지출이 줄어들고, 조세수입이 늘어나며, 경제 생산력을 끌어올릴 수 있습니다. 경제학자들이 정년 상향 조정을 주장하는 이유를 알 것도 같습니다. 하지만 이러한 주장에는 공평성의 문제가 있습니다. 일부 노동자는 은퇴 연령 상향에 큰 영향을 받기 때문입니다.

고소득층은 가처분소득*이 있어 사적연금에 투자하거나 주택담보대출금을 상환할 수 있습니다. 그들은 사적연금에 기대어 은퇴할 수 있기 때문에 정년 상향 조정으로 인한 영향이 미미합니다. 하지만 소득의 대부분을 집세로 내는 저소득층은 늘어난 정년까지 꼼짝없이 일을 해야 합니다.

게다가 낮은 급여를 제공하는 일은 육체적으로 고된 경우가 많습니다. 만약 여러분이 창고에서 상자를 나르는 일을 한다면 70세까지 상근하기란 매우 어렵습니다. 아마도 정년 상향 조정을 주장하는 경제학자나 정치인들은 편안한 사무직에 종사하고 있거나 퇴직 후에 사용할 개인 저축이 있을 것입니다.

마지막으로 사람들이 일을 시작할 때 은퇴 연령을 65세라고 가정하고 일생의 예산을 세웠는데 은퇴 연령이 70세가 된다면 배신감을 느낄지도 모릅니다.

알아두세요

가처분소득
개인의 의사에 따라 자유롭게 쓸 수 있는 소득

인구고령화 문제, 어떻게 해결해야 할까?

정년 상향 조정

인구고령화 문제에 대한 한 가지 확실한 해결책은 정년을 상향 조정하는 것입니다. 이는 인생에서 은퇴 후의 삶이 차지하는 비율을 일정하게 유지한다는 의미입니다. 즉 수명이 늘어나면 은퇴 연령을 상향하여 일정한 비율을 유지해야 합니다.

절반 은퇴

오늘날 서비스 부문 경제에는 근무와 은퇴가 명확하게 구분되어 있지 않습니다. 은퇴 연령 이후에도 계속해서 일할 수 있는 기회가 있습니다.

이민

이민을 둘러싼 치열한 정치적 공방에도 불구하고 이민은 급속한 인구 고령화에 맞서는 탁월한 해결책입니다. 이민은 주로 생산 가능 인구의 유입을 가져오기 때문에 노년부양비를 줄이는 효과가 있습니다. 이민법이 매우 까다로운 일본은 급격한 노년부양비 증가를 경험했습니다. 또한 건축업처럼 육체적 노동을 요하는 비인기 직종에 필요한 인력을 구하는 데 애를 먹기도 했습니다.

34 소득효과와 대체효과

만약 시급이 10달러에서 20달러로 오른다면, 여러분은 일을 더 하시겠습니까? 일이 보다 매력적인 것이 되었으므로 대부분의 사람은 일을 더 할 것입니다. 그런데 시급이 10달러에서 1만 달러로 오른다면 어떨까요? 대부분의 사람은 적게 일하고도 목표 소득을 얻을 수 있으므로 일을 덜 할 것입니다.

위 질문에 대답하다 보면 소득효과와 대체효과의 개념을 쉽게 이해할 수 있습니다. 대체효과는 임금이 상승하면 일이 여가(즉 일하지 않는 것)보다 더 매력적이라고 봅니다. 즉 임금 상승이 일을 더 하도록 동기를 부여한다는 것입니다. 반면 소득효과는 임금이 상승하면 적게 일하고도 목표 소득을 얻을 수 있기 때문에 여가를 더욱 즐길 수 있다고 봅니다. 만약 여러분의 시급이 1만 달러라면 여러분은 일 년에 여덟 시간만 일하고도 8만 달러를 벌 수 있습니다. 그렇게 되면 돈을 필요한 만큼 벌고 남은 시간 동안 세계여행을 다닐 수도 있을 것입니다. 시간당 1만 달러를 번다면 먹고살기 위해 매주 45시간 일하고 싶지 않을 것입니다.

사람마다 다르게 느끼는 소득효과와 대체효과

어떤 사람들에게는 대체효과가 소득효과보다 큰 영향을 미칩니다. 이들은 임금이 상승하면 일을 더 합니다. 하지만 유복한 사람들에게는 소득효과가 대체효과보다 우세하게 작용하기도 합니다. 단, 개개인이 모두 다르다는 사실을 명심해야 합니다.

한 학생이 대학 등록금을 벌기 위해 식당에서 일한다고 가정합시다. 사실 이 학생은 식당 일이 즐겁지 않습니다. 일할 시간에 공부하고 싶은 마음이 간절합니다. 그런데 시급이 오른다면, 이 학생은 적은 시간 일하고도 목표 소득을 벌 수 있게 됩니다. 다행히 식당 일은 업무 시간을 조정하기 쉬우니 이 학생은 근무 시간을 줄여달라고 요청할 것입니다. 한편 어떤 사람은 일을 하면서 비싼 차를 몰고, 명품 옷을 입습니다. 이 사람은 앞서 언급한 학생보다 더 많은 지출을 할 것이고, 시급이 오르면 돈을 더 벌어 사치품을 살 계획을 세울 것입니다. 이 경우에는 대체효과가 소득효과보다 우세하게 작용하고, 이 사람은 야근도 불사할 것입니다.

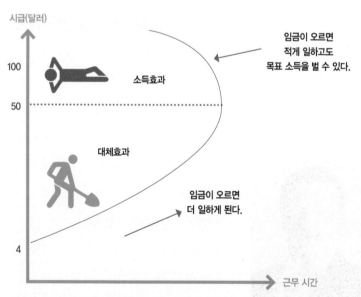

▶ 일단 임금이 오르면 일이 보다 매력적인 것이 되었으므로 사람들은 근무 시간을 늘린다. 하지만 일정 시간이 지나고 임금이 매우 높아지면 일을 덜 하고 여가를 즐기게 된다.

일과 삶의 균형

과거 많은 경제학자가 실질임금이 상승하면 사람들이 적게 일할 것이라고 예상했습니다. 실제로 20세기 중반까지는 실질임금이 상승하면서 주당 근무 시간이 60시간에서 40시간으로 줄었습니다. 실질임금 상승으로 소득이 증가해 일을 덜 하게 된 것입니다. 1930년 존 메이너드 케인스는 '후손 세대의 경제적 가능성(Economic Possibilities for Our Grandchildren)'이라는 제목의 에세이를 통해 미래에는 사람들이 일주일에 15시간만 일할 것이라고 예견했습니다. 하지만 그의 예견은 빗나갔습니다. 2014년 미국 상근 노동자의 실제 주당 평균 근무 시간은 47시간이었습니다.

제2차 세계대전 이후 주당 평균 근무 시간의 감소세는 멈췄고, 최근 수십 년간 사람들은 더 오랜 시간 일을 해왔습니다. 그렇다면 사람들은 왜 실질임금 상승에도 불구하고 계속 장시간 일을 하는 것일까요?

실질임금이 상승했음에도 긴 시간 일하는 이유

첫째, 증가하는 생활비를 충당해야 하기 때문입니다. 오늘날은 과거에 비해 소비할 물건이 많습니다. 50년 전에는 흔치 않았던 명품 옷, 가전기기 등이 필수품으로 여겨지고 있는 상황입니다.

둘째, 많은 사람이 순수하게 일을 즐기거나 근무 시간을 줄이는 것을 어려워하기 때문입니다. 이와 관련하여 미국의 경제학자 리처드 프리먼(Richard Freeman, 1943~)은 "게으른 부자는 워커홀릭 부자로 교체되었다"라고 말했습니다.

셋째, 많은 사람이 인생의 목표를 의미 있는 일을 열심히 하는 데에서 찾기 때문입니다. 미국의 전 대통령 시어도어 루스벨트(Theodore Roosevelt, 1858~1919)는 "인생이 주는 최대의 선물은 의미 있는 일을 열심히 할 수 있는 기회다"라고 말했습니다.

▶ 시어도어 루스벨트

넷째, 기업들이 숙련된 노동자의 근무 시간 단축을 허락하지 않기 때문입니다. 노동자들은 일을 덜 하고 싶어도 마땅한 기회를 찾지 못하고 있습니다.

잠깐만요! **적게 일하기**

재택근무를 하는 개인 사업자들은 인터넷 덕분에 적은 시간 일하고도 괜찮은 소득을 얻을 수 있다. 기업인 티모시 페리스(Timothy Ferriss)가 2007년에 출간한 《나는 4시간만 일한다(The 4-Hour Workweek)》는 독자들에게 큰 인기를 얻었다. 이 책의 인기는 적게 일하고 싶어 하는 사람들의 열망을 대변한다. 비록 일주일에 4시간밖에 일하지 않는 사람을 실제로 보기는 힘들지라도 말이다.

넷째
마당

기업경제학

The Cakewalk Series – Economics

35 효율성

효율성은 자원의 최적 생산 및 분배에 관한 개념입니다. 효율성의 종류는 다음과 같습니다.

효율성의 종류

- **생산 효율성**: 최저 평균비용으로 재화를 생산하는 것

- **분배 효율성**: 재화의 최적 분배. 생산비용과 동일한 양의 편익이 소비자에게 분배되도록 하는 것

- **동적 효율성**: 지속적인 효율성 개선. 1928년 포드 모터 컴퍼니(Ford Motor Company)는 가장 효율적인 자동차 제조회사였지만 1970년대에 이르러서는 일본 경쟁사만큼 생산성을 높이지 못해 뒤처졌다.

- **사회적 효율성**: 사적비용과 편익, 모든 외부효과를 포함한 효율성

일반 전구	에너지 효율이 높은 전구

100와트   3×33와트

▶ 일반 전구 하나를 밝히기 위해서는 100와트의 전기가 소요된다. 하지만 에너지 효율이 높은 전구를 사용하면 같은 양의 전기로 전구를 3개나 밝힐 수 있다.

효율성의 종류가 여러 가지인 이유

공산주의 경제에서는 정부가 수립한 경제 계획에 따라 철강과 군화, 밀 등의 생산량을 끌어올리는 경우가 많았습니다. 계획된 엄청난 양의 생산량을 맞추기 위해 많은 노력과 효율성이 경주되었습니다. 하지만 문제는 정작 사람들이 많은 철강과 군화, 밀 등을 필요로 하지 않았다는 것입니다. 달리 말해, 정부 주도하에 이루어진 생산량 증대는 생산 효율성(생산비용 감소)은 고려되었지만, 분배 효율성(필요와 선호도에 따른 분배)은 염두에 두지 않았습니다.

이와 관련하여 한 소비에트 군화 공장에 대한 이야기가 전해집니다. 군화 공장은 수천 켤레의 군화를 생산하여 공급이 수요를 초과하기에 이르렀습니다. 그 결과, 군화 공장은 매주 남는 군화를 불태웠습니다. 하지만 군화 공장은 생산 목표량을 초과한 공로를 인정받아 정부 포상을 받았습니다. 효율적인 생산은 단위당 최소 자원을 사용하는 이점이 있지만 생산 효율성 외에도 고려해야 할 것들이 있습니다.

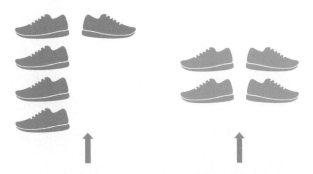

높은 생산량 = 신발 5짝(1켤레 + 3짝)　　분배 효율적인 생산량 = 신발 4짝(2켤레)

▶ 생산량이 높으면 신발 다섯 짝을 생산하더라도, 그중 짝이 맞는 신발은 한 켤레뿐일 수도 있다. 반면 분배 효율적으로 일을 하면 짝이 맞는 신발 두 켤레를 생산할 수 있다.

효율성과 형평성

효율성과 형평성 사이의 균형 또한 중요한 문제입니다. 만약 정부가 독점적으로 운영하던 사업이 사유화된다면 독점력을 얻은 기업은 수익을 늘리고 비용을 절감할 방안을 찾을 것입니다. 기업은 효율성을 앞세워 노동자를 해고할 수도 있습니다. 이는 단기적으로는 경제적 효율성을 가져오지만, 실업을 야기해 형평성의 문제를 일으킬 수도 있습니다.

기업은 0시간 근로 계약(Zero-hours labour contract)[*]을 통해 효율적으로 노동자를 고용할 수 있습니다. 예를 들어 노동자는 일이 없을 때는 4시간만 근무하고, 일이 늘어나면 40시간을 근무합니다. 그리고 기업은 노동자가 근무한 시간만큼만 임금을 지불합니다. 기업은 이러한 근로 계약을 통해 비용을 줄이고 효율성을 증진할 수 있습니다. 하지만 노동자 입장에서 0시간 근로 계약은 불안정한 수입을 의미합니다. 기업이 과도하게 효율성을 추구하면 노동자들이 한계에 내몰리기도 합니다. 예를 들어 배달 수만큼 임금을 지급받는 배달 노동자가 근로 의욕을 잃거나 너무 많은 위험을 감수해야 할지도 모릅니다. 이런 문제는 결과적으로 기업에도 불리하게 작용합니다.

임금 인상이 효율을 높인다고 주장하는 이들도 있습니다. 그들은 임금을 많이 받는 노동자는 애사심이 깊고 의욕적이며 생산적이므로 임금 인상이 효율성을 끌어올린다고 주장합니다.

▌ 알아두세요

0시간 근로 계약
정해진 근로 시간 없이 고용주의 필요에 따라 근무하고, 그에 따라 임금을 제공하는 고용

36 규모의 경제

규모의 경제는 효율성과 관련된 가장 중요한 경제 개념으로, 생산량의 증가가 장기적으로 평균비용을 경감할 때 발생합니다. 다음은 규모의 경제를 설명하는 그림입니다.

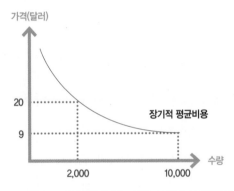

▶ 재화를 2,000개 생산할 때의 평균비용은 20달러다. 이때 생산량을 1만 개로 늘리면 평균비용은 9달러로 줄어든다.

대규모 자동차 공장에서 자동차를 한 대만 생산한다면 자동차 한 대의 평균비용은 매우 높을 것입니다. 이때 자동차 생산량을 늘리면 평균비용은 줄어들게 됩니다. 공장을 짓는 데 돈이 많이 들었다면 효율성을 추구하기 위해 생산량을 늘려야 합니다.

규모의 경제가 효율적인 이유

고정비용 분산

자동차 공장을 짓는 데 1억 달러가 든다고 가정합시다. 이때 자동차를 한 대만 생산한다면 평균 고정비용은 1억 달러가 됩니다. 하지만 자동차를 50만 대 생산한다면 평균 고정비용은 200달러가 됩니다.

생산 과정의 전문화

오늘날 자동차나 컴퓨터의 생산 과정은 고도로 분업화되어 전 세계에 걸쳐 생산활동이 진행됩니다. 배터리에 사용되는 원자재는 아프리카에서 생산되고, 재화는 미국에서 디자인된 후 아시아에서 조립됩니다. 전문화는 대량생산을 전제로 했을 때 높은 효율성을 가져옵니다.

분업

생산 공정이 세분화됨에 따라 노동자들의 업무도 보다 전문화되었습니다. 하지만 한 조립 라인에서 수천 가지의 전문화된 업무가 진행된다면 대량생산을 해야만 수지를 맞출 수 있습니다.

교통경제(유통)

페인트 한 통을 운송하는 데 드는 평균 운송비가 5달러라고 가정합시다. 하지만 페인트 100만 통을 컨테이너에 담아 운송한다면 평균 운송비는 0.01달러까지 떨어질 것입니다.

규모의 경제를 이끈 컨테이너

컨테이너는 매우 평범해 보이지만, 제2차 세계대전 이후 무역을 부흥시키고 삶의 질을 개선한 의미 있는 원동력 중 하나입니다. 컨테이너가 가져온 효율성은 다음과 같습니다.

컨테이너가 가져온 효율성

- **노동력 절감:** 컨테이너가 사용되기 전에는 항만 노동자들이 일일이 화물 상자를 들어 올려 적재했지만, 오늘날에는 수백 개의 화물 상자를 컨테이너 한 대에 적재하고 크레인으로 컨테이너를 들어 올릴 수 있다.
- **효율성 향상:** 많은 양의 재화를 수출해서 옮겨야 할 때 효율성이 높다.
- **절도 예방:** 과거에는 항만 노동자들이 화물 상자를 내리며 재화를 훔치는 일이 종종 있었다. 컨테이너를 사용하면 이런 좀도둑질을 막을 수 있다.

규모의 경제가 성립되지 않는 경우

규모의 비경제는 규모의 경제와 반대 개념입니다. 생산량이 늘어날 때 장기적으로 평균비용도 늘어나는 경우를 말합니다. 분업화의 문제점은 노동자가 지루한 업무에 의욕을 잃기 쉽다는 것입니다. 누구든 온종일 자동차에 바퀴를 다는 일을 한다면 지루한 나머지 일을 제대로 하기 어려울 것입니다. 게다가 작업장의 규모가 크면 생산성은 떨어집니다. 규모가 큰 작업장에서 노동자들에게 동기를 부여하기는 쉽지 않습니다. 10명 남짓한 작은 팀이라면 열심히 일하는지 아닌지 쉽게 눈에 띌 것입니다. 하지만 200명의 팀원 사이에서는 일을 적게 하더라도 눈에 띄지 않을 수 있습니다.

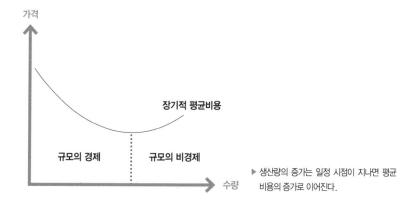

가격

장기적 평균비용

규모의 경제 | 규모의 비경제

수량

▶ 생산량의 증가는 일정 시점이 지나면 평균 비용의 증가로 이어진다.

잠깐만요! **신무역이론**

신무역이론에 따르면 한 국가가 무언가를 전문화하든 그것은 중요하지 않다. 가장 중요한 것은 규모의 경제이기 때문이다.

37

가격차별

가격차별은 같은 재화를 소비자 그룹에 따라 다른 가격으로 판매하는 것으로, 비행기표나 기차표의 가격에서 흔히 볼 수 있습니다. 대표적인 가격차별 기준으로 연령, 선구매 여부, 기간, 시간대 등이 있습니다.

가격차별이 발생하는 이유

소비자 개개인은 서로 다른 수요탄력성을 가지기 때문에 높은 가격을 지불할 의사가 있는 사람이 있는 반면, 그렇지 않은 사람도 있습니다. 한 사업가가 회의에 참석하기 위해 비행기를 타고 출장을 간다고 가정합시다. 사업가는 회의 시간에 맞춰 이동해야 하고, 비행기표값을 경비 처리할 수 있기 때문에 그의 수요는 비탄력적입니다. 하지만 시간적 여유가 있고 소득이 낮으며 여행할 일이 별로 없는 학생은 가격에 매우 민감합니다. 즉 학생의 수요는 탄력적입니다. 그러므로 일정에 맞게 비행기표를 사는 사업가는 비싼 가격을 지불할 것이고, 미리 비행기표를 사둘 수 있는 학생은 보다 싼 가격을 지불할 것입니다.

철도회사는 수익 극대화를 위해 수요가 비탄력적인 시간대(또는 성수기)에는 할인을 덜 하고, 수요가 탄력적인 시간대(또는 비수기)에는 더 할인을 합니다. 비수기에 70달러였던 표값이 50달러로 내려가면 수요가 늘어날 것입니다. 반면 이동이 많은 성수기에는 가격이 높아도 수요가 그다지 줄어들지 않습니다.

기업이 성공하기 위해서는 시장지배력(가격을 설정하는 능력)과 시장을 구분하는 능력이 필요합니다. 이러한 이유로 철도회사는 기간에 따라, 연령에 따라 가격 할인을 제공합니다. 비성수기에 학생 할인을 제공하는 것은 어려운 상황에 있는 학생을 도우려는 의도가 아니라 가격 탄력적인 학생 수요에서 오는 수익을 극대화하기 위해서입니다.

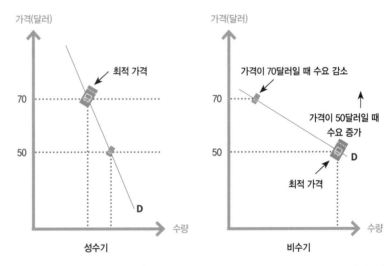

▶ 철도회사는 성수기에는 기차표값을 70달러로 매겨 이익을 최대화한다. 하지만 수요가 적은 비수기에는 적합하지 않은 가격이기 때문에 기차표값을 50달러로 내려 수요를 늘리고 수익을 증대해야 한다.

한계비용*과 가격차별

시기에 따라 표값이 들쑥날쑥한 것에는 또 다른 이유가 있습니다. 예를 들어 항공사 입장에서는 비행기에 탑승객이 가득한 것이 유리합니다. 비행기 좌석 점유율이 100%일 때와 20%일 때 각각 드는 비용이 별 차이가 없기 때문입니다. 즉 추가 승객에 드는 한계비용이 낮습니다. 항공사는 비행기에 빈 좌석이 있다면 남은 비행기표를 저렴한 값에 팔아서라도 수익을 올릴 것입니다. 비록 적은 수익이지만 없는 것보다는 나으니까요. 하지만 인기 있는 비행기 노선의 경우에는 비행기 표값을 올려 비싼 값을 지불할 의사가 있는 소비자가 남은 표를 구매할 수 있도록 합니다.

비행기 좌석

40%의 비행기 좌석 점유율   수익 증대를 위해 남은 표를 싼값에 판매

▶ 일단 비행 일정이 정해지면 남은 좌석에서는 수익을 얻을 수 없다. 비록 남은 좌석이 싼값에 팔리더라도 승객 한 명당 추가되는 비용이 매우 적기 때문에 항공사의 수익은 증가한다.

엎질러진 물

비행기표에 가격차별을 적용하는 것은 '엎질러진 물'에 비유할 수 있습니다. 여러분이 크리스마스트리 50그루를 5달러에 구입해 그중 30그루를 10달러에 되팔았다고 가정해봅시다. 크리스마스이브까지 남은 20그루가 팔리지 않았습니다. 만약 이때 가격을 10달러로 유지한다면 더 이상 팔리지 않을 수도 있습니다. 이때에는 원가 이하로 판매해 수익 극대화를 노리는 것이 낫습니다. 즉 10달러에 팔리지 않는 크리스마스트리로 수익을 남기지 못하느니, 2달러에라도 팔아 처분비용을 아끼는 것이 나은 선택입니다. 50그루의 크리스마스트리를 구입하는 데 든 비용은 되돌릴 수 없는 매몰비용입니다.

비행기표도 마찬가지입니다. 일단 항공사가 비행 일정을 정하면 많은 매몰비용이 발생합니다. 항공사는 되도록이면 모든 비행기표를 팔아야 합니다. 이러한 이유로 기업들이 일부 재화를 원가 이하로 판매하는 것이 수익을 극대화하고 손실을 최소화하는 합리적인 선택이 되기도 합니다.

잠깐만요!　**서둘러 비행기표를 예매해야 하는 이유**

여러분이 49명의 친구와 비행기를 타고 여행을 가기로 했다고 가정하자. 여러분은 바로 비행기표를 예매해야 한다. 친구 중 누군가가 예매하기를 기다린다면 그동안 비행기표 가격은 오를 것이다. 항공사는 비행기 좌석 점유율이 오르면 비탄력적 수요를 가진 소비자가 남은 표를 사기를 바라며 가격을 올릴 것이기 때문이다.

38

진입장벽

진입장벽은 신규 기업의 시장 진입을 어렵게 만드는 요소입니다. 어떤 업계에서는 소수의 기업이 시장을 장악하고, 어떤 업계에서는 다수의 기업이 경쟁합니다. 그 이유는 무엇일까요?

진입장벽이 발생하는 이유

· **규모:** 기존 기업이 규모의 경제를 가진 경우

· **브랜드 인지도:** 기존 기업의 브랜드 인지도는 높은 반면, 신규 기업의 브랜드 인지도는 전무한 경우

· **소매시장:** 소매점들이 신규 기업의 재화가 아닌 기존 브랜드의 재화를 입점하고자 하는 경우

진입장벽의 구성요소

구글(Google)의 수익(시장점유율)을 나누고 싶어 하는 기업은 많지만, 사실 구글과 경쟁하기란 쉬운 일이 아닙니다. 반대로 유명한 도시에서 투어가이드가 되는 것은 상대적으로 쉽습니다. 진입장벽은 다음과 같은 요소들을 포함합니다.

최소 효율 규모

자동차 제조업체가 40만 대의 자동차를 생산할 때 최저 장기 평균비용*에 도달한다고 가정합시다. 그러면 신규 제조업체가 자동차 제조업에 뛰어드는 것은 매우 어렵습니다. 신규 제조업체가 자동차 10만 대를 판매한다 해도 상대적 효율성은 여전히 낮고, 이 때문에 기존 기업과 경쟁하기는 어려울 것입니다.

알아두세요

최저 장기 평균비용
생산량을 늘려도 비용이 증가하지 않는 지점에서의 평균비용. 최소 효율 규모는 이 지점에 도달하는 가장 작은 생산 수준이다.

브랜드 충성도

지난 몇 년간 애플이 2,000억 달러의 수익을 올릴 수 있었던 이유는 무엇일까요? 많은 소비자가 애플에 높은 브랜드 충성도를 보이며 애플의 상품을 지속적으로 구매했기 때문입니다. 소비자들은 애플 재화가 비싸도 구매를 멈추지 않습니다.

광고

광고는 브랜드 충성도를 높이는 데 큰 역할을 합니다. 코카콜라는 브랜드 이미지를 공고히 하기 위해 일 년에 35억 달러의 마케팅 예산을 책정합니다. 온통 코카콜라로 둘러싸인 시장에 신규 기업이 진입하는 것은 매우 어렵습니다. 현재까지는 펩시를 제외하고 코카콜라의 마케팅 예산과 경쟁할 만한 기업이 없습니다.

복수의 브랜드

어떤 기업들은 똑똑하게 독점력을 키웁니다. 세제시장에는 여러 브랜드가 포진해 있습니다. 하지만 여러 브랜드 이면에는 소수의 독점력을 가진 기업이 있습니다. 복수 브랜드는 경쟁 착시 효과를 일으켜 신규 기업의 진입을 막습니다. 신규 기업은 시장점유율의 2분의 1이 아니라 30분의 1을 놓고 경쟁하게 되는 것입니다.

우연히 발생하는 독점

독점이 우연히 발생하는 경우도 있습니다. 페이스북(Facebook)은 많은 인기를 얻은 최초의 글로벌 소셜 미디어 플랫폼입니다. 소셜 미디어를 처음 이용하려는 사람은 이미 많은 사람이 가입한 페이스북을 이용할 가능성이 크므로 신규 기업이 페이스북과 경쟁하는 것은 매우 어렵습니다. 페이스북은 최초로 가장 많은 인기를 얻은 대규모 플랫폼이기 때문에 독점력을 가지게 되었습니다.

소규모 신규 기업	VS	기존 기업
소매점은 새로운 재화의 입점을 꺼림		소매점은 기존 브랜드의 입점을 선호
규모의 경제가 없는 소규모 생산		규모의 경제를 이룬 대규모 생산
브랜드 인지도 낮음		브랜드 인지도 높음

▶ 많은 업계에서 신규 기업은 불이익을 경험한다. 소규모 신규 기업은 규모의 경제가 없고 브랜드 인지도가 낮아 기존 기업과 경쟁하는 데 애를 먹는다.

39 독점

순수한 독점은 시장에 단 하나의 기업이 존재하는 상황을 일컫습니다. 현실적으로는 어느 한 기업이 상당한 시장점유율을 차지했을 때 독점력을 가졌다고 이야기합니다. 독점력을 가진 기업의 예로 검색엔진시장의 80% 점유율을 차지한 구글을 들 수 있습니다.

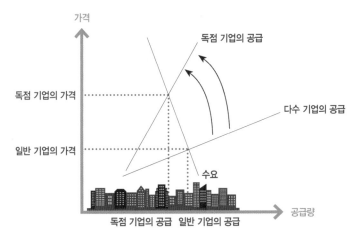

▶ 다수의 기업이 공존하는 경쟁시장에서는 일반 기업의 가격을 기준으로 값이 결정된다. 독점은 한 기업이 시장의 공급을 조절할 수 있기 때문에 공급을 제한해 독점 기업이 원하는 대로 가격을 인상하는 것이 가능하다.

독점이 소비자에게 해로울까?

일반적으로 독점은 다음과 같은 상황을 초래하므로 소비자에게 해롭습니다.

높은 가격

1999년 미국연방법원은 마이크로소프트(Microsoft)의 독점력 남용에 대해 조사를 진행했습니다. 이에 따르면 마이크로소프트는 윈도우98의 가격을 89달러로 책정해 수익을 최대화했습니다. 마이크로소프트는 가격을 낮게 책정했더라도 수익을 남길 수 있었고, 경쟁사의 가격인 49달러에 비해 89달러는 터무니없이 높은 가격이었습니다.

비효율성

독점력을 가진 기업은 많은 노력을 들이지 않고도 수익을 얻을 수 있어 혁신, 비용 절감, 서비스 개선에 힘쓰지 않습니다. 실제로 경쟁 의식의 부재에서 빚어진 비효율성은 동유럽 국영 기업들이 몰락한 원인 중 하나입니다.

제한적 선택

텔레비전이 세상에 처음 나왔을 때에는 한두 개의 채널만 시청할 수 있었습니다. 하지만 위성 텔레비전이 나온 뒤에는 매우 다양한 채널을 시청할 수 있게 되었습니다.

독점이 소비자에게 이로울 수 있을까?

일부 경제학자의 말에 따르면 독점이 이로울 때도 있습니다. 독점이 성공적으로 이루어지면 기업이 사회에 기여를 하기도 합니다.

연구 개발에 기여

제약시장이 완전경쟁시장이라면 제약업체들은 수익이 적어 신약 개발에 투자할 여력이 없었을 것입니다. 대규모 제약업체는 높은 수익과 한시적 독점력을 바탕으로 어렵고 시간이 많이 소요되는 신약 개발 절차를 밟을 수 있었습니다. 그 결과, 소비자들은 더 좋은 의약품의 혜택을 누릴 수 있게 되었습니다. 스탠더드 오일(Standard Oil)은 강력한 독점력으로 많은 비난을 받았지만, 다양한 석유 제품을 생산하는 데 크게 기여했습니다.

자연 독점

상수도, 전기 등을 다루는 일부 산업계는 규모의 경제가 매우 높아 소규모 시장이 시장을 분할해 점유하면 비효율성을 초래하기도 합니다. 이때 독점에 대한 대안으로 정부가 개입해 수돗물이나 전기 등에 가격 제한을 둘 수 있습니다.

성공적 독점

흔히 독점은 효율을 저하한다고 합니다. 하지만 고유의 강점(Unique Selling Point, USP)을 가진 기업들이 독점력을 얻은 경우는 다릅니다. 애플은 매력적인 상품을 생산했기에 강력한 브랜드 충성도를 쌓을 수 있었고, 더 나아가 독점력을 가지게 되었습니다. 기업이 독점력을 가지면 게을러진다고 말하는 사람들이 있는데, 그렇지 않습니다. 예를 들어 구글은 여전히 혁신적이며, 직원들의 신제품 개발을 고취합니다. 구글은 독점력을 바탕으로 더 많은 위험을 감수하고, 고도로 숙련된 노동자를 고용해 더 많은 혁신을 꾀합니다.

독점의 교과서, 스탠더드 오일

19세기 후반 미국의 사업가 존 록펠러(John D. Rockefeller, 1839~1937)가 설립한 스탠더드 오일은 훗날 '도금시대(Gilded Age)'와 과도한 독점력을 상징하는 기업이 되었습니다. 스탠더드 오일은 1890년에 이르러 미국 내 원유 정제업의 88%를 지배했습니다. 처음에는 유기적으로 성장했지만, 시간이 지나면서 비효율적인 기업들을 폐사시키고 경쟁사들을 사들였습니다. 높은 수익을 올렸기 때문에 제조 원가보다 저렴한 가격으로 경쟁사들을 따돌릴 수 있었고, 그 결과 경쟁사들은 문을 닫아야만 했습니다. 가격은 독점력을 가진 후에 다시 올리면 될 일이었습니다. 게다가 스탠더드 오일은 철도회사와 담합하여 경쟁사보다 싼값에 원유를 운송할 수 있었습니다(140쪽 '담합' 참조).

1911년 미국 대법원은 스탠더드 오일이 셔먼 반독점법(Sherman Antitrust Act)을 위반했다고 판결했고, 그 결과 스탠더드 오일은 34개의 작은 기업으로 나누어졌습니다. 엑손(Exxon), 아모코(Amoco), 모빌(Mobil), 쉐브론(Chevron) 등이 스탠더드 오일로부터 파생된 기업입니다. 그렇다면 창업자 록펠러는 어떻게 되었을까요? 그는 34개 신생 기업의 주식 가격이 두 배로 뛴 덕에 그 전보다 더 부유해져 '마지막에 웃는 자'가 되었습니다.

잠깐만요! 독점의 현대화

마이크로소프트는 새 컴퓨터에 윈도우(Windows)와 인터넷 익스플로러(Internet Explorer)를 설치해왔다. 이로써 마이크로소프트는 오랫동안 인터넷 브라우저와 사무용 제품(윈도우와 마이크로소프트 오피스)에 독점권을 행사할 수 있었다.

40 담합

담합은 기업들이 가격을 올리고 수익을 최대화하기 위해 협력하는 현상입니다. 이는 별다른 반대급부 없이 소비자 가격을 인상하기 때문에 불법으로 간주합니다. 하지만 담합에 대한 처벌 수위가 높음에도 불구하고 수익의 유혹을 뿌리치기는 어렵습니다.

두 주유소가 경쟁시장에서 휘발유를 갤런당 2달러에 판다고 가정합시다. 두 주유소는 2달러의 가격으로 매년 100만 달러씩 벌어들이고 있습니다. 만약 두 주유소가 휘발유 가격을 4달러로 올려 수익을 최대화한다면 매년 두 배 이상의 돈을 벌어들일 수 있을까요? 휘발유 가격이 오르면 판매량은 다소 줄어들 것입니다. 하지만 수요는 비탄력적이고, 휘발유 소비는 계속될 것이므로 수익은 증가할 것입니다.

▶ 낮은 가격과 경쟁시장은 낮은 수익을 의미한다. 두 기업은 담합을 통해 가격을 올리고 높은 수익을 얻을 수 있다.

담합을 하는 이유

다수의 주유소가 갤런당 2달러이던 휘발유 가격을 4달러로 인상하기로 했다고 가정합시다. 이때 판매량은 줄어들겠지만 전반적인 수익은 증가할 것입니다. 하지만 어느 한 주유소가 더 많은 수익을 올리기 위해 다른 주유소들보다 낮은 가격에 휘발유를 판매할 수도 있습니다. 이 주유소는 휘발유를 갤런당 2.5달러에 판매함으로써 처음보다 높은 가격과 높은 판매량을 바탕으로 더 많은 수익을 남기게 됩니다. 개별 업주에게 이보다 더 좋은 결과는 있을 수 없습니다.

담합과 게임이론

하지만 한 주유소가 휘발유 가격을 갤런당 2.5달러로 인하하면 다른 주유소들의 수익과 판매량은 감소할 것입니다. 그렇게 되면 다른 주유소들도 가격을 인하할 것입니다. 그 결과, 주유소들은 휘발유 가격이 다시 2달러로 떨어질 때까지 가격 경쟁을 하고, 주유소들의 수익은 다시 낮아질 것입니다. 담합은 깨졌고, 주유소들은 더 이상 높은 수익을 기대할 수 없습니다. 이러한 상황은 한 주유소가 내린 선택이 경쟁 기업의 반응에 따라 다른 결과를 가져온다는 게임이론으로 설명할 수 있습니다. 기업은 가격을 인하할 때 경쟁 기업이 어떻게 반응할지 알고 있을까요?

무너진 OPEC의 고유가정책

OPEC(The Organization of the Petroleum Exporting Countries)는 세계 주요 산유국을 하나로 이어주는 단체로, 석유 가격을 결정하는 카르텔을 형성하기도 합니다. OPEC는 1970년대에 산유량을 제한했고, 석유 가격은 하룻밤 사이에 세 배로 치솟았습니다. 이에 산유국들의 수익이 늘어났고, 석유 수입국들은 높은 가격에 직면했습니다. 이는 회원국들의 수익을 극대화한 전형적인 카르텔이었습니다. 하지만 OPEC의 성공은 부메랑이 되어 돌아왔습니다.

석유 수입국들은 석유 가격이 오르자 수요를 줄이기 위한 방안을 찾기 시작했습니다. 일례로 미국은 연료 효율이 높은 자동차를 개발하기 시작했습니다. 또한 알래스카와 북해, 베네수엘라 같은 새로운 지역에서도 수익성 있는 석유 생산이 가능해졌습니다. 시간이 지나면서 등락을 거듭하던 석유 공급이 증가하자 석유 가격은 하락했습니다. 게다가 석유 수입국들이 천연가스 발전소를 짓는 등 원유 의존도를 줄이자 OPEC의 영향력이 줄어들었습니다.

때때로 OPEC, 특히 사우디아라비아는 산유량을 제한하여 석유 가격을 인상하려 했습니다. 하지만 다른 산유국들이 사우디아라비아의 산유량 제한에 '무임승차'하며 높은 산유량을 유지했습니다. 그 결과, 사우디아라비아와 주요 OPEC 국가들은 고유가정책을 유지할 수 없게 되었습니다.

담합을 막기 위한 처벌

미국과 유럽에서는 담합을 하면 무거운 처벌이 뒤따릅니다. 하지만 가장 먼저 담합을 자백하고 정보를 제공한 기업은 담합 처벌법에 따라 보호를 받습니다. 그러므로 담합에 참여한 기업들은 치킨 게임(Chicken game)*을 시작합니다. 기업은 담합을 지속하면 높은 수익을 올릴 수 있지만, 경쟁 기업이 담합을 자백하면 엄청난 벌금형이나 징역형에 처해집니다. 가장 먼저 자백을 한다면 담합은 끝이 나고, 처벌을 받지 않을 수도 있습니다.

기업들은 서로를 얼마나 신뢰할까요? 담합은 가장 먼저 자백하는 기업이 얻는 이점이 있기 때문에 매우 불안정한 균형 상태를 이룹니다. 정부는 바로 이 점을 노린 것입니다. 담합이 적발될 경우 무거운 처벌을

알아두세요

치킨 게임
한 기업이 포기하면 다른 기업이 이득을 볼 수 있으므로 서로 상대방이 먼저 포기하기를 기다리면서 위험을 무릅쓰고 진행하는 게임

받게 해 담합 자체를 불안정하게 만드는 것입니다.

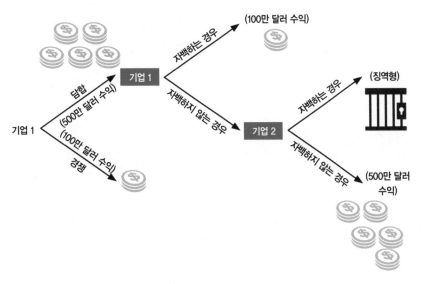

▶ 기업들은 경쟁할 때보다 담합할 때 더 높은 수익을 올릴 수 있다. 하지만 가장 먼저 불법 행위를 자백하는 기업이 얻는 이점이 있다. 한 기업이 담합을 지속할 때 경쟁 기업이 자백을 한다면 담합을 지속한 기업주는 감옥에 가야 할 수도 있다. 그러므로 담합은 오래 지속되지 않는다.

41 기업의 목적

고전경제학에 따르면 기업은 수익 극대화를 위해 존재합니다. 수익이 기업에 미치는 영향은 다음과 같습니다.

수익이 기업에 미치는 영향

- 기업 소유주와 직원들에게 높은 급여와 배당금 등을 지급할 수 있다.

- 기업 투자로 생산력을 늘릴 수 있다.

- 수익을 비축한 기업은 경기침체를 극복하고 일자리를 유지할 수 있다.

- 수익은 쉽게 측정할 수 있으며 확실한 성공의 척도가 된다.

그런데 기업의 목적이 수익 극대화라는 가정은 너무 간단하지 않은가요? 기업이 항상 수익 극대화를 추구할까요? 사실 기업은 여러 가지 이유로 존재합니다.

수익 외 다른 목적은 없을까?

매출 극대화

기업은 수익 극대화보다 시장점유율이나 매출 극대화를 추구하기도 합니다. 예를 들어 아마존(Amazon)은 기업의 최우선 목적이 시장점유율 증대에 있다고 언급했고, 종종 낮은 수익을 기록하기도 했습니다. 아마존의 2013년 수익은 2억 7,400만 달러, 매출은 744억 5,000만 달러였습니다. 이는 아마존의 급속한 성장에 비하면 보잘것없는 한계수익이었습니다. 아마존은 다양한 재화를 저렴한 가격에 판매하여 소비자를 모으고 소비자와 장기적 관계를 맺고자 합니다. 훗날 아마존이 고객을 잃지 않고도 가격을 인상할 수 있다면, 장기적으로 수익은 극대화될 것입니다.

이타적 동기

일반적으로 경제학은 경제적 반대급부와 동기부여의 원리하에 작동합니다. 하지만 사람들은 이타적 동기에 기초해 수익보다 환경이나 자선 활동, 사회 복지에 더 큰 의미를 부여하기도 합니다. 예를 들어 대부분의 기업은 환경을 파괴하는 영업 행태를 꺼립니다. 협력 관계도 완전히 다른 원리에 기초하여 모든 이해관계자(소비자, 주주, 노동자)와 영업 수익을 공유하는 것을 목표로 삼습니다.

다국적 기업들은 이타적 동기를 영리한 마케팅 전략으로 사용하기도 합니다. 기업의 브랜드 입지를 굳히고 장기 수익성을 높이기 위해 노동 착취를 하지 않는다거나, 환경친화적인 경영 전략을 채택한다는 사실을 강조해 기업을 홍보합니다.

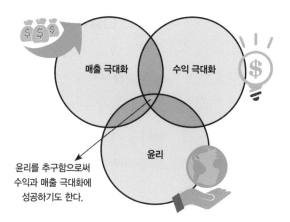

윤리를 추구함으로써
수익과 매출 극대화에
성공하기도 한다.

▶ 수익 극대화는 윤리와 상충관계에 놓이기도 한다. 하지만 기업의 윤리적 행보가 브랜드 이미지를 강화하여 매출과 수익 증대에 기여할 수도 있다.

42 창조적 파괴

창조적 파괴는 자본주의의 영향력이 끊임없는 변화를 야기한다는 사실을 나타냅니다. 창조적 파괴에 힘입어 오래되고 비효율적인 기업은 문을 닫고, 새롭고 효율적인 기업은 시장 전면에 나섭니다.

창조적 파괴는 오스트리아 출신의 미국인 경제학자 조지프 슘페터 (Joseph Schumpeter, 1883~1950)가 처음 사용한 용어입니다. 역설적이게도 슘페터는 칼 마르크스의 영향을 받아 창조적 파괴라는 아이디어를 떠올렸습니다. 마르크스는 〈공산당 선언(Communist Manifesto)〉에 '자본주의는 자본이 파괴되고 자본가들이 자본을 재건하며 수익을 얻을 때 다양한 위기를 겪었다'라고 명시했습니다. 슘페터는 창조적 파괴의 과정이 자연스럽고 유익한 것이며, 창조적 파괴를 통해 기술 발전과 소비자 취향 변화에 지속적으로 답할 수 있다고 보았습니다.

▶ 조지프 슘페터

"자본주의는 본질적으로 경제 변화의 한 형태이며, 결코 정지된 상태가 아닐 뿐만 아니라 그럴 수도 없다. (…) 자본주의의 엔진을 켜고 계속 나아가게 하는 근본적인 추진력은 새로운 재화, 새로운 생산 방법, 운송 수단, 새로운 시장, 자본주의 기업이 창조한 새로운 산업 조직의 구성이다."

조지프 슘페터, 《자본주의, 사회주의, 민주주의(Capitalism, Socialism and Democracy)》

창조적 파괴는 우리 주변에서 흔히 볼 수 있는 현상입니다. 예를 들어 CD의 등장은 레코드플레이어의 종말을 가져왔습니다. 하지만 몇 년 지나지 않아 높은 수익을 내던 음반회사들은 디지털 다운로드의 등장으로 큰 타격을 받게 되었습니다. 이러한 창조적 파괴가 없었다면 우리는 변화가 없는 경제 상태에 머물렀을 것입니다.

창조적 파괴는 자유방임경제를 정당화하는 것처럼 보이기도 합니다. 이는 창조적 파괴가 보다 나은 일자리와 높은 수익을 얻기 위해서는 단기적인 실업이 필요하다고 보기 때문입니다. 이에 비평가들은 창조적 파괴가 멀쩡한 산업체들이 단기적 어려움을 극복하지 못해 파산하는 상황을 그럴듯하게 정당화한다고 비판합니다.

창조적 파괴는 한 발 물러나 학문적인 견지에서 보면 이치에 맞지만, 창조적 파괴에 의해 일자리를 잃은 노동자들이 새로운 일자리를 찾기까지는 수년이 걸릴 수도 있습니다. 미국의 러스트 벨트(Rust Belt)*와 과거 영국의 탄광업계는 높은 실업률과 낮은 임금으로 인해 고통받았고, 이는 창조적 파괴가 초래한 인적비용을 여실히 보여줍니다.

더 나아가 사회적 편익을 제공하는 산업계가 창조적 파괴로 인해 사라지는 것은 안타까운 일입니다. 예를 들어 자동차 산업의 성장으로 인해 철도 산업은 후퇴했고, 이는 교통 체증과 환경오염을 유발했습니다.

알아두세요

러스트 벨트
과거 철강 및 제조업으로 호황을 누린 미국 북동부 지역에 위치한 쇠락한 공장지대

실직한 기관사

실직한 기관사가 트럭운전수로 재취업

▶ 증기기관차(구식 기술)는 신기술(대형 화물트럭)로 대체되고, 증기기관차 기관사는 직장을 잃더라도 트럭운전수로 다시 일할 수 있다.

43 정부의 산업 지원

어느 산업계 내의 전반적인 수익성이 떨어지고, 주요 기업이 파산위기에 처했다고 가정해봅시다. 이때 정부의 역할은 무엇일까요? 보조금이나 대출을 제공하여 실업을 예방해야 할까요? 아니면 기업이 문을 닫게 내버려두어야 할까요? 창조적 파괴 옹호자들은 자유방임주의적 견해를 내세웁니다. 하지만 정부가 개입하는 것이 더 나은 상황도 있습니다.

2008~2010년 미국의 자동차업계는 국제적인 수요 급락과 유가 인상, 원료 효율성이 높은 수입차의 인기 때문에 고전했습니다. 제너럴 모터스(General Motors)와 크라이슬러(Chrysler)를 비롯한 주요 자동차 제조업체들은 엄청난 손실을 기록했습니다. 이때 자유방임주의적 접근법이 설득력을 얻었습니다. 적자예산 상태의 정부가 과잉 공급과 비효율성 문제로 쇠퇴하는 저수익 자동차업계를 도와야 하는지 의문이 제기되었습니다.

당시의 정황을 고려했을 때 자동차업계에는 자유방임주의 외에 다른 접근법이 필요했습니다. 수요 폭락은 심각한 경기침체(2008~2009년)에서 기인했습니다. 하지만 이는 오랫동안 지속되지 않을 것으로 예상되었고, 미국 자동차업계는 유가 상승으로 에너지 효율이 높은 수입차의 수요가 증가하면서 판매에 큰 타격을 받았습니다.

정부의 지원으로 살아난 기업들

2008년에 이르러 제너럴 모터스와 크라이슬러는 파산위기에 몰렸습니다. 이때 미국 재무부는 기업들의 파산위기를 방관하지 않고 4년간 800억 달러를 자동차업계(특히 제너럴 모터스)에 투자했습니다. 정부의 구제금융은 사실상 자동차업계를 국유화했습니다. 그 덕분에 제너럴 모터스나 크라이슬러 같은 주요 자동차 제조업체가 파산했다면 사라 졌을 725만 개에 이르는 일자리가 그대로 유지되었습니다. 또한 자동 차업계는 구제금융을 통해 연료 효율성이 높은 소형차 개발에 눈을 돌 렸습니다.

2015년에 이르러 자동차업계는 부진에서 벗어나 50만 개에 이르는 새 로운 일자리를 창출했습니다. 정부는 기업 회생을 위해 보유했던 지분 을 705억 달러에 되팔았습니다. 엄밀히 말하면 미국의 납세자는 구제 금융 때문에 95억 달러의 손해를 보았습니다. 하지만 구제금융이 아니 었다면 실업과 생산량 감소에서 오는 경제적 손실은 더욱 컸을 것입니 다. 경기침체가 절정을 이루던 2009년에 기업이 파산했다면 고용, 경 제, 소비자 신용 전반에 걸쳐 막대한 피해를 입었을 것입니다.

2008년 미국 자동차 제조업체들은 단기적 요소들(경기침체, 유가 상승)로 인해 파산위기에 몰렸지만, 업계에 거대한 구조적 변화를 가져올 만한 것들은 아니었습니다. 반면 보더스 그룹(Borders Group)*은 우편 주문과 전자책의 발전이라는 장기적 변화에 밀려 2011년에 파산했습니다.

이를 통해 알 수 있듯 정부의 임시 구제금융은 단기적 요소에 의해 초 래되는 기업 파산을 이례적으로 예방할 수 있습니다. 이때 피할 수 없 는 장기적 쇠락과 일시적인 어려움을 구분하는 것이 중요합니다.

알아두세요

보더스 그룹
미국 미시간 주에 본사를 두었던 서 적 및 음반 소매업체

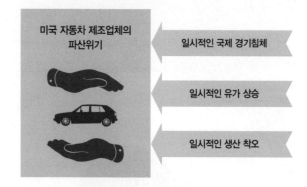

미국 자동차 제조업체의
파산위기

일시적인 국제 경기침체

일시적인 유가 상승

일시적인 생산 착오

800억 달러   700억 달러+낮은 실업률

정부

▶ 정부는 800억 달러를 지출한 후 700억 달러를 회수했고,
대규모 실업 사태를 예방할 수 있었다.

다섯째
마당

경제학 개념

The Cakewalk Series – Economics

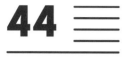

절약의 역설

절약의 역설은 개인들이 경기침체기 동안 저축을 늘리면 국내총생산의 감소로 이어질 수 있음을 나타냅니다. 사람들은 경기침체기에는 실업이나 소비 상실에 대한 두려움을 갖게 됩니다. 그래서 대출과 꼭 필요하지 않은 소비를 줄이고 저축을 늘려 소득이 사라지는 상황에 대비합니다. 이는 개인적인 입장에서 보면 이성적이고 충분히 그럴 만한 결정입니다.

경기침체를 일으키기도 하는 절약

하지만 대부분의 소비자가 저축을 더 많이 하기로 결정한다면 어떻게 될까요? 사회의 전반적인 소비가 감소하고, 이는 경기침체로 이어질 것입니다. 기업은 매출이 줄어드니 노동자를 해고하겠죠. 결국 경기침체에 대한 두려움이 경기침체를 심화시키는 셈이 됩니다.

존 메이너드 케인스는 1930년대 대공황 시기에 '절약의 역설'이라는 개념을 발전시켰습니다. 그는 대공황이라는 급격한 경기침체기 동안 민간 부문에서 투자와 소비가 줄고 저축이 늘어나는 것에 주목했습니다. 이러한 현상은 2008년에도 발생하여 경기침체가 저축률(총소득 중 저축분을 백분율로 나타낸 값)의 급속한 상승과 소비 감소를 야기했습니다.

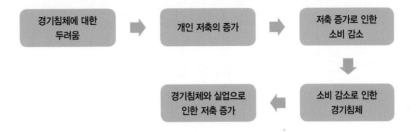

케인스는 저축 상승이 실업과 유휴 자본 같은 자원 낭비를 초래한다고 생각했습니다. 또한 그는 민간 부문이 소비하지 않는다면 정부가 관여하여 소비를 늘려야 한다고 주장했습니다. 민간 부문이 저축을 늘리면 정부가 자금을 빌려 경제에 투자해야 한다고 본 것이죠. 저축률이 높다는 것은 국채의 수요가 있다는 뜻이기 때문입니다. 즉 유휴 저축분이 있기 때문에 정부의 국채 발행이 민간 부문에 구축효과*를 가져오지 않을 것입니다.

알아두세요

구축효과
국채 공급 증가가 국채 가격 하락과 금리 상승을 초래하여 기업의 투자를 위축시키는 현상으로, 크라우딩 아웃(Crowding Out)이라고도 한다. 금융기관 내에 충분한 자금이 있을 때에는 구축효과가 크지 않다.

저축은 항상 나쁠까?

그렇지 않습니다. 일반적으로 높은 저축률은 장기적인 경제 성장에 중요한 요소입니다. 저축률이 높으면 은행들이 기업에 투자하여 자금을 조달할 수 있습니다. 특히 개발도상국에서는 높은 저축률이 투자와 경제개발을 촉진하는 데 중요한 역할을 하는 것으로 알려졌습니다. 또한 장기 저축률 상승은 곧 닥쳐올 인구고령화 문제에 대처하기 위한 중요한 요소입니다(112쪽 '인구고령화' 참조).

관점에 따라 달라지는 절약의 의미

미시경제학과 거시경제학의 차이점도 절약의 역설로 설명할 수 있습니다. 미시경제학은 저축을 늘리기로 한 개인적 의사결정과 같은 개별 거래를 들여다봅니다. 반면 거시경제학은 경제 전반을 고려하여 개개인 모두가 저축을 늘릴 때의 효과를 따집니다. 역설적으로 개인적으로 합당한 결정이 경제 전반에는 유해한 경우도 있습니다.

여러분의 임금이 10% 인상된다고 가정해봅시다. 당연히 여러분은 이 소식을 반길 것입니다. 하지만 화폐량이 늘어 모든 사람의 임금이 10% 인상된다면, 이는 10%의 인플레이션으로 이어집니다. 이런 상태에서는 임금이 인상되어도 별로 나아지는 것이 없습니다.

저축은 항상 좋을까?

문제는 많은 소비자와 기업이 동시에 저축을 늘릴 때(소비를 줄일 때) 발생합니다. 저축이 급격히 늘어날 때(소비가 급격히 줄어들 때) 경제 성장에 부정적인 영향을 미치게 됩니다(112쪽 '인구고령화' 참조).

저축률 감소는 어떤 의미일까?

한편 저축률의 급속한 감소는 경제 성장이 불안정하다는 신호일 수도 있습니다. 만약 사람들이 저축을 줄여 소비를 늘린다면 경제 성장은 오랫동안 지속될 수 없습니다. 2008년 경기침체 이전에 미국과 영국에서는 저축률이 매우 낮은 수준으로 떨어졌습니다. 이는 경제가 불균형 상태이고, 엄청난 시장 조정이 뒤따를 것이라는 신호였습니다.

잠깐만요! **고통의 역설**

고통의 역설은 절약의 역설과 비슷하다. 고통의 역설은 실업률이 높을 때 노동자가 낮은 임금을 감내하고 일한다면 낮은 임금이 재화의 수요 감소, 나아가 노동자의 수요 감소를 초래한다고 본다. 결국 실업은 미해결 문제로 남은 채로 말이다.

45 생애주기가설

사람들이 저축을 하는 이유

생애주기가설은 사람들이 일생 동안 일정한 수준의 소비를 하고자 한다는 개념입니다. '해가 날 때 풀을 말려라(Make hay while the sun is shining)'라는 서양 속담이 있습니다. 사람들은 이 속담처럼 소득이 일생의 평균치보다 높아지면 저축을 하고, 소득이 일생의 평균치보다 낮아지면 대출을 받습니다. 학생은 학자금 대출을 받고, 노동자는 돈을 벌어 저축을 하며, 은퇴자는 저축에 기대어 살아가게 됩니다. 이러한 소비 패턴은 필요에 의해 발생하지만 경제 이론으로도 설명이 가능합니다.

대부분의 사람은 학생일 때는 대출을 받아 생활하더라도, 학업에 열중해 나중에는 높은 임금을 받는 직업을 구하길 바랄 것입니다. 즉 대출을 받음으로써 일생 동안 얻게 될 소득의 전반적인 상승을 바라는 것입니다.

소득이 일생 동안 일정하게 유지되는 또 다른 이유는 소득의 한계효용 감소 때문입니다. 여러분이 높은 임금을 받는 시기(주로 40대)에는 번 돈을 다 쓰기 어렵습니다. 이미 자동차 한 대가 있다면 두 번째 자동차를 살 때 얻는 만족감은 상대적으로 적기 때문입니다. 그러므로 가처분소득을 저축하여 소득이 줄어들 노후를 대비하는 것이 훨씬 가치 있는 일입니다.

은퇴자는 정말 모아둔 저축으로 생활할까?

연구에 의하면 많은 은퇴자가 저축에 의지하지 않는 것으로 나타났습니다. 이는 은퇴자들이 의료비, 양로원비 등과 같은 예상치 못한 지출의 위험을 회피하려는 경향이 있기 때문입니다. 또한 은퇴자들은 자녀들을 위해 기쁜 마음으로 저축을 남겨두기도 했습니다.

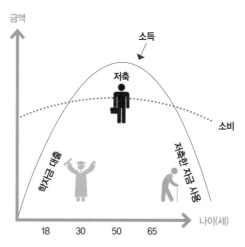

▶ 18~30세의 지출은 소득보다 크다(이들은 대출을 받기도 한다). 30~65세는 저축을 하며 은퇴를 준비한다. 이때에는 지출이 소득보다 적다. 65세 이상은 재산이나 저축을 바탕으로 은퇴생활을 한다. 이때에는 지출이 소득보다 크다.

사람들은 영원한 소득을 꿈꾼다

생애주기가설에 따르면 단순히 소득이 있다고 해서 소비자 지출이 발생하는 것은 아닙니다. 사람들은 소득이 갑자기 증가한다 해도 반드시 소비를 늘리지는 않습니다. 사람에 따라 은퇴 준비를 위해 저축하는 것을 선호할 수도 있습니다.

밀턴 프리드먼은 항상소득가설(Permanent income hypothesis)이라는 개념을 발전시켰습니다. 항상소득가설에 따르면 사람들은 마음 놓고 소비할 수 있을 만큼의 영구적인 소득에 대한 기대치를 가지고 있으며,

이 기대치와 동일한 수준에서 소비활동을 영위합니다. 프리드먼은 사람들이 정부가 확대재정정책을 펼쳐(정부 지출 증가) 일시적으로 임금이 인상될 때 발생한 추가 소득을 소비하지 않을 것이라고 주장했습니다. 사람들은 이러한 임금 인상을 영구적인 소득의 인상으로 보지 않기 때문입니다.

잠깐만요! **일과 삶의 균형에 접근하는 방법**

일생 동안 일과 삶의 균형에 접근하는 다양한 방법도 중요한 문제다. 먼저 21세부터 50세까지 장시간 일하고 조기 은퇴하는 방법이 있다. 하지만 어떤 사람들은 은퇴를 미루어 70세까지 일하더라도 근무 시간이 짧은 직업을 선호한다.

46 승수효과

승수효과는 경제에 자금을 투입하면 지출이 증가하며 연쇄반응을 일으켜 투입된 자금보다 큰 효과를 볼 수 있다는 이론입니다. 쉽게 말해, 100에 10을 더했는데 115가 되는 것이죠. 즉 승수효과에 의하면, 지출이 10억 달러 늘면 최종 생산량 증가는 15억 달러가 됩니다.

정부가 실업률이 높은 경제 상황에서 추가로 100억 달러를 지출해 새 도로를 건설한다고 가정합시다. 실직 상태에 있던 노동자들은 일자리를 찾아 임금을 받게 되고, 원자재 수요는 증가합니다. 국내총생산도 100억 달러 증가하게 된 것입니다. 노동자들은 추가 임금의 일부를 재화와 서비스를 구매하는 데 사용합니다. 근처 상점과 술집의 수요가 늘고 이들의 소득도 증가합니다. 이렇듯 기업과 기업에 고용된 노동자들에 의해 지출의 순환은 계속될 것입니다. 만약 경제에 추가 투입된 100억 달러가 최종적으로 170억 달러에 이르는 지출과 국내총생산의 증가를 가져왔다고 할 때 승수값은 1.7입니다.

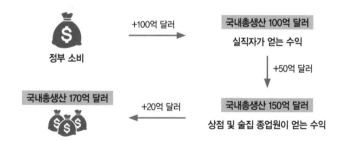

승수효과에 한계가 있을까?

승수효과는 수요를 영원히 늘릴 것 같이 보이지만, 다음과 같은 요인에 의해 한정적인 효과를 보입니다.

승수효과를 멈추게 하는 요인

- **세금**: 정부는 증가한 소득의 일부를 소득세로 되가져 간다.

- **저축**: 노동자 및 다른 소득자가 추가 소득을 저축하는 경우에는 승수효과가 발생하지 않는다.

- **수입**: 수입품을 소비하는 데 사용된 자금은 지역 경제를 벗어난다.

- **인플레이션과 완전 가동**: 정부가 완전 가동 상태에 있는 경제에 100억 달러를 지출한다면 추가 지출이 인플레이션을 초래할 수도 있다. 게다가 정부가 지출을 늘리는 것은 사적 부문에서 자원을 가져오는 셈이 되어 전반적인 생산량을 늘리지 못한다.

승수효과는 비단 소비에 대한 문제만이 아닙니다. 미국 정부는 대공황 시기에 후버 댐을 지어 일자리를 창출하고 수요를 진작했습니다. 후버 댐은 60년이 지나도록 여전히 에너지를 공급하고. 경제 내 생산능력의 한 축을 담당하고 있습니다. 승수효과는 유휴생산능력이 있고, 실업 문제가 있으며, 자금 유출(저축, 수입, 세금)이 적을 때 가장 높게 나타납니다.

많은 도시에서 올림픽 게임을 주최하고 싶어 하는 이유도 승수효과를 통해 설명할 수 있습니다. 올림픽 게임은 다음과 같은 효과를 가져옵니다.

- 호텔 수요가 증가한다.

- 호텔 근무자들이 추가 근무 수당을 받아 지출을 늘린다.

- 근처 가게의 수요가 늘고 종업원들이 더 많은 재화를 소비한다.

- 지역 경제 내 모두가 수요 증가에서 오는 승수효과를 어느 정도 누릴 수 있다.

한계소비성향

한계소비성향은 추가 소득 중 지출되는 금액을 나타내는 용어입니다. 만약 억만장자가 10%의 추가 소득을 얻는다면, 그 소득 중 아주 적은 일부만 지출할 것입니다. 하지만 저소득 노동자는 추가 소득을 얻으면 추가 소득의 대부분을 그들이 이전에 살 수 없었던 재화를 구매하는 데 쓸 것입니다. 그러므로 저소득 노동자의 한계소비성향은 억만장자의 한계소비성향보다 높습니다.

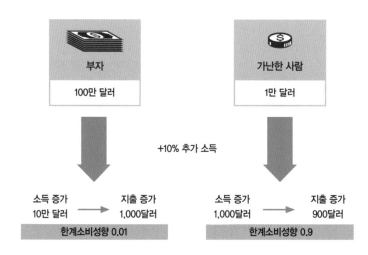

부정적 승수효과

승수효과는 반대 방향으로 작용하기도 합니다. 한 도시의 주요 고용주가 폐업을 했다고 가정해봅시다. 많은 노동자가 일자리를 잃고, 그들의 소득은 곤두박질칠 것입니다. 하지만 이때 노동자들만 어려움을 겪는 것은 아닙니다. 이제 막 실업자가 된 사람들은 특정 재화나 서비스를 구매할 여력이 없어 도시 내 식당이나 술집도 문을 닫게 됩니다. 이러한 상황은 관련 기업 내 실업을 야기합니다. 일자리가 사라져 지역 경제의 신뢰도가 하락하면 기업과 젊은이들은 좀 더 번성한 도시로 이주합니다. 이렇게 되면 소비 감소와 일자리 상실의 부정적 순환으로 도시가 황폐화될 수도 있습니다.

제너럴 모터스 공장 폐업 → 자동차 제조업계 노동자의 실업 → 지역 경제 내 지출 감소 → 다른 경제 부문 내 실업 증가 → 신뢰도 하락

잠깐만요! 부정적 승수효과를 멈추기 위한 정부 개입

만약 도시의 주요 고용주가 폐업한다면 부정적 승수효과를 멈추기 어렵다. 이때 정부가 나서 새로운 산업 분야나 프로젝트에 투자하거나 정부 관련 일자리를 옮겨와 채용 기회를 제공할 수 있다. 또한 정부는 실업자가 새 일자리를 찾을 수 있도록 재교육의 기회를 제공할 수도 있다.

47

러다이트 오류

러다이트 오류는 노동력을 절감하는 기술이 경제 내 전반적인 실업률을 높이지 않는다는 점을 지적합니다. 신기술은 일자리를 빼앗아가지 않으며, 다만 경제 내 일자리 구성을 바꿀 뿐이라고 주장합니다(147쪽 '창조적 파괴' 참조).

기술이 일자리를 빼앗는다고 생각한 사람들

19세기 영국의 기계식 직조기는 숙련된 여러 사람 몫의 일을 할 수 있었습니다. 그로 인해 많은 사람이 일자리를 잃었고, 그들은 새로운 기계 때문에 일자리를 잃었다고 불평했습니다. '러다이트(Luddites)'라고 알려진 일부 노동자는 이러한 절망적인 상황에서 저항의 의미로 기계를 때려 부쉈습니다.

신기술이 실업을 야기하지 않는 이유

새로운 기계는 더 효율적이기 때문에 옷의 생산가와 판매가를 낮춥니다. 소비자들이 저렴한 가격에 옷을 구매하면 그들은 다른 재화나 서비스를 구매할 수 있는 소득을 더 가지게 됩니다. 다른 재화나 서비스의 수요 증가는 새로운 일자리를 창출할 수 있습니다. 이때 창출되는 일자리는 눈에 잘 띄지 않습니다. 하지만 과거와 비교해보면 신기술이 경제를 변화시키고, 다른 부문의 성장을 이끌었다는 것을 알 수 있습니다.

▶ 신기술은 실업을 유발하지만 동시에 새로운 일자리를 창출한다. 기계화가 이루어진 새로운 산업계에서는 효율적인 생산 과정 덕분에 노동자의 수요가 증가했다.

단기적으로는 일자리가 줄어든 것처럼 보인다

물론 단기적으로 봤을 때 어떤 사람들은 신기술 때문에 일자리를 잃기도 합니다. 러다이트가 겪은 고난은 실제 상황이었습니다. 영국은 1803~1815년에 나폴레옹 전쟁을 겪은 뒤 경기침체기에 들어섰습니다. 일자리 수는 매우 적었고, 임금 또한 매우 낮았습니다.

▶ 러다이트들은 일자리와 생계 수단을 잃고 가난에 허덕였다. 하지만 공장주들은 러다이트의 저항에 맞서 자신의 사업체를 지켜야 했다.

과거에도 급격한 기술 변화가 일자리 수를 줄인 시기는 있었습니다. 하지만 그때마다 실직자들은 재빨리 다른 산업계로 흡수되었습니다. 예를 들어 1940~1950년대에 철도업계는 급격히 쇠락했지만 자동차 업계는 급격히 성장했습니다. 노동자들은 어렵지 않게 철도업계에서 자동차업계로 옮겨갔습니다.

러다이트가 옳은 경우는 없을까?

일부 노동자는 신기술로 인해 오랫동안 구조적인 실업 상태에 놓이기 도 합니다. 예를 들어 효과적인 재교육을 받지 않은 비숙련 육체노동 자들은 새로운 전문적인 서비스 부문에서 일자리를 찾지 못할 수도 있 습니다.

미국의 자동차업계가 쇠락하고 IT업계 같은 다른 부문에서 새로운 일 자리가 창출될 수도 있습니다. 하지만 일자리를 잃은 자동차업계의 노 동자들은 IT업계에 적합한 기술을 가지고 있지 않기 때문에 실업 상태 로 남아 있게 될 수도 있습니다.

비록 신기술이 평균 장기 실업률을 늘리지는 않겠지만 신기술이 빠른 속도로 도입될 때 일자리를 잃는 사람이 있을 수 있습니다. 새로운 종 류의 일자리로 옮겨가는 것이 쉽고 간단하리라는 보장은 없습니다.

48 도덕적 해이

도덕적 해이는 법과 제도적 허점을 이용하여 자기 책임을 소홀히 하거나 집단적인 이기주의를 나타내는 상태나 행위를 말합니다. 만약 가입자가 자전거를 도난당했을 때 보상을 해주기로 했다면 자전거를 잘 간수하지 않게 될 수도 있습니다. 하지만 이러한 도덕적 해이는 상대적으로 쉽게 예방할 수 있습니다. 보험 약관은 본인부담금을 책정해 보험 가입자가 보험금을 청구할 때 일부 금액을 부담하게 하거나 상황에 따라 보험 내용이 달라지기도 합니다. 예를 들어 자전거를 자물쇠로 잠그지 않았다면 보험이 적용되지 않는 것이죠. 게다가 보험금을 청구하려면 많은 서류를 작성해야 하는 등의 번거로움이 뒤따릅니다. 그러므로 사람들은 자전거를 도난당했을 때의 손해와 보험금 청구의 번거로움 등을 감안하여 도덕적 해이에 빠지지 않고 자전거를 잘 간수할 것입니다.

▶ 보험에 가입한 사람들은 자전거를 자물쇠로 잠그지 않기도 할 것이다.

은행의 도덕적 해이

은행권에서는 보다 심각한 수준의 도덕적 해이를 찾아볼 수 있습니다. 1930년대에 발생한 대공황의 문제점 중 하나는 은행 실패였습니다. 은행들이 파산하고 고객들의 예금이 사라져 정상적인 은행 시스템에 대한 신뢰가 붕괴되었습니다. 2008년에도 비슷한 사례가 발생했습니다. 정부와 중앙은행은 파산을 예방하기 위해 최종 대부자(Lender of last resort)* 역할을 하기로 약속하고, 개인의 예금을 보증하고 고객들의 신뢰를 회복했습니다. 이런 조치는 고객들의 자금 예치를 장려했고, 불안정적인 뱅크런(Bank run)*을 예방했습니다.

하지만 정부와 중앙은행이 무조건적으로 자금을 제공한다면 은행들은 문제가 생길 때마다 정부와 중앙은행이 구제해줄 것이라 생각할 것입니다. 이에 은행은 높은 위험을 감수할 것이고, 위험 감수에 성공하면 높은 수익을 올릴 것이고, 위험 감수에 실패하면 정부와 중앙은행에 기댈 것입니다.

그래도 은행을 지켜야 한다

대마불사는 국가의 재정 건강과 관련하여 은행이 가지는 중요성을 나타내는 말입니다. 은행이 파산에 이르도록 내버려둔다면 국가를 향한 신뢰도가 훼손되어 심각한 경기침체가 발생할 수 있습니다. 즉 은행은 다른 업계 기업들과 달리 정부의 구제에 기댈 수 있는 특권을 가지고 있다는 말입니다. 2008년 미국 재무부는 상대적으로 규모가 작은 투자은행 리먼 브라더스(Lehman Brothers)의 파산을 허락했습니다. 하지만 이 사태는 금융시장에 매우 심각한 영향을 미쳤으며, 신용위기와 세계 경제침체를 심화했습니다.

은행이 영업활동을 분리해 위험성이 높은 투자은행활동에서 보통예금 계좌를 보호해야 한다는 의견도 있습니다. 이는 정부가 개인의 저축은

알아두세요

최종 대부자
금융기관이나 금융시장에 자금이 부족할 때, 마지막으로 자금을 공급하는 기관. 대부분 각국의 중앙은행이 이 역할을 한다.

뱅크런
은행의 지급 불능 상태를 우려한 사람들이 대규모로 예금을 인출하는 사태

보장하지만 위험을 감수하는 은행은 보호하지 않는다는 의미입니다. 하지만 실제로 은행의 영업활동을 분리하기는 어렵습니다. 또한 투자 은행활동만 파산에 이른 경우에도 심각한 재정적 어려움이 초래될 수 있습니다.

잠깐만요! 도덕적 해이와 신용경색

21세기 초 미국 은행들은 경제성장기 동안 엄청난 위험을 감수했다(295쪽 '주택시장' 참조). 은행들은 서브프라임 모기지라 불리는 고수익·고위험 상품을 판매했다. 당시 은행 경영진들은 성공의 대가로 많은 보너스를 받았기 때문에 이러한 전략을 추구했다. 하지만 미국의 주택 가격이 하락하고, 모기지 채무불이행률이 상승하면서 세계 곳곳에서 서브프라임 모기지와 관련된 금융상품을 구매한 은행들이 돈을 잃기 시작했다(300쪽 '신용경색' 참조). 많은 나라에서 정부가 직접 나서 서브프라임 모기지 상품을 판매한 은행들을 구제해야 했다. 이때 문제는 은행들이 경기가 좋았을 때에는 많은 수익을 냈지만, 시장 상황이 바뀌자 납세자의 구제금융에 기댔다는 것이다.

49 낙수효과

낙수효과는 고소득층의 소득이 증가하면 경제 내 다른 사람들에게도 부가 흘러 들어 모두를 이롭게 한다는 이론입니다. 낙수효과는 부유한 사업가들을 위해 지원금을 늘리고 세금을 낮추는 정책을 정당화합니다. 낙수효과에 따르면 고소득층이 세금 감면의 혜택을 누리면 이들의 가처분소득이 늘어나 경제 내 다른 기업과 노동자들도 소득이 상승합니다. 게다가 낮은 세율은 보유 소득의 증가로 이어져 투자를 증진합니다. 이러한 투자는 고용을 증진하고, 경제에 긍정적 승수효과를 가져옵니다. 그러므로 경제 참여자 모두에게 편익이 돌아갑니다.

낙수효과라는 용어는 자유방임주의와 공급주의 경제학을 비판할 때 사용되는 경향이 있습니다. 비평가들은 주로 고소득층에게 혜택을 주는 정책들이 다른 계층의 사람들에게는 별 이익이 되지 않는다고 주장합니다. 미국의 대통령이었던 로널드 레이건(Ronald Reagan, 1911~2004)은 1980년대에 공급주의 경제를 주도하며 낙수효과를 실현했습니다. 그의 재임 기간 동안 고소득층에는 낮은 소득세가 부과되었고, 불평등이 심화되었습니다.

▶ 로널드 레이건

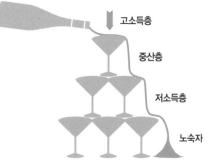

▶ 낙수효과는 고소득층이 더 부유해지면 모두에게 혜택이 돌아간다는 이론이다.

낙수효과가 약한 이유

첫째, 고소득층은 세금 감면을 받아 추가 소득이 생기면 추가 소득의 일부만을 지출할 것입니다. 한계저축성향은 높고, 한계소비성향은 낮은 것입니다. 그러므로 고소득층의 세금 감면에 따른 경제 내 전반적인 소득 증가는 미미합니다. 둘째, 고소득층은 가처분소득이 증가하면 추가 소득을 조세피난처에 저축하여 추가 세금을 피하려 할 것입니다. 셋째, 고소득층의 소득 증가는 자산 거품(주식이나 주택 가격의 과대평가)으로 이어질 수 있습니다. 이는 그들이 증가한 소득으로 투자할 곳을 찾기 때문입니다.

낙수효과이론에는 많은 비판이 따르지만 나름의 명분이 있습니다. 미국 조세정책센터에 따르면 2014년 상위 1%의 미국인이 전체 개인소득세의 45.7%를 납부했습니다. 그러므로 고소득층의 소득 증가는 정부 지출을 늘릴 수 있습니다. 하지만 고소득층의 부가 늘어나는 것이 긍정적인 효과를 가진 것처럼 보여도 저소득층의 삶의 질을 개선하는 가장 효율적인 방법은 아닙니다.

잠깐만요! **말과 참새 이론**

캐나다 출신의 미국인 경제학자 존 케네스 갤브레이스(John Kenneth Galbraith, 1908~2006)는 다음과 같은 말로 낙수효과를 설명했다.
"말에게 귀리를 충분히 먹이면 참새는 길에 떨어진 귀리 부스러기를 먹을 수 있다."
갤브레이스는 말과 참새 이론이 도금시대의 불평등 현상을 설명하며, '1896년의 공황'으로 알려진 미국 경기침체 현상의 여러 원인 중 하나라고 주장했다.

50 래퍼곡선

래퍼곡선은 세율(0~100%)과 전반적인 세수의 관계를 고안한 이론으로, 높게 책정된 소득세율을 절감하면 전반적 조세수입이 늘어난다고 봅니다. 래퍼곡선은 정치적으로 많은 관심을 받았습니다. 세금 절감이 수익 증가를 의미한다면 마다할 사람이 없겠죠. 래퍼곡선은 미국의 경제학자 아서 래퍼(Arthur Laffer, 1940~)[*]에 의해 대중화되었습니다.

▶ 아서 래퍼

알아두세요

아서 래퍼

아서 래퍼는 래퍼곡선에 대한 기본 개념의 역사가 14세기로 거슬러 올라간다고 주장했다. 14세기 북아프리카의 철학자 이븐 할둔(Ibn Khaldun, 1332~1406)은 자신의 저서 《무카디마(Muqaddimah)》(북아프리카 지역 문명사 및 이슬람 역사서-옮긴이)에서 이렇게 언급했다. '왕조의 초창기에는 적은 과세에서도 많은 조세수입을 얻고, 왕조의 말기에는 많은 과세에서 적은 조세수입을 얻는다는 것을 기억해야 한다.'

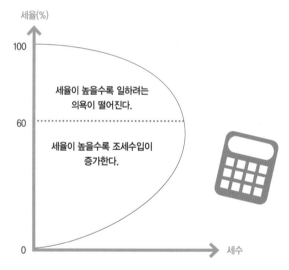

세율(%)

100

세율이 높을수록 일하려는
의욕이 떨어진다.

60

세율이 높을수록 조세수입이
증가한다.

0 　　　　　　　　　　　　　세수

▶ 래퍼곡선은 일정 수준 이상으로 소득세가 증가하면 조세수입이 줄어든다는 개념을 고안한 이론이다.

래퍼곡선의 탄생

1974년 래퍼는 제럴드 포드(Gerald Ford, 1913~2006) 대통령의 행정부 관료들과 회의를 하다 냅킨 뒷면에 래퍼곡선을 그렸다고 합니다.

소득세율이 100%라면 소득은 0이 됩니다. 달리 말해, 돈을 버는 족족 세수로 편입된다면 아무도 일을 하려고 하지 않을 것입니다. 이와 비슷하게 세율이 0%라면 조세수입은 0이 됩니다. 그러므로 소득세는 납세자의 소득과 정부의 수입이 모두 최대가 되는 중간 지점에서 매겨져야 합니다.

만약 소득세율이 80%나 된다면 정부는 이를 70%로 낮추고도 조세수입을 늘릴 수 있습니다. 소득세율이 낮아지면 보다 많은 사람이 일하게 되어 전반적인 조세수입이 증가합니다. 비록 소득세 고지서에 명시된 총소득은 줄어들지라도 말입니다.

하지만 불행히도 고소득층이 40~50%의 소득세율을 적용받는 상황에서는 세금 감면이 조세수입 증대로 이어진다는 증거는 없습니다. 래퍼곡선의 모양은 불확실하며 논쟁의 여지가 있고, 어떤 사람들은 (소득조세수입 확대가 목표라면) 70%가 적정 세율이라고 주장하기도 합니다. 게다가 최적 세율은 시간이 지나면서 상황에 따라 바뀔 수 있습니다.

정책 방향의 토대가 된 래퍼곡선

래퍼곡선이 가진 한계에도 불구하고 래퍼곡선의 기본 개념은 1980년대 공급경제학을 이끈 이념적 배경이었으며, 특히 소득세 감면을 주요 경제정책으로 내세운 로널드 레이건 대통령의 공급경제학 개혁에 큰 영향을 미쳤습니다.

레이건 대통령의 재임 기간 동안 1981년 70.1%였던 최고 한계소득세율은 1986년에 28.4%까지 떨어졌습니다. 이는 엄청난 소득세 감면이었지만 예산적자는 1981년 국내총생산의 2.6%에서 1983년 6%로 상승했습니다(물론 1981년에 발생한 경기침체로 인한 주기적인 조세수입 감소와 같은 다른 요인들도 고려해야 합니다).

레이건 대통령은 1982년과 1984년에 세금 인상 조치를 취해야 했습니다. 세금 인상 조치의 일환으로 과세표준이 늘어나고, 조세 회피가 제한되었으며, 조세 감면 혜택이 줄어들었습니다. 또한 정부는 사회보장세금을 늘렸습니다. 레이건 대통령의 재임 기간 동안 평균 연방 조세수령액은 국내총생산의 18.2%였습니다. 이는 40년 동안의 평균값인 18.1%에 가까웠습니다.

레이건 대통령의 재임 기간 동안 '소득세 인하'가 이루어졌습니다. 하지만 이 기간을 보더라도 소득세 인하에 따른 소득조세수입 증가를 입증할 증거가 부족합니다. 일부 경제학자는 래퍼곡선이 '극도로 가파른 소득세는 문제가 있다'는 당연한 사실만 언급할 뿐, 실질적으로는 세금 정책을 정하는 데 전혀 유용하지 않다고 비판합니다. 현실적으로 소득세율을 정할 때는 조세수입을 극대화하는 세율 외에도 평등성과 공평성, 노동 의욕에 미치는 영향 등을 고려해야 합니다.

잠깐만요! 부두경제학(Voodoo Economics)

1980년대에 조지 부시(George H. W. Bush, 1924~2018)가 세금 감면이 엄청난 세수 확대를 가져온다고 주장한 공급경제학을 일컬어 '부두경제학'이라 부른 일화는 유명하다. 부시는 이후 자신의 주장을 후회했다. (부시는 레이건의 뒤를 이어 미국의 대통령이 되었고, 임기 초기에 공급경제학에 기초한 정책을 고수했다―옮긴이) 많은 비평가들은 큰 폭의 세금 감면이 경제 생산성을 끌어올리는 특효약이 아니며 오히려 불평등을 야기한다고 주장했다.

51 양면성

어느 날 미국의 전 대통령 해리 트루먼(Harry Truman, 1884~1972)은 너무 화가 나 이렇게 말했다고 합니다.

"'한편'이라는 말만 하는 경제학자를 데리고 오시오. 내 주변의 모든 경제학자는 '다른 한편'이라고 말을 하오."

그렇다면 경제학자들은 왜 이렇게 자주 '다른 한편'에 대해 이야기하는 걸까요?

예측이 불가능한 미래

이 세상에 확실하게 예측할 수 있는 것은 없습니다. 높은 소득세에 대해 토론을 하면 한편에서는 정부 조세수입이 늘어날 것이라고 주장하고, 다른 한편에서는 높은 세금이 노동 의욕을 감소시켜 조세수입이 예상만큼 늘지 않을 것이라고 주장합니다.

과거에 어떤 일이 일어났다고 해서 같은 일이 생기라는 법도 없습니다. 예를 들어 일반적인 상황에서 중앙정부가 통화 공급을 늘리면 인플레이션이 발생합니다. 반면 특별한 상황(유동성 함정 혹은 경기침체)에서는 통화량 증가가 인플레이션을 초래하지 않습니다.

인간의 행동은 이성적이지 않고, 예측 가능하지도 않습니다. 많은 경제 이론이 소비자를 이성적이라고 가정하고, 가격이 높으면 수요가 줄어들 것이라고 봅니다. 하지만 부를 과시하길 좋아하는 소비자들은 비싼 명품 옷을 선호합니다. 이러한 소비 행태는 비이성적이지만 실제로 일어나는 현상입니다(51쪽 '베블런재' 참조).

경제학자들은 얼마나 정확한 예측을 내놓는가로 평가를 받기 때문에 의견을 제시할 때 대비책을 마련해놓습니다. 여러분은 2008년에 많은 경제학자가 경기침체 가능성을 일축했던 것을 기억할 것입니다. 하지만 경기침체는 실제로 발생했습니다. 그러므로 여러분이 예측을 한다면 이렇게 말하는 것이 안전합니다.

"현 상황에서는 경기침체가 발생하지 않을 것입니다. 다른 한편 신뢰도가 계속 하락한다면 경기침체가 발생할 수도 있습니다."

문제는 경제에는 항상 상충하는 요소들이 있고, 경제학자들은 정보 부족으로 어떤 요소가 가장 강력한 힘을 발휘할지 알 수 없다는 점입니다. 이 때문에 경제학은 매력적이기도 하지만 불만스럽기도 합니다. 경제학에서 결과는 항상 불확실하며, 현실적으로 무수한 변수를 분리해내는 것은 불가능합니다.

잠깐만요! **세상은 흑과 백으로 가를 수 없다**

우리는 흑백으로 나뉘어진 세상에 살고 있지 않다. '다른 한편'은 우리가 다른 관점으로 상황을 볼 수 있다는 의미다. 다른 쪽의 관점(세금 감면 등)에 동의하지 않는다고 해도 다른 의견이 있다는 사실을 알고 있는 것이 좋다. 훌륭한 경제학자는 근본주의를 경계하고, 단순하고 편협한 관점을 피해야 한다.

52 비이성적 과열

비이성적 과열은 극성스러운 구매자들이 자산의 가격을 근본 가치 이상으로 끌어올리는 현상을 일컫습니다. 예를 들어 우리는 주식 가격이 기업의 소득 및 이익과 관련이 있다고 생각합니다. 하지만 1990년대 후반에 닷컴버블이 발생했을 때 IT 기업의 주가는 기업의 수익이 증가하는 것보다 빠르게 치솟았습니다. 이 현상은 닷컴시장이 붕괴되고 많은 기업이 파산할 때까지 이어졌습니다.

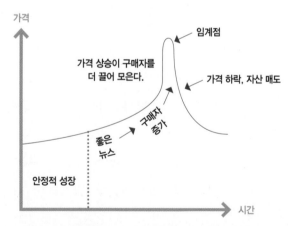

▶ 가격은 비이성적 과열이 극도의 비관주의로 바뀔 때까지 급속도로 상승한다.

비이성적 과열은 시장의 급성장 추세에 휩쓸려가는 사람들의 어리석음을 점잖게 표현한 말입니다. 미국의 경제학자이자 연방준비제도이

사회 의장을 지낸 앨런 그린스펀(Alan Greenspan, 1926~)은 닷컴버블이 시작된 1996년에 한 연설에서 비이성적 과열이라는 표현을 사용했습니다. 그렇다면 무엇이 비이성적 과열을 야기할까요?

다수의 의견

갑자기 많은 사람이 주식이나 집을 사면 우리는 그들이 무언가 알고 있다고 생각하며 쉽게 구매 대열에 뛰어듭니다. 이렇게 다수의 의견에 휩쓸리는 것을 조금 과격하게 '집단적 광기'라고 표현합니다.

과거의 성공

과거 어떠한 자산에 투자해 돈을 벌었다는 사실은 미래에도 그 자산을 통해 돈을 벌 것이라는 믿음을 안겨줍니다. 사람들은 지난 10년간 자가 주택의 가치가 인상됐다면 좋은 투자를 했다고 생각하고, 이는 미래에 대한 긍정적 편견으로 작용합니다.

안정감

경제 호황은 경제가 탄탄하게 성장하고 인플레이션과 실업률이 낮은 경제안정기에 발생합니다. 이러한 거시경제적인 안정감은 모든 것이 안정적이고 확실하다는 인상을 줍니다. 1990년대 후반에 발생한 닷컴버블과 2000년대 초반에 발생한 주택버블은 경제 상황이 안정적으로 보이던 시기에 발생했습니다.

이번에는 다르다

미국에서 태어난 영국인 투자자 존 템플턴(John Templeton, 1912~2008)은 이렇게 말했습니다.

"투자를 할 때 가장 위험한 영어 단어 네 가지는 '이번에는 다르다(This

time it's different)'다."

전통적인 가치 평가 방법(가격, 수익 등)으로 자산의 가치를 측정할 수 없을 때 '이번에는 다르다'라고 생각하는 사람들이 있습니다. 예를 들어 어떤 사람들은 소득 대비 주택가격비율이 장기적인 추세보다 가파르게 오르는 것을 보고 주택 가격이 위험 수준까지 올랐다고 보는 대신, 주택이 부족하고 모기지를 받기가 쉬워졌기 때문이라고 믿습니다. 닷컴버블의 경우, 일부 인터넷 기업이 전례 없는 성장을 보이자 일부 투자자는 일반적인 주가 대비 수익률의 추세를 무시했습니다.

잠깐만요! **남해포말사건**

남해포말사건은 18세기 초 영국 남해회사(South Sea Company)의 주가를 둘러싼 투기 사건이다. 사람들은 빠른 시일 내에 수익을 얻길 기대하며 치솟는 가격에 주식을 사들였다. 하지만 주가는 매우 과대평가되었고, 임계점이 지나고 난 후에는 공정 가치 수준으로 폭락했다.

1720년 봄, 아이작 뉴턴(Isaac Newton, 1642~1727)은 자신이 보유한 남해회사의 주식을 팔아 두 배의 수익을 남겼다. 뉴턴은 남해포말사건을 둘러싼 비이성적 과열을 두고 이렇게 말했다.

"나는 행성의 움직임을 계산할 수는 있지만 사람들의 광기는 계산할 수 없다."

53 수확체감의 법칙

생산 요소가 추가될 때 전체 생산량의 증가폭이 점차 줄어드는 현상을 수확체감이라고 합니다. 이때 생산량이 감소하는 것이 아니라 생산량이 느린 속도로 증가하는 것에 주목해야 합니다.

시험 전날 밤새 벼락치기를 한 경험이 있다면 수확체감의 법칙이 무엇인지 쉽게 이해할 수 있을 것입니다. 공부를 시작하고 첫 한 시간은 의욕이 넘치고 생산적입니다. 하지만 일곱 시간 정도 공부를 하면 피곤하고 지루해 암기력이 떨어집니다. 계속 책상 앞에 앉아 있기는 하지만 진도는 매우 느릴 것입니다. 이러한 수확체감의 법칙 때문에 빈둥거리다 시험 전날 여덟 시간 동안 공부하는 것보다 매일 두 시간씩 공부하는 것이 효율적입니다.

노동과 수확체감의 법칙

일정 수 이상의 노동자를 추가로 고용하면 생산성이 하락합니다. 작은 식당에서 직원 한 명을 고용했을 때 여덟 명의 손님을 받을 수 있다고 가정합시다. 두 번째 직원을 고용하면 생산성을 향상시킬 수 있습니다. 한 명은 요리를 하고, 한 명은 서빙을 하면 더욱 효율적이니까요. 그렇게 되면 직원 두 명이 스무 명의 손님을 받을 수 있습니다. 하지만 작은 식당에는 직원이 추가되는 만큼 매출 증가폭이 늘어나지 않는 시점이 다가옵니다. 다섯 번째 혹은 여섯 번째 직원이 추가로 고용되면 한계생산성이 낮아지고, 그들을 통해 받을 수 있는 추가 손님은 아주 적을 것입니다.

잠깐만요! **학습에도 적용되는 수확체감의 법칙**

만약 여러분이 이제 막 일을 시작했다면 가파른 학습곡선을 마주하게 될 것이다. 첫 몇 해 동안은 경험이 쌓이면서 보다 효율적으로 일을 하겠지만 시간이 지나면 학습과 기술의 발달 속도는 점점 더뎌진다. 달리 말해, 학습의 수확체감이 일어나게 된다.

수확체감이 일어나는 이유

왜 사공이 많으면 배가 산으로 갈까요? 식당 관리자가 한 명이라면 한 사람이 많은 일을 할 수 있지만, 식당 관리자가 두 명이라면 그들은 일 처리 방법을 두고 다툴 것이고, 생산성이 많이 늘지는 않을 것입니다. 만약 여기에 세 번째 관리자가 더해진다면 직원들은 계속되는 검사에 짜증이 나고, 관리자마다 다른 지시 사항에 혼란스러울 것입니다.

여러분이 식당 규모에 비해 많은 직원을 고용한다면 직원들은 작업대나 오븐으로 가기 위해 줄을 서야 할 수도 있습니다. 게다가 추가로 고용된 직원들이 길을 막아설지도 모릅니다. 추가로 고용된 직원들이 도움이 되기는 하겠지만 초기에 고용된 직원들만큼 생산적이지는 않을 것입니다. 수확체감은 불가피합니다. 하지만 카페나 공장의 규모를 늘린다거나 자본금을 늘린다면 수확체감 없이 직원들을 추가 고용할 수 있습니다.

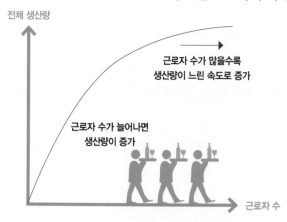

전체 생산량

근로자 수가 많을수록
생산량이 느린 속도로 증가

근로자 수가 늘어나면
생산량이 증가

근로자 수

54 이력효과

이력효과는 과거에 일어난 일이 미래에 영향을 미친다는 이론입니다. 이력효과에 의하면 일반적으로 실업률이 급증하면(예를 들어 수요충격과 같은 요인으로 인해) 실업의 요인이 사라진 후에도 실업률이 지속적으로 증가합니다.

경기가 회복되어도 실업률이 떨어지지 않는 이유

이력효과의 논리는 다음과 같습니다. 경기침체기에 일자리를 잃은 사람들은 가까운 미래에 일자리를 찾기 어렵습니다. 고용주들은 직장 내 연수를 받지 않았고, 최신 경향에 뒤처진다는 이유로 그들을 선호하지 않습니다. 또한 해고를 당한 노동자들은 미래의 고용 기회에 대한 의욕을 잃거나 부정적으로 반응하기도 합니다.

경기가 회복되고 경제가 다시 성장하더라도 실업률이 떨어지기까지는 시간이 걸리는 경우가 많습니다. 이때 이력효과가 나타난다고 볼 수 있습니다. 예를 들어 1980년대 초 경기침체 이후 미국과 영국의 자연실업률이 증가했습니다.

이력효과에 회의적인 관점

하지만 이력효과가 매우 제한적이라고 주장하는 사람들도 있습니다.

그들은 노동시장이 유연하다면 경기가 회복될 때 실업자가 새로운 일자리를 얻지 못할 이유가 없다고 봅니다. 높은 실업률에는 단순한 이력효과 이상의 복잡한 이유가 있다는 것입니다. 2008~2009년 경기침체 이후 미국과 영국의 실업률은 상대적으로 빠르게 줄어들었습니다. 1980년대의 상황과는 매우 달랐습니다.

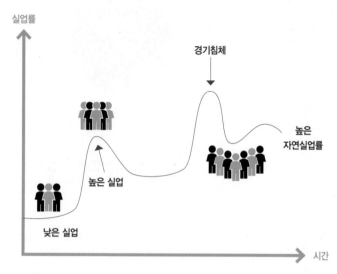

▶ 경기침체는 실업을 야기하고, 실업이 늘면 평균 실업률도 증가한다. 일단 일자리를 잃으면 다시 취업하기가 어렵다.

여섯째
마당

거시경제학

The Cakewalk Series – Economics

55

인플레이션

인플레이션은 물가가 지속적으로 상승하는 현상을 말합니다. 인플레이션이 발생하면 물가는 오르고, 돈의 가치는 하락합니다. 미국의 야구선수 샘 유잉(Sam Ewing, 1949~)은 이렇게 말하기도 했습니다.

"인플레이션은 머리숱이 많던 시절에 5달러를 내던 10달러짜리 이발을 이제 15달러를 내고 해야 하는 것이다."

인플레이션이 가져오는 문제점

인플레이션율이 높고 가격이 급격하게 상승하는 것이 중요한 문제일까요? 그렇습니다. 높은 인플레이션율은 많은 문제점을 가지고 있습니다. 여러분이 만약 현금을 보유하고 있다면 인플레이션에 의해 현금 예금의 가치가 줄어듭니다. 즉 가격이 오르니 현금 예금으로 살 수 있는 재화가 줄어드는 것이죠.

여러분이 1971년에 10년 만기 국채를 1,000달러에 샀다고 가정해봅시다. 1971~1981년 미국의 누적 인플레이션율은 124%였습니다. 인플레이션을 감안하면 1981년 1,000달러의 가치는 2,244.44달러가 되어야 합니다. 하지만 정부는 1981년에 국채를 상환하며 1,000달러만 지급했습니다. 1981년에는 1971년과 비교했을 때 1,000달러로 살 수 있는 재화가 훨씬 적었습니다. 인플레이션이 저축의 가치를 하락시켰기 때문입니다.

정부와 기업은 인플레이션이 발생하면 보다 쉽게 대출을 상환할 수 있습니다. 급격한 인플레이션은 정부에게 좋은 일이지만, 저축을 한 사람에게는 그렇지 않습니다.

물론 채권의 이자를 생각하면 상황이 나쁘기만 한 것은 아닙니다. 1971년 국채의 이자율은 6.24%였습니다. 모든 이자지급액을 포함했을 때 1981년 국채의 가치는 1,863.36달러였습니다. 여전히 실질가치보다는 적은 금액이었죠. 국채를 구매한 것은 현금을 이불 밑에 보관하는 것보다 나은 선택이었습니다. 하지만 1971년에 국채를 구매한 사람은 인플레이션율이 이자율보다 높았기 때문에 분명히 손해를 본 셈입니다. 인플레이션율이 계속 오른다면 사람들은 더 이상 국채를 구매하지 않을 것이었습니다. 이자율이 매우 높지 않다면 말입니다.

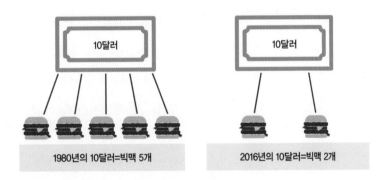

인플레이션의 효과

1980년의 10달러=빅맥 5개

2016년의 10달러=빅맥 2개

▶ 1980년 이후 인플레이션은 꾸준히 물가를 올리고 돈의 가치를 하락시켰다.

인플레이션은 항상 나쁠까?

여러분의 급여가 인플레이션보다 빠르게 증가한다면 여러분의 실질구매력도 상승할 것입니다. 여러분의 급여가 7% 오를 때 인플레이션이

5%라면 실질임금은 2% 인상됩니다. 이와 유사하게 은행이 제공하는 이자율이 인플레이션율보다 높으면 여러분은 저축의 실질가치를 보전하게 됩니다. 경제 성장에는 불가피하게 적당한 수준의 인플레이션이 뒤따릅니다. 중앙은행은 일반적으로 2% 수준(0%가 아닙니다)으로 인플레이션을 유지하려 합니다. 만약 인플레이션이 5% 이상으로 상승하면 경제적인 문제를 야기할 수 있습니다.

> "정부는 지속적인 인플레이션을 통해 비밀리에 그리고 눈에 띄지 않게 시민들의 부를 몰수할 수 있다."
>
> 존 메이너드 케인스

인플레이션이 일어나는 이유

수요 견인 인플레이션

수요 견인 인플레이션은 총수요가 경제 내 생산능력보다 빠르게 증가하는 급격한 경제 성장 시기에 발생합니다. 쉽게 말해, 기업들이 증가하는 수요를 따라잡지 못해 가격을 높인 것입니다. 수요 견인 인플레이션은 통화 공급의 증가와 임금 및 신뢰도 상승으로 발생합니다. 1990년대 초반 미국은 경제 호황으로 인플레이션율이 높게 유지되었습니다.

비용 상승 인플레이션

비용 상승 인플레이션은 수요 증가가 아닌 생산비용 증가에 의해 발생합니다. 예를 들어 유가가 인상되면 운송비도 올라 소비자 가격이 상승합니다. 1970년대에는 유가 인상으로 인해 국제적으로 인플레이션이 발생했습니다. 자국 통화의 평가절하도 인플레이션을 야기할 수 있습니다. 평가절하로 인해 수입 원자재 가격이 상승하면 생산 비용 상승으로 이어집니다. 비용 상승은 기업의 가격 인상으로 이어집니다. 비용 상승 인플레이션도 임금 인상으로 이어집니다. 이는 노동자들이 실질임금을 일정 수준으로 유지하려 하기 때문입니다.

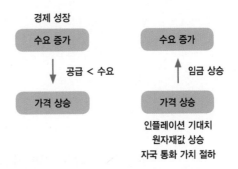

▶ 인플레이션은 더 강한 인플레이션을 부른다. 기업은 수요 증가에 힘입어 재화의 가격을 인상하고, 노동자는 생계비 인상을 감안해 임금 인상을 요구한다. 임금이 인상되면 소비가 늘고, 더 강한 인플레이션이 발생한다.

인플레이션 기대치

인플레이션을 예상하는 가장 좋은 방법은 올해의 인플레이션을 보는 것입니다. 올해의 인플레이션이 높으면 내년에도 높을 가능성이 크고, 낮으면 내년에도 낮을 가능성이 큽니다. 이는 미래 인플레이션에 대한 기대치가 중요하기 때문입니다. 사람들이 높은 인플레이션을 예상한다면 기업은 비용 상승을 예상해 가격을 올릴 것이고, 노동자들은 생계비 인상을 감안해 임금 인상을 요구할 것입니다. 따라서 인플레이션은 사람들이 기대한 대로 움직이게 됩니다.

56 화폐 발행

화폐 발행 권한을 가진 정부와 중앙은행은 화폐가 부족할 때 발행량을 늘리고 싶은 마음이 굴뚝같을 것입니다. 그런데 화폐량을 늘리면 어떤 일이 발생할까요?

통화량이 늘어나면 가격이 올라간다

다른 모든 조건이 일정할 때 정부가 통화량(순환되는 화폐의 총액)을 두 배로 늘리면 가격이 상승합니다. 기업들은 경제 내 재화의 수량은 동일하지만 통화량이 늘면 가격을 올립니다.

정부가 1억 달러를 발행한다고 가정해봅시다. 이때 경제 내에서 1,000만 개의 물건이 개당 10달러에 생산된다면 경제의 총가치는 1억 달러가 됩니다. 이러한 상황에서 정부가 통화량을 2억 달러로 늘린다고 해도 여전히 1,000만 개의 물건이 경제 내에 남아 있겠죠. 사람들이 가진 돈은 늘었지만, 물건 수는 변하지 않았습니다. 사람들은 더 많은 돈을 가지면 더 많은 물건을 구매하고자 하고, 이는 가격 상승으로 이어집니다. 하지만 기업들은 정부가 통화량을 늘렸다고 해서 갑자기 더 많은 물건을 생산할 수 없습니다. 통화량이 두 배로 늘었을 때 가장 그럴듯한 시나리오는 1,000만 개의 물건이 20달러에 팔리는 것입니다. 그렇게 되면 경제의 총가치는 1억 달러가 아닌 2억 달러가 됩니다. 명목

국내총생산은 증가했지만 재화의 수는 그대로입니다.

이때 명목국내총생산의 증가는 화폐착각(Money illusion)[*]입니다. 100% 더 많은 돈을 가지고 있다 해도 모든 것이 100% 더 비싸다면 나을 것이 아무것도 없습니다. 이러한 간단한 모델에서 볼 수 있듯 통화량 증가는 재화의 가격은 올리지만 재화의 수량은 바꾸지 못합니다.

알아두세요

화폐착각
구매력을 고려하지 않고 행하는 화폐액에 대한 심리적 평가

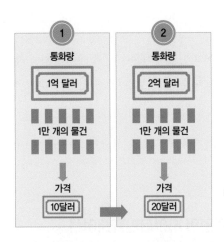

▶ 통화량을 두 배로 늘리는 것은 물건의 수를 바꾸는 데 아무런 영향을 미치지 않는다. 돈이 늘고 물건의 수는 변하지 않을 때 물건값이 올라간다.

통화량 증가는 항상 인플레이션을 일으킬까?

어떤 상황에서는 인플레이션이 일어나지 않고 통화량만 늘어나기도 합니다. 2008년부터 2016년까지 지속된 경기침체기 동안 미국과 영국은 양적완화정책을 시행하고 통화량을 늘렸습니다(248쪽 '양적완화' 참조). 하지만 저조한 수요와 침체된 은행권 때문에 통화량 증가에도 은행 대출과 지출은 그다지 늘지 않았고, 인플레이션율은 지속적으로 하락했습니다. 이렇게 투입된 통화량이 시중에 풀리지 않고 은행에 남아 있게 되면 인플레이션이 심해지지 않습니다.

하이퍼인플레이션

하이퍼인플레이션은 인플레이션율이 매우 높고(100% 이상) 불안정한 상황을 일컫습니다. 이러한 상황은 국가가 경제위기에 대응해 화폐 발행량을 늘릴 때 발생합니다. 일반적으로 하이퍼인플레이션이 발생하면 물가가 지속적으로 상승하고, 계속해서 화폐 발행량을 늘려야 합니다.

독일의 하이퍼인플레이션

제1차 세계대전 이후 독일은 베르사유 조약에 따라 막대한 전쟁배상금을 외국 통화로 지급해야 할 처지에 놓였습니다. 따라서 전쟁배상금은 독일 마르크화의 가치를 끌어내렸고, 독일은 전쟁배상금을 상환하기 위해 마르크화의 발행을 늘려 외국 통화를 구매하려 했습니다. 하지만 이는 심각한 마르크화의 평가절하와 인플레이션을 야기했습니다. 1918년 1달러에 8마르크였던 마르크화는 1922년 1달러에 320마르크가 되었습니다. 1923년 11월에 이르자 1달러의 가치는 1조 마르크에 이르렀습니다.

독일은 마르크화의 가치가 폭락함에 따라 전쟁배상금을 상환하기 위해 더 많은 마르크화가 필요했습니다. 따라서 정부는 더 많은 화폐를 발행했고, 이는 더 강한 인플레이션을 초래하는 악순환을 일으켰습니다. 1923년 경제위기는 주요 산업계의 파업과 엄청난 실업, 잠재적인 공산주의 혁명으로 이어졌고, 정부는 파업 중인 노동자에게 임금을 지급하기 위해 더 많은 화폐를 발행했습니다. 하지만 이는 하이퍼인플레이션을 가속화했고, 물가는 걷잡을 수 없이 상승했습니다.

그렇다면 독일은 왜 하이퍼인플레이션을 멈추려 하지 않았을까요? 독일 정부는 화폐 발행을 중단함으로써 하이퍼인플레이션을 멈출 수도 있었습니다. 하지만 화폐 발행을 중단하면 노동자들은 불충분한 임금을 받게 되고, 기업들이 파산할 수도 있었습니다.

하이퍼인플레이션의 비용

많은 중산층 사람들은 눈앞에서 자신들의 저축이 사라지는 것을 지켜보았습니다. 독일에서 태어난 미국인 월터 레비(Walter Levy)는 자신의 아버지가 1903년에 보험에 가입해 매달 성실하게 납입금을 냈지만, 20년 후 만기가 되었을 때 보험금으로 빵 한 덩어리밖에 살 수 없었다고 기억합니다. 하이퍼인플레이션은 사회 규범을 바꿨습니다. 열심히 일하고 검소하게 생활하며 저축하던 사람들의 돈이 물거품처럼 사라졌습니다. 충격을 받은 사람들은 돈이 생기면 곧바로 금, 음식, 보석 등의 재화를 구매했습니다. 하이퍼인플레이션이 정점에 이르자 쓸모없는 머리핀 같은 잡동사니를 사들이기도 했죠. 돈을 가지고 있어봤자 곧 있으면 쓸모없어질 테니 살 수 있는 것이라면 무엇이든 산 것입니다. 돈이 쓸모없어지면서 교환경제가 더욱 중요해졌습니다. 계란 몇 알을 주고 이발을 하기도 했습니다.

하지만 모든 사람이 하이퍼인플레이션 때문에 손해를 본 것은 아닙니다. 빚을 많이 진 사람들은 손쉽게 빚을 상환할 수 있었고, 물적 자원을 소유한 부유한 기업가들은 계속해서 부를 보전했습니다.

하이퍼인플레이션 문제는 완전히 새로운 통화인 렌텐마르크를 출범함으로써 해결되었습니다. 하지만 사람들의 잃어버린 저축은 결코 되찾을 수 없었고, 하이퍼인플레이션의 경험은 깊은 불안감과 통화에 관한 불신을 가져왔습니다.

58 디플레이션

디플레이션은 인플레이션과 반대되는 개념으로 물가 하락, 즉 돈의 가치가 증가하는 현상을 가리킵니다. 디플레이션이 발생하면 이불 밑에 현금을 깔아두어도 문제가 되지 않습니다. 같은 금액으로 미래에 더 많은 재화와 서비스를 구매할 수 있기 때문입니다. 많은 경제학자가 낮은 인플레이션을 목표로 삼기는 하지만 인플레이션보다 나쁜 단 하나의 현상이 디플레이션이라고 입을 모읍니다. 하지만 이는 상식과 동떨어진 듯합니다. 가격이 떨어지면 결국에는 좋은 거 아닐까요?

> **"인플레이션이 램프의 요정 지니라면
> 디플레이션은 단호하게 맞서 싸워야 할 괴물이다."**
>
> 국제통화기금(IMF) 총재 크리스틴 라가르드(Christine Lagarde)

물론 소득이 증가하고 물가가 하락해서 발생하는 디플레이션은 좋은 현상입니다. 1870~1890년 미국은 기술 수준 향상을 바탕으로 온건한 가격 하락을 동반한 그레이트 디플레이션(Great Deflation)을 경험했습니다. 그레이트 디플레이션은 소득 증가 및 경제 성장과 발맞춰 나타났습니다.

디플레이션이 가져오는 문제

하지만 디플레이션은 심각한 거시경제적 문제를 일으킬 수 있습니다. 첫째, 경제 내에서 가격이 하락하면 소비자들은 비싼 재화의 구매를 미룹니다. 만약 여러분이 내년에 텔레비전의 가격이 10% 더 저렴해질 것이라고 생각한다면 구매를 미룰 것입니다. 그런데 많은 소비자가 소비를 미룬다면 총소비가 하락하고, 기업들은 판매에 애를 먹게 될 것입니다. 이때 기업들은 초과 공급량을 판매하기 위해 가격을 더욱 인하하여 디플레이션을 심화시킵니다.

1990년대와 2000년대에 일본에서 장기간 지속된 디플레이션은 보수적인 소비자층을 탄생시켰습니다. 소비자들은 매우 검소해졌습니다. 보다 저렴한 가격을 알아보는 것이 일본 문화의 일부가 되었습니다. 이러한 마음가짐 앞에서 소비를 진작하고 경제 성장을 도모하기는 매우 어려웠습니다.

▶ 1908년에 자동차는 소규모 수작업으로 만들어지는 값비싼 재화였다. 자동차 업체인 포드는 효율성을 개선해 생산비용을 절감했다. 그리하여 모델 T의 가격은 무려 700달러까지 떨어졌다.

둘째, 상당한 수준의 부채를 가진 개인들과 기업들은 디플레이션으로 인해 부채를 상환하기 어렵게 되었습니다. 가격 하락은 소득과 임금의 감소를 가져옵니다. 그러므로 사람들은 디플레이션 시기에 소득의 보다 많은 부분을 부채 상환에 사용합니다. 이는 특히 적정 수준의 인플레이션을 기대하며 대출을 받은 사람들에게 불리하게 작용합니다.

기업들은 수요가 하락하면 가격을 내립니다. 가격 하락도 부채의 실질가치를 향상시켜 채무자의 상황을 악화시킵니다. 그로 인해 수요는 또다시 낮아지게 됩니다. 이러한 현상을 가리켜 디플레이션 소용돌이(Deflationary spiral)라고 합니다.

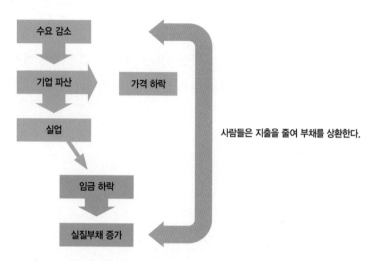

▶ 디플레이션 소용돌이. 낮은 수요는 실업과 임금 하락, 부채 증가를 야기한다. 이는 다시 수요와 가격을 더욱 낮추는 요인이 된다.

유로존에서 발생한 디플레이션 소용돌이

많은 유로존 내 국가들이 부채 디플레이션의 문제를 겪었습니다. 물가와 임금 하락은 부채 상환 부담을 늘려 소비자들의 지출을 위축시켰습니다. 부채 디플레이션은 국가채무에도 악영향을 끼쳤습니다. 물가 하락이 명목국내총생산의 하락을 가져와 정부의 국내총생산 대비 부채 비율을 끌어올렸습니다.

또한 디플레이션은 실질임금이 높아지며 실업을 초래합니다. 일반적으로 노동자들은 임금 인하를 반대합니다. 임금이 줄어드는 것을 좋아하는 사람은 아무도 없을 것입니다. 하지만 물가가 하락하면 사실상 실질임금이 상승합니다. 그로 인해 디플레이션 기간에는 노동이 더 비싸지고, 노동의 수요 감소로 이어집니다.

대공황 시기의 디플레이션

대공황 시기에는 물가가 기록적으로 떨어졌습니다. 1931년 미국의 물가는 10% 하락했죠. 은행에 대한 낮은 신뢰도와 디플레이션으로 인해 사람들은 현금을 소비하는 대신 저축을 선택했습니다. 게다가 대출을 받을 만한 이유도 별로 없었습니다. 디플레이션은 경제침체기를 장기화한 주요 요인으로 꼽힙니다.

59 실업

실업에는 경제적으로나 사회적으로나 큰 비용이 뒤따릅니다. 실업은 빈곤을 초래하는 주요 원인입니다. 개인은 실업으로 인해 우울증이나 질병에 걸리기도 하고, 노숙자로 전락하거나 파산을 하기도 합니다. 실업률이 높으면 경제 전반적으로 생산량 감소, 정부의 조세수입 감소 등과 같은 문제가 발생합니다.

실업과 인플레이션의 관계를 나타낸 필립스 곡선

필립스 곡선은 뉴질랜드의 경제학자 윌리엄 필립스(William Phillips, 1914~1975)가 고안했습니다. 필립스 곡선은 실업과 인플레이션이 상충관계를 가진다고 봅니다. 그렇다면 정책 입안자들은 인플레이션을 감내하고 실업을 줄이거나, 높은 실업을 감수하고 인플레이션을 줄이는 선택을 해야 합니다.

다음 그래프를 살펴봅시다. A점에서는 실업률은 6%, 인플레이션율은 2%입니다. 경제 성장은 낮고 실업률은 높은 상태입니다. 이때 중앙은행이 이자율을 낮춘다면 경제 내 수요가 상승할 것입니다. 재화의 수요 상승은 노동력의 수요 상승으로 이어져 실업률을 낮춥니다. 하지만 완전 고용 상태에 다다를수록 물가와 명목임금이 상승하여 인플레이션율을 B점까지 올립니다. 이는 낮은 실업률과 높은 인플레이션율이 보이는 상충관계입니다.

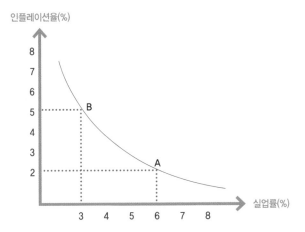

인플레이션율(%)

실업률(%)

▶ 필립스 곡선은 인플레이션과 실업의 상충관계를 나타낸다.

한때 필립스 곡선은 실제 경제 현상을 반영하는 듯했습니다. 예를 들어 1980년대 초반 미국 연방준비제도는 실업의 증가를 감수하고 인플레이션을 줄였습니다. 하지만 1980년대 후반에는 경기가 급격하게 성장하면서 실업은 감소했지만 인플레이션은 급격히 증가했습니다. 이는 상충관계가 단기적으로는 존재함을 증명합니다.

필립스 곡선에 대한 비판
반면 1973~1974년처럼 유가가 상승하면 비용 상승 인플레이션이 발생하지만 경기침체로 인해 실업 또한 증가합니다. 이러한 경우에는 인플레이션과 높은 실업이 동시에 발생합니다.

공급중시정책
수요 증가는 일시적인 실업만을 야기한다고 보는 사람들도 있습니다.

그들에 의하면 장기적으로 실업률을 낮추기 위해서는 공급중시정책에 집중해 자연실업률을 줄여야 합니다. 다음과 같은 요소들을 또 다른 실업의 원인으로 꼽을 수 있습니다.

구조적 실업

개별 노동자들은 적절한 기술이 부족하고 제대로 교육을 받지 못해 실업 상태에 이르기도 합니다. 제철회사에서 근무하다 일자리를 잃은 노동자는 IT 분야 같은 새로운 서비스 산업계에서 일자리를 얻기 어려울 것입니다. 아무리 경제성장기라 하더라도 일부 노동자는 실업 상태로 남아 있게 됩니다.

실질임금 실업

실질임금 실업은 임금 상승에 의해 야기된 실업입니다. 예를 들어 최저임금이 15달러로 인상된다면 노동 수요가 하락할 것입니다.

경직된 노동시장

실업률이 상대적으로 높은 원인으로 과보호적인 성향의 노동시장 법규를 들 수 있습니다(최대 근무 시간, 최소 근무 시간, 까다로운 해고 절차 등). 기업들은 애초에 이러한 노동시장에서 노동자를 고용하지 않을 것입니다.

잠깐만요! **실업이 발생하는 이유**

기업들은 경기침체기에 수요가 감소하면 생산량을 줄이기 때문에 노동자를 필요로 하지 않는다. 일부 기업은 파산하여 일자리가 모두 사라지기도 한다. 실업이 증가하면 실업자들이 소비할 돈이 줄어들기 때문에 수요는 더욱 감소한다.

60 적자예산

적자예산은 정부가 민간 부문에서 빌려 충당해야 하는 연간 금액으로, 정부 지출이 조세수입을 초과할 때 발생하는 부족분입니다.

경기 변동에 의해 발생하는 적자

경기침체기에는 다음과 같은 이유로 국가채무가 증가합니다.

경기침체기에 국가채무가 증가하는 이유

- 일하는 사람 수가 줄어들면 소득세가 감소한다.
- 소비자가 지출을 줄이면 판매세가 감소한다.
- 기업의 수익이 감소하면 법인세가 감소한다.
- 높은 실업과 빈곤 문제로 정부는 복지후생에 더 많이 지출한다.

자동안정화장치

알아두세요

자동안정화장치
경기 안정을 위해 고안된 재정정책. 정부가 별다른 조치를 취하지 않아도 정부 지출과 조세수입이 자동적으로 조정된다.

경기침체기 동안 증가한 적자예산은 자동안정화장치*로 작용합니다. 이는 정부가 경제 성장이 둔화되는 경기침체기에는 자동적으로 세금 징수를 줄이고, 실업 수당과 같은 지출을 늘리기 때문입니다. 정부는 지출을 늘려 민간 부문에서 줄어든 지출을 충당합니다. 반면, 가파른 경제성장기에는 정반대의 현상이 일어납니다. 즉 세금 납입액은 늘고 자격지출은 줄어듭니다.

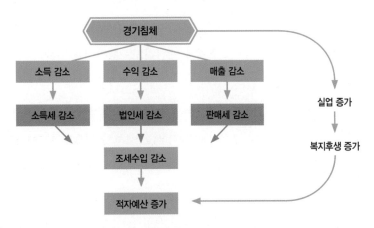

▶ 2008~2009년 경기침체 이후 미국과 유럽연합 국가들의 적자예산이 가파르게 상승했다. 각국의 정부는 경제 성장 둔화로 인해 소득조세수입이 줄어든 가운데 실업 수당에 더 많은 지출을 해야 했다.

구조적 적자예산

구조적 적자예산은 경제가 완전 고용 상태에 있는 경우에도 발생하는 국가채무입니다. 구조적 적자예산에는 여러 가지 원인이 있습니다.

인구 변화

일본처럼 인구가 고령화된 나라에서는 의료비와 연금의 소비가 높고, 조세수입은 상대적으로 낮습니다. 이는 많은 서구 경제권에서 부채비율이 증가하는 이유이기도 합니다.

세금 인상의 정치성

정치인들은 세금을 신설하지 않고 의료비와 같은 공공 서비스에 소비를 늘리겠다는 공약을 내걸어 당선된 경우가 많습니다. 이 때문에 정부가 적자예산을 줄이는 정책을 입안하기가 어렵습니다.

공공 투자

기업이 신기술에 투자하는 것처럼 정부도 돈을 빌려 교통이나 교육 시스템을 개선하고, 새 주택을 짓습니다.

일반적으로 구조적 적자예산은 경제가 성장한다고 해서 줄어드는 것이 아니기 때문에 보다 심각한 문제로 간주됩니다.

61 국가채무

국가채무는 정부가 적자예산을 메우기 위해 국내외에서 돈을 빌려 생긴 빚으로, 국가가 갚아야 하는 채무를 말합니다.

정부가 국가채무를 융통하는 방법

정부는 민간 부문(은행과 연기금)에 국채를 판매합니다. 일례로 정부는 국채를 1,000달러 판매하고 연 5%의 이자를 지급할 수 있습니다. 그리고 정부는 국채의 만기(30년 등)에 1,000달러를 상환합니다. 투자자들은 매년 이자 배당금을 받을 수 있는 국채 구매를 선호합니다. 게다가 국채는 가장 안전한 형태의 저축으로 알려져 있습니다. 서구권 국가들이 채무불이행 상태에 이르는 일은 흔치 않습니다. 하지만 인플레이션이 국채의 이자율보다 높으면 투자자는 손해를 보게 됩니다.

정부는 얼마만큼 빌릴 수 있을까?

국가채무의 수치는 충격적일 수 있습니다. 2016년 말 미국의 국가채무는 19조 달러 이상이었습니다. 가히 압도적입니다. 국가채무는 국내총생산 대비 백분율로 이해하는 것이 도움이 됩니다.

국내외 투자자들은 모두 국가채무를 구매할 수 있다. 2014년 외국인이 보유한 미국의 국가채무는 34%였다. 미국의 국가채무를 가장 많이 보유한 국가는 중국이었고, 일본이 뒤를 이었다. 미국 투자자들도 이와 비슷한 수준의 외국 자산을 보유하고 있다.

영국의 국가채무 수준 변화

영국의 국가채무는 제1차, 제2차 세계대전 이후 정점을 찍었습니다. 이는 정부가 경제적인 문제를 일으키지 않고도 놀랍도록 많은 금액을 빌릴 수 있음을 보여줍니다. 영국은 제2차 세계대전 이후 이미 국가채무 수준이 높은 상태였음에도 국민건강보험을 도입하고, 다수의 산업체를 국유화하고, 주택을 신축했습니다. 이에 국가채무는 국내총생산의 220%까지 늘었지만 1950~1960년대는 가파른 경제성장기였고, 국가채무는 추후 40년간 꾸준히 하락했습니다. 이때 영국이 제2차 세계대전 이후 미국의 도움으로 관대한 조건의 대출을 받아 높은 수준의 국가채무를 비교적 쉽게 유지할 수 있었다는 점이 중요하게 작용했습니다.

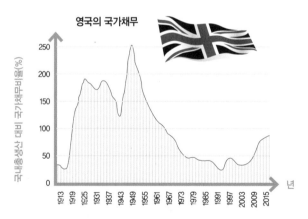

▶ 영국의 국내총생산 대비 국가채무비율은 제2차 세계대전 이후에는 매우 높았지만, 1950년부터 1991년 사이 전후 호황기 동안 지속적으로 하락했다.

국가채무는 경제에 유해할까, 무해할까?

어떤 사람들은 국가채무가 경제에 유해하다고 생각합니다. 그들은 높은 국가채무가 이자지급액을 늘리고(이자지급액을 충당하기 위해 많은 세금을 징수하게 됩니다), 채무불이행 가능성을 늘린다고 믿습니다. 또한 국가채무가 보다 효율적인 사적 부문에 구축효과를 일으키는 낭비성 정부 지출을 나타낸다고 주장합니다(255쪽 '구축효과' 참조).

하지만 경제학자들은 국가채무가 필요한 상황이 있다고 주장합니다. 예를 들어 경기침체기에 국가채무의 증가분은 사적 지출의 감소분을 절충합니다. 또한 정부는 부채를 통해 교육과 의료 부문, 사회기반시설에 투자할 수 있고, 이를 통해 장기적인 생산성과 미래의 경제 성장을 북돋울 수 있습니다. 따라서 국가채무의 당위성은 여러 가지 요인에 의해 결정됩니다.

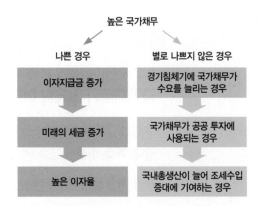

▶ 높은 국가채무가 반드시 나쁜 것은 아니다. 국가채무의 당위성은 정부가 채무를 늘리는 이유와 사용처에 따라 달리 평가된다.

국가별 국가채무 비교

미국의 중앙정보국 팩북(CIA factbook)이 발표한 2017년 국가별 국내총생산 대비 국가채무비율 순위는 다음과 같다.

1위 일본 234.7%	44위 독일 69.0%
2위 그리스 181.6%	53위 전 세계 64.0%
3위 이탈리아 132.5%	97위 대한민국 46.1%
14위 스페인 99.6%	136위 노르웨이 32.2%
17위 프랑스 96.5%	139위 사우디아라비아 31%
34위 미국 73.8%	168위 우즈베키스탄 8.3%

각국의 국가채무 수준은 큰 차이를 보인다. 사우디아라비아 같은 나라는 석유를 수출함으로써 쉽게 소득을 올릴 수 있다. 일본의 공공부채는 세계에서 가장 높은 수준이다. 그리스와 이탈리아의 부채 수준은 일본보다는 낮지만, 두 국가 모두 일본보다 심각한 부채 문제를 겪고 있다. 일본은 국내 저축 인구에 기대어 채무를 충당했다. 하지만 그리스와 이탈리아는 투자자들이 이들 국가의 경제 상황에 대해 부정적이기 때문에 국채를 판매하는 데 어려움을 겪었다.

국가채무가 필요한 이유

국내 저축 수준

국내 저축분이 부족하면 적자예산을 충당하기 어렵습니다.

경제 성장

실질국내총생산이 3% 증가하면 세율을 늘리지 않고도 국내총생산 대비 국가채무비율을 줄일 수 있습니다. 국가채무가 1% 증가하고 국내총생산이 3% 늘었다고 가정합시다. 이 경우, 국가채무가 증가했음에도 불구하고 국내총생산 대비 국가채무비율은 감소합니다. 전후시대에 미국과 영국에서 채무비율이 감소한 이유는 오랜 기간 지속된 경제 성장에서 찾을 수 있습니다. 진짜 문제는 경기침체기에 국가채무가 상승할 때 발생합니다.

외국인 지분

국가는 외국인 투자자들에게 국채를 판매할 때 채무로 인한 해외 자금 유출의 위험을 안게 됩니다. 예를 들어 외국인 투자자가 영국의 채무를 보유하고 있을 때 파운드의 가치가 하락한다면, 외국인 투자자는 국채를 되팔 것이고, 영국은 자금 조달에 어려움을 겪을 수 있습니다.

신뢰도

일본의 2015년 국내총생산 대비 국가채무비율은 227.9%이지만 국채의 이자율은 매우 낮습니다. 이는 국내 투자자들이 여전히 일본 정부를 신뢰하기 때문입니다. 하지만 장기적인 경제 전망이 어두운 나라들도 있습니다. 그리스 정부는 조세수입을 확보하는 데 어려움을 겪는 동시에 경기가 침체되어 채무불이행 가능성이 상대적으로 높습니다.

62

경제 성장

국내총생산은 한 국가의 생산량과 소득의 척도이며, 경제 성장은 실질 국내총생산의 증가를 의미합니다. 이론적으로 봤을 때 경제 성장은 삶의 질을 높여 개인들의 평균 소득을 늘리고, 이들이 보다 많은 재화와 서비스를 즐길 수 있게 합니다.

경제 성장의 중요성

불과 150년 전까지만 해도 서구권의 생활 수준은 현재에 비해 보잘것 없었고, 많은 노동자가 겨우 입에 풀칠을 하며 살았습니다. 빈곤은 만연했고, 기대수명은 훨씬 짧았습니다. 경제 성장은 생활 수준을 향상하고, 빈곤을 줄이며, 경제 다각화를 이루는 데 중요한 역할을 했습니다. 사람들은 경제 성장으로 교육, 의료 서비스, 환경과 같은 공공 서비스에 지출을 늘렸고, 레저 활동에 더 많은 시간을 사용할 수 있게 되었습니다. 19세기 이래 근무 시간이 줄어들기도 했는데, 존 메이너드 케인스의 주당 15시간 근무라는 유토피아적 비전은 실현되지 않았습니다(116쪽 '소득효과와 대체효과' 참조). 제2차 세계대전 이후 독일과 일본 경제는 초토화되었습니다. 하지만 두 나라 모두 경제를 재건하고 성장을 이루었습니다. 경제 성장으로 얻은 수익은 생산성을 향상하는 데 재투자되었고, 경제는 더욱 성장했습니다.

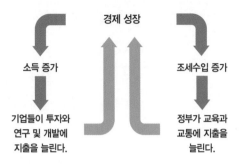

▶ 경제 성장의 선순환. 경제가 성장하면 투자가 늘어 장기적인 성장을 가져온다.

직업의 변화와 생산성 향상

1800년대에는 대부분의 노동 가능 인구가 농업 분야에서 일했습니다. 하지만 1900년대에 이르자 신기술을 이용해 적은 수의 노동자가 같은 양의 농산물을 생산하게 되었고, 노동자들은 공장으로 이동하여 공산물을 생산했습니다. 2000년대에 이르러서는 신기술을 바탕으로 공장의 노동 생산성이 향상되었고, 노동자들은 서비스 부문(소매업, 청소업, 건강 관리 서비스 등)으로 이동했습니다.

노동 생산력을 높이는 신기술은 경제 성장에 중요한 요소입니다. 신기술은 같은 수의 노동자가 더 많은 재화를 생산할 수 있게 해주었습니다. 지난 수십 년간 컴퓨터 사용이 일반화되고 인터넷이 발전하면서 생산성은 더욱 증가되었습니다.

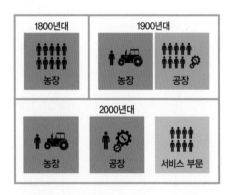

▶ 1800년대에는 대부분의 노동자가 농장에서 일했지만, 1900년대에는 기술의 발달로 많은 노동자가 농장을 떠나 공장에서 일했다. 이는 생산량을 개선하고 경제 성장에 중추적인 역할을 했다.

중국 경제의 기적

중국은 1985년부터 2015년까지 약 10%의 연평균성장률을 기록하며 세계에서 가장 빠르게 성장한 국가가 되었습니다. 이때 미국과 유럽의 연평균성장률은 2%에 가까웠습니다. 중국이 이렇게 빠른 성장률을 보인 원인은 무엇일까요?

과거 공산주의 경제는 비효율적이었고, 정부 소유의 기업들에게는 인센티브가 없었습니다. 경제가 자유화되면서 기업들은 효율성을 늘려 많은 비용을 절감할 수 있게 되었고, 경쟁력을 갖출 수 있었습니다.

중국 경제 성장을 이끈 요인

- 비효율적인 정부 소유 기업의 사유화, 완화된 가격 통제
- 외국인 투자와 자유무역을 향한 개방
- 주식시장 개장과 은행 부문 개발(1990년)
- 낮은 임금과 낮은 가격으로 인한 중국 제조업의 활황
- 성장과 수익을 바탕으로 한 투자 증진과 자본 축적

경제 성장의 선순환을 일으킨 중국의 제조업

저렴한 노동력의 충분한 공급은 중국 제조업 성장에 일조했습니다. 1980년대 초 많은 중국인 노동자가 적은 임금을 받으며 농장에서 일했습니다. 중국의 남동 지역에서 산업화가 진행되면서 상대적으로 낮은 임금(농장보다는 높은 금액)을 받고 일할 노동력이 충분히 공급되었습니다. 그로 인해 중국은 노동집약적인 제조업에서 비교우위를 점할 수 있었고, 노동비용이 비싼 서구권의 경쟁 국가들을 따돌릴 수 있었습니다. 중국의 경제 성장과 소득 증가는 실질소득과 수요를 늘렸으며, 축적된 대규모 자본으로 더 많은 투자가 가능했습니다.

63 경제주기

경제주기는 항상 일정하지 않고, 경제는 등락을 거듭할 수밖에 없습니다. 정책 입안자들이 주의하지 않으면 경제주기는 소위 붐 앤 버스트 (Boom and Bust)[*]로 이어질 수 있습니다.

알아두세요

붐 앤 버스트
경제가 급성장했다가 급락하는 현상

경제호황기부터 시작하는 붐 앤 버스트

소비자들은 임금이 상승하고 집값이 오르는 시기에는 신뢰감을 갖고 지출을 늘립니다. 수요가 증가하면 경제는 성장하고, 기업들은 투자와 생산을 늘립니다. 이러한 투자는 더 많은 일자리와 수요를 창출하여 경제 성장을 증진합니다.

하지만 아무리 좋은 일이라도 너무 과하면 문제가 발생할 수도 있습니다. 수요가 빠르게 상승하면 기업들은 늘어나는 수요를 감당하지 못할 수도 있습니다. 기업들은 단기간 내에 공급을 늘릴 수 없으면 가격을 인상해 수익을 최대화하고 수요를 줄입니다. 이는 경기가 과열되었다는 신호이며, 인플레이션으로 이어집니다. 이때 중앙은행은 인플레이션을 낮추기 위해 이자율을 높여 수요를 줄입니다.

경제호황기에는 소비자들이 분위기에 휩쓸려 신용카드로 돈을 융통해 지출을 늘리기도 합니다. 이러한 현상은 1929년 월스트리트 대폭락 직전에 일어났습니다. 이때 사람들은 돈을 빌려 주식과 자동차를 구매했습니다. 인플레이션을 막기 위해 이자율이 인상되자 빚이 많은 소비자들은 지출을 줄여야 했습니다.

붐이 버스트로 이어지는 과정

경제 상황은 경기가 성장하는 시기부터 빠르게 변할 수 있습니다. 사람들은 신뢰도가 하락하면 지출을 줄이고 부채를 상환하려 합니다. 이는 수요를 낮춰 생산량과 투자 감소를 야기하고, 이에 따라 수요는 더욱 감소합니다. 그리고 국내총생산이 하락하고 실업이 증가해 경기침체를 불러올 수 있습니다. 이에 기업들은 투자를 줄여 성장을 둔화시킵니다. 결국 경기침체기는 소비자들이 지출을 재개할 때 경제주기의 시작점으로 회귀하며 끝이 납니다.

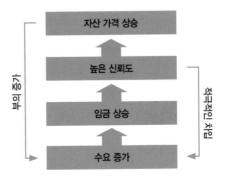

▶ 경제호황기를 가져오는 요인들

64 구조적 장기침체

구조적 장기침체는 경기침체와 소득불평등 심화로 세계 경제가 만성적 수요 부진에 빠진 상태를 말합니다. 2008년 금융위기 이후 경제성장률은 전후의 경제성장률보다 훨씬 낮았습니다. 그렇다면 무엇이 이러한 구조적 장기침체를 야기했을까요?

구조적 장기침체의 원인

- **국제적인 수요의 약화:** 유럽연합 내 국가들은 유로존의 문제로 인해 경제 성장이 둔화되었다.

- **낮은 임금 상승폭:** 세계화와 신기술로 인해 임금 상승폭이 낮게 유지되었다. 국내총생산의 대부분이 임금 상승 대신 유보 이익으로 전환되어 경제 내 수요가 제한되었다.

- **공급 과잉:** 철강과 자동차, 석유시장을 포함한 다수 시장의 공급 과잉도 문제가 되었다. 많은 기업이 공급 과잉으로 인해 어려움을 겪었다.

- **세계화:** 세계화는 세계 경제의 경쟁력을 심화하고 가격을 끌어내렸다.

- **인플레이션율 하락:** 1970~1980년대에는 붐 앤 버스트 주기가 비교적 흔했는데, 각국의 중앙은행이 인플레이션을 공략하면서 붐 앤 버스트 주기에서 벗어나는 데 일조했다. 그 결과, 선진국의 인플레이션율이 전반적으로 하락했다. 인플레이션율의 하락은 긍정적으로 받아들여졌지만 디플레이션에 가까워지면서 정상적인 경제 성장이 둔화될까 염려가 뒤따랐다.

장기침체를 지속시키는 구조적 요소

구조적 장기침체는 제한된 수요와도 관련이 있지만, 일부 경제학자는 장기적인 구조적 요소들과의 관련성에 주목합니다. 많은 서구권 국가들의 인구는 급속하게 고령화되고 있으며, 그로 인해 노동 가능 인구가 줄어들고 노년부양비가 증가하고 있습니다. 그리고 기술이 발전한 서구권에 살고 있는 사람들조차 과거의 기술 도약에 비하면 현재의 기술 발전 수준은 미미하며, 생산성 향상에 따른 수익도 감소하고 있다고 주장합니다. 따라서 노동집약적인 주요한 서비스 부문에서 생산성을 향상시키기가 어려워질 수 있습니다. 게다가 환경 문제로 한정된 양의 원자재에 대한 부담이 늘었습니다. 만약 이러한 요소들이 영구적으로 작용한다면 미래의 경제성장률은 낮을 것입니다.

유로존 구조적 장기침체의 원인

디플레이션 ← ★★★ → 고령화 인구

긴축 재정 ← ★★★ → 저조한 기술 개선

▶ 세계 경제, 특히 유로존이 구조적 장기침체기에 직면할까 우려된다. 유럽은 인구고령화, 긴축 재정, 디플레이션 및 저성장, 실업 문제를 겪고 있다.

잠깐만요!　　**오래전부터 이어져온 침체의 우려**

한때 신기술의 잠재력이 과소평가된 시기도 있었다. 19세기 영국의 경제학자 토머스 맬서스(Thomas Malthus, 1766~1834)는 1798년에 출간한 《인구론(An Essay on the Principle of Population)》을 통해 곧 인구가 식량 생산량을 능가할 정도로 증가할 것이며, 그로 인해 많은 사망자가 발생하고, 사람들은 자급 농업으로 회귀하게 될 것이라 주장했다. 맬서스가 주장한 대재앙은 일어나지 않았다. 하지만 우리는 2010년대를 유별나게 어려웠던 저성장의 10년으로 회상한다.

65

경기침체

경기침체는 경제가 마이너스 성장 상태에 있다는 의미입니다. 달리 말해, 경제 규모가 작아지고 있다는 뜻입니다. 그렇다면 경기침체기에는 무슨 일이 발생할까요?

경기침체기에 발생하는 일

- **실업 증가:** 기업들은 매출이 줄어들면 고용을 줄인다. 심각한 경기침체기에는 기업들이 파산하는 일이 잦기 때문에 일자리가 사라진다.

- **국가채무 증가:** 일자리가 줄어들면 정부는 소득세 수입이 감소하는 가운데 실업 수당 지출을 늘려야 한다.

- **지출 감소:** 소비자는 지출을 줄이고 저축을 늘린다.

- **물가 하락:** 기업들은 잉여 재고를 판매하기 위해 재화의 가격을 인하한다.

수요 쇼크

경기침체는 대부분 수요 쇼크(Demand-side shock)에 의해 야기됩니다. 수요 쇼크가 발생하면 소비자의 지출과 투자가 하락합니다. 2008~2009년 국제 경제는 금융위기의 영향을 받아 은행 대출이 줄어들고 소비자 신뢰도가 하락했습니다. 그리고 주택 가격이 폭락하고 유가가 상승하며 경기침체가 더욱 심화되었습니다. 1980~1982년 미국에서는 연방준비제도가 높은 인플레이션에 대응하여 이자율을 높였습니다. 이자율이 인상되자 수요는 위축되었고, 경기는 침체되었습니다.

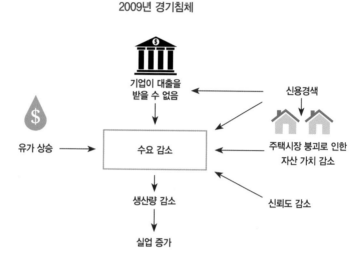

2009년 경기침체

▶ 2009년의 국제적인 경기침체는 많은 요소에 의해 야기되었다.

공급 쇼크

공급 쇼크(Supply-side shock)는 일반적으로 유가 폭등으로 비용이 증가해 수요가 위축되는 상황을 말합니다. 공급 쇼크가 유래한 가장 대표적인 경기침체는 1973~1974년 석유수출국기구 OPEC가 유가를 네 배나 올렸을 때 발생했습니다. 유가가 폭등하자 물가가 상승하고, 가처분소득이 감소했습니다. 이는 주식시장 붕괴로 이어져 투자자들의 신뢰도를 더욱 떨어뜨렸습니다. 이때 비용 상승 인플레이션은 스태그플레이션을 초래하여 생산량은 하락하고, 가격은 상승했습니다. 2008년에는 금융위기로 수요가 악화되자마자 유가가 폭등해 은행 대출이 줄어들고, 소비자 지출이 감소하는 이중고를 겪었습니다.

실물경기변동이론

실물경기변동이론은 경기침체는 기술이나 생산성의 변화와 같은 공급 측면의 요소에서 비롯하며, 현재 경제의 자연스럽고 불가피한 특징으로, 시장실패나 수요 부족으로 초래된 현상이 아니라고 봅니다. 실물경기변동이론에 따르면 정부는 경기침체를 예방할 수 없으며, 정부가 관여하면 상황은 악화될 뿐입니다. 예를 들어 확대재정정책은 정부 지출을 늘리고, 효율성을 떨어뜨리며, 인플레이션과 부채 증가로 이어집니다.

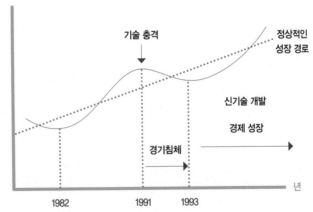

▶ 경제 성장은 외부 충격이나 신기술 때문에 정상적인 성장 경로를 벗어나기도 한다.

경기침체가 유익할 수도 있을까?

일부 경제학자는 경기침체가 유익하다고 주장합니다. 대공황 시기에 미국 재무부 장관을 지낸 앤드류 멜론(Andrew Mellon, 1855~1937)은 허버트 후버(Herbert Hoover, 1874~1964) 대통령에게 이렇게 조언했습니다. "노동을 청산하십시오. 주식을 청산하십시오. 농부들을 청산하십시오. 부동산을 청산하십시오. 그러면 시스템에서 썩은 부분을 도려낼 수 있을 것입니다. 사람들은 더 열심히 일할 것이고, 더 윤리적으로 살 것입니다."

경기침체기에는 비효율적인 기업들은 파산하고, 살아남은 기업들은 비용을 축소하고 효율성을 재고합니다. 효율성이 증가하면 장기적으로 경제에 유익합니다. 실제로 제너럴 모터스와 디즈니 같은 몇몇 유명 기업은 심각한 경기침체기에 설립되었습니다.

경기침체, 문제가 더 많다

하지만 이러한 주장이 경기침체가 오랫동안 지속될 수 있고, 민간 부문의 지출 감소에 의해 야기된다는 확실한 경험적 증거를 무시한다고 목소리를 높이는 경제학자들도 있습니다. 그들은 경기침체가 장기적인 경제 문제를 자주 유발하는 와중에, 경기침체가 '유익하다'고 주장하는 것은 논란의 여지가 있다고 봅니다. 경기침체는 다음과 같은 문제를 야기합니다.

경기침체의 부정적인 영향

- 실업은 빈곤과 우울증, 스트레스 등을 초래하는 원인 중 하나다. 비록 단기간일지라도 실업의 영향을 받은 사람들에게는 매우 큰 문제다.

- 실업이 증가하면 해고된 사람들은 재취업을 하기 어렵다(182쪽 '이력효과' 참조).

- 건강하고 효율적인 기업들이 단기적으로 수요가 부족하고 충분한 자금을 조달할 수 없어 파산에 이르기도 한다.

- 경기침체기에는 투자가 급감하여 향후 생산 역량이 감소한다. 2008~2009년 경기침체 이후 많은 유럽 국가가 오랜 기간 이전 경제성장률을 회복하지 못했다.

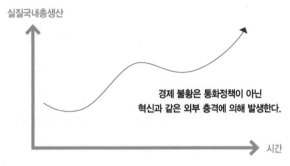

▶ 실물경기의 변화는 외부 충격에 의해 발생한다.

67 국제수지

국제수지는 한 국가가 다른 국가들을 상대로 행한 거래의 척도로, 수입과 수출, 금융 흐름과 관련이 있습니다. 국제수지는 두 가지 구성요소로 이루어져 있습니다.

국제수지의 두 가지 구성요소

- **경상 계정:** 재화의 수출입(무역수지)과 서비스, 투자 소득 및 경상이전의 가치를 나타낸다.

- **금융/자본 계정:** 자본의 흐름을 나타낸다. 예를 들어 저축예금이 한 나라에서 다른 나라로 이전되었거나 외국 기업이 다른 나라에 공장을 짓는 경우를 일컫는다.

서로를 보완해주는 경상수지와 자본수지

만약 어느 국가에 경상수지 적자가 발생하면, 정부는 자본을 유입하여 적자를 메웁니다. 달리 말해, 경상수지 적자는 금융/자본 계정의 흑자로 보완할 수 있습니다. 미국은 중국과 일본과의 무역에서 수출보다 수입을 많이 해 경상수지 적자를 보았습니다. 중국과 일본은 수출을 통해 얻은 미국 달러로 미국에 투자합니다. 중국은 국채 등 미국의 자산을 사들이고, 어느 일본 기업은 미국에 공장을 지어 자동차를 생산합니다. 이렇듯 미국이 수입하는 데 지출했던 달러는 중국과 일본의 투자를 통해 다시 미국으로 유입됩니다. 그리고 이러한 자금 유입으로 미국은 수입을 늘릴 수 있습니다. 중국의 엄청난 경상수지 흑자는 미국과 영국 같은 나라들의 적자를 반영한 결과입니다.

잠깐만요!　국제수지의 균형

- 경상수지 적자는 변동환율이 적용될 때 금융/자본 계정의 흑자로 충당할 수 있으며, 그 반대로도 가능하다.
- 어느 국가의 이자율이 인상되면 저축의 유입이 늘고 금융 계정 흑자를 기록하게 된다.
- 하지만 자금의 유입은 환율 상승을 야기하기도 한다. 그로 인해 수출 경쟁력이 줄어들고 수입품 가격이 하락해 경상수지 적자에 이르게 된다.
- 국제수지에는 자기수정적인 메커니즘이 작용한다.

중국이 미국의 자산을 구매하지 않으면 어떻게 될까?

중국이 미국의 자산을 구매하는 대신 유로화 자산을 구매하거나 자금을 중국 내에 보유하기로 했다고 가정해봅시다. 미국 자산의 수요 감소는 미국 달러의 수요 감소로 이어집니다. 달러의 수요 감소는 중국의 위안화 대비 미국 달러의 평가절하를 야기합니다. 그로 인해 미국의 수출은 상대적으로 경쟁력을 갖게 되고, 중국산 수입품 가격은 상승하게 됩니다. 그 결과, 미국 소비자들은 중국산 재화보다 미국산 재화를 더 많이 구매하게 되고, 미국의 경상수지 적자는 감소하게 됩니다.

달리 말해, 국제수지는 이론적으로 변동환율이 적용되는 한, 자기수정적입니다. 미국의 경상수지 적자는 중국과 일본에서 유입되는 자본을 필요로 합니다. 만약 이러한 자본 흐름이 사라진다면 달러의 가치는 절하되고, 경상수지 적자는 줄어들게 됩니다.

잠깐만요! 　중국은 왜 미국의 자산을 계속 사들이는 걸까?

중국은 왜 미국의 자산을 구매하여 미국 정부와 기업들이 부채를 조달할 수 있도록 간접적인 도움을 줄까? 이는 중국이 달러가 상대적으로 강세를 보이고 위안화가 상대적으로 약세를 보일 때 얻는 이익이 있기 때문이다. 중국은 미국의 자산을 구매함으로써 자국의 통화 가치를 낮게 유지하고 수출 경쟁력을 끌어올린다. 중국은 미국의 경제 성장을 볼모로 보다 높은 경제 성장을 이루어냈다고 볼 수도 있다(하지만 위안화의 가치가 최근 몇 년간 증가했다는 점도 주목해야 한다). 또한 미국의 자산을 구매하는 것은 경제위기에 되팔 수 있는 외국 통화 준비금을 축적하는 좋은 방법이다.

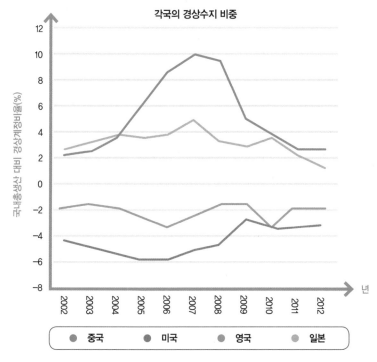

각국의 경상수지 비중

▶ 중국과 일본은 2008년에 높은 경상수지 흑자를 기록했다. 그리고 이는 미국과 영국의 경상수지 적자로 반영되었다. 2008~2009년 국제적인 경기침체 이후 미국이 수입품 구매를 줄이자 중국의 흑자폭이 감소했다.

68

경상수지 적자

경상수지 적자의 핵심은 수입의 가치가 수출의 가치보다 크다는 것입니다(엄밀히 말하면, 순투자소득과 경상이전도 계산에 포함해야 합니다). 경상수지 적자는 일단 나쁜 것이고, 우리가 분수에 넘치는 생활을 한다는 의미 같기도 합니다. 2003년 미국의 전설적인 투자자 워런 버핏(Warren Buffett, 1930~)은 미국에 대해 이렇게 말했습니다.

"사실상 우리나라는 거대한 농장을 소유한 갑부 가족처럼 행동해왔다. 우리가 생산하는 것보다 4% 더 소비하기 위해 매일 농장의 일부를 팔고, 아직 소유한 농장을 담보로 모기지를 늘리고 있다."

하지만 많은 경제적 쟁점을 고려할 때 경상수지 적자의 중요성은 여러 가지 요소에 의해 결정됩니다. 적자가 반드시 나쁜 것은 아닙니다.

경상수지 적자의 이점

19세기 후반, 미국은 지속적인 경상수지 적자를 기록했지만 동시에 많은 자금이 미국에 유입되었습니다. 예를 들어 영국 투자자들은 미국이 신철도 노선을 짓는 데 필요한 자금의 조달을 도왔습니다. 이러한 자금 유입은 미국 경제의 생산 여력을 늘리고 경상수지 적자를 메우는 데 도움이 되었습니다. 철도에 대한 투자는 수익성이 있었고, 철도회사들은 높은 소득을 얻어 영국에서 받은 대출의 이자를 지급했습니다.

이 시기의 경상수지 적자와 투자 유입은 미국이 세계 제일 경제대국으로 거듭나는 데 기여했습니다. 이는 경상수지 적자가 강성한 경제와 궤를 같이한다는 것을 보여줍니다. 제1차 세계대전 이후 미국 산업은 매우 유리한 위치에 있었고, 미국은 세계를 호령하는 수출국이 될 수 있었습니다. 수년 동안 미국은 경상수지 흑자를 기록했고, 미국 기업들이 보유한 해외 자산은 더욱 증가했습니다.

1982년 이후 미국의 경상수지 적자

1982년 이후 미국 경제는 계속해서 경상수지 적자를 기록했습니다. 2006년에 경상수지 적자가 정점을 찍었을 때에는 이미 국내총생산의 7%에 가까웠습니다. 미국의 경상수지 적자는 다음과 같은 요인에 의해 발생했습니다.

미국 경상수지 적자의 원인

- **국내 저축 감소:** 소비자들은 소득의 많은 부분을 저축하는 대신 원하는 재화를 구입하는 데 지출했다. 이로써 수입 재화의 소비도 상대적으로 증가했다.
- **새로운 수출국의 등장:** 중국과 동남아시아는 미국보다 더 경쟁력을 갖췄다.
- **자금 유입:** 미국은 포트폴리오 투자의 세이프 헤븐(Safe Haven)*으로 여겨졌다. 그로 인해 미국의 국채와 자산의 수요는 지속되었고, 이러한 자금의 유입은 대규모 경상수지 적자를 충당하고 유지하는 데 도움이 되었다.
- **달러의 강세:** 미국의 자산 수요로 인해 경상수지 적자에도 불구하고 달러의 강세가 유지되었다. 달러의 강세는 미국산 수출품의 가격을 올렸고, 수입품의 가격을 낮췄다.

세이프 헤븐
세계 금융시장에서 금융위기 등 급변동 때 자산을 안전하게 보존할 수 있는 투자 대상

미국의 경상수지 적자는 2015년 국내총생산의 2.5%까지 떨어졌습니다(에너지 생산성 개선과 수입 감소에 힘입은 결과입니다). 이는 미국의 적자가 버핏이 우려한 것만큼 심각하지 않았음을 보여줍니다.

69 국제수지 위기

국제수지 위기는 한 나라가 필수 수입품을 살 수 없거나 부채와 관련된 이자를 지급할 수 없을 때 발생합니다. 국제수지 위기가 발생하면 일반적으로 화폐 가치가 급격하고 불안정하게 하락합니다. 국제수지 위기는 신흥경제국에서 보다 흔하게 발생합니다.

왜 신흥경제국에서 국제수지 위기가 흔하게 발생하는 걸까?

신흥경제국은 외국에서 부채를 끌어들여 투자와 소비에 충당합니다. 이는 높은 경제 성장으로 이어지고, 선진국의 은행들은 더 많은 대출을 제공합니다. 추가 대출은 기존 대출의 이자를 지급하고, 더 많은 투자와 소비활동을 하는 데 사용됩니다.

하지만 어떠한 외부 현상에 의해 신흥경제국이 투자자들의 신뢰를 잃으면 어떻게 될까요? 신뢰를 잃으면 외국 통화는 더 이상 유입되지 않습니다. 신흥경제국은 성장이 둔화되면 이자를 지급하는 데 어려움을 겪게 됩니다. 그리고 긴장한 외국인 투자자들은 해외 투자금을 회수하거나 높은 이자율을 요구하죠. 신흥경제국은 성장 둔화와 이자율 상승 때문에 소득의 많은 부분을 이자 지급에 사용해야 합니다. 그 결과, 신흥경제국이 필수 수입품을 사는 데 사용할 통화가 부족하게 됩니다. 사람들은 신흥경제국의 통화보다는 달러처럼 안전한 자산을 선호합니다. 따라서 신흥경제국의 통화를 사는 사람은 줄어들고, 신흥경제국의 통화 가치는 급락하기 시작합니다. 통화 가치가 급락하면 수입품의 가격이 오르고 투자가 줄어듭니다. 또한 외국 통화로 표시된 대출을 상환하기도 더욱 어려워집니다. 신흥경제국은 환율 하락을 막기 위해 이자율을 올려 저축을 끌어들이기도 하지만, 이는 낮은 경제 성장과 생산량 저하라는 악순환으로 이어집니다.

외부 충격, 유가 하락

신뢰 상실

자금 유출(해외 저축)

환율 추가 하락

높은 해외 부채

환율 하락

인플레이션

국제수지 위기

▶ 원유 생산에 의지하는 나라는 원유 가격이 하락하면 국제수지 위기를 겪을 수도 있다. 소득이 줄어들면 해외 부채를 지급하기 어렵고, 환율이 하락하며, 인플레이션이 발생한다. 이러한 현상은 신뢰 상실로 이어져 환율은 더욱 하락하게 된다.

국제수지 위기를 이겨내는 방법

국제수지 위기는 영구적이지 않습니다. 국제수지 위기를 겪는 나라는 외국, 국제통화기금(IMF) 등에서 긴급구호자금을 받아 경제 안정화를 꾀할 수 있습니다. 또한 환율 하락은 시간이 지나면서 수출 경쟁력을 높여 수출 증가로 이어질 수 있습니다. 마지막으로 자금 유출을 제한해 경제 내 자금 이탈 속도를 낮출 수 있습니다.

70

환율

환율은 한 통화가 다른 통화와 교환되는 가치를 반영합니다. 예를 들어 2021년 2월 영국 파운드의 미국 달러 대비 환율은 1달러=0.71파운드 혹은 1파운드=1.41달러로 표현할 수 있습니다. 환율은 공급과 수요에 의해 결정되며, 해당 국가의 경제력과도 밀접하게 관련되어 있습니다.

특히 한 국가의 인플레이션율은 장기적으로 봤을 때 매우 중요합니다. 만약 미국의 인플레이션율이 주요 경쟁국보다 계속해서 높으면 미국산 재화는 수요가 줄어 경쟁력을 잃을 것이고, 수입품의 수요가 증가할 것입니다. 이는 미국 달러의 가치 하락으로 이어지겠죠.

제2차 세계대전 이후 가장 강력한 통화는 독일의 마르크화와 일본의 엔화였습니다. 이는 두 국가의 인플레이션율이 낮고, 생산성이 증가했으며, 성공적인 수출 부문을 보유했기 때문입니다.

환율에 영향을 주는 요인

2012~2015년에는 다음과 같은 다양한 이유로 외환시장에서 달러의 가치가 상승했습니다.

높은 경제 성장

미국은 유로존보다 빠른 속도로 국제적인 경기침체에서 벗어났습니다. 높은 경제 성장은 미국 경제의 신뢰도를 끌어올렸고, 미국의 이자율 상승에 대한 기대치를 높였습니다.

경상수지 적자

경상수지 적자는 수입과 자금 유출을 합한 가치가 수출과 자금 유입을 합한 가치보다 크다는 뜻입니다. 쉽게 말해, 돈이 나라 밖으로 유출된다는 말입니다. 경상수지 적자는 통화 가치를 떨어뜨리는 경향이 있습니다. 2011~2014년 미국의 경상수지 적자는 수출 증가와 에너지 수입의 상대적 감소 덕분에 국내총생산 대비 3.2%에서 2.2%로 줄어들었습니다. 그로 인해 달러의 수요가 늘었습니다.

세이프 헤븐

2009년 이후 달러의 가치가 인상된 또 다른 이유는 국제 투자자들이 달러를 다른 통화보다 상대적으로 안전한 투자처로 인식했기 때문입니다. 2012년에는 유로존의 부채위기로 인해 유로화의 인기가 하락했습니다. 투자자들은 이렇게 어려운 시기에 신흥경제국 자산의 불안정성보다 미국 자산의 안정성을 선호했습니다.

투기

투자자들은 국제통화시장에서 환율의 움직임을 예측하여 수익을 내기 위해 어마어마한 양의 달러를 거래합니다. 그 결과, 환율의 움직임은 트레이더의 심리 변화 외에 별다른 것을 반영하지 않기도 합니다. 2016년 영국이 유럽연합을 떠나기로 했다는 투표 결과가 나왔을 때 파운드의 가치는 몇 주 사이에 15% 하락했습니다. 투자자들은 영국이 유럽연합의 통합 시장에서 벗어나면 영국 경세에 투자하거나 저축할 수요가 줄어들 것이라고 예상한 것입니다.

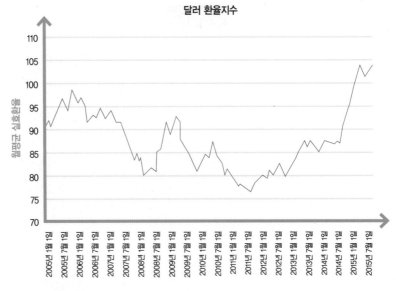

달러 환율지수

▶ 실효환율은 통화 바스켓의 가중평균 대비 달러의 가치를 나타내며 전반적인 달러의 동향을 보여준다. 이 그래프는 달러의 가치가 2011년부터 2015년까지 35% 상승했음을 보여준다.

금본위제

금본위제는 통화 가치를 금의 가치에 직접적으로 고정하려는 시도였습니다. 금본위제의 목적은 인플레이션율을 낮게 유지하고, 안정적인 환율을 제공하여 국제무역을 장려하는 것입니다. 하지만 존 메이너드 케인스는 금본위제가 디플레이션을 야기하고, 비경쟁적인 환율을 만들어낸다고 비판했습니다. 대공황 시기에는 금본위제가 디플레이션과 경기침체에 일조한 것처럼 보이기도 했습니다. 여러 국가들은 금본위제를 떠나 화폐 가치를 떨어뜨려 수출 경쟁력을 높이려 했습니다. 그 후로 금본위제는 부활하지 않았습니다.

> **"진실로 금본위제는 야만적인 유물이다."**
>
> 존 메이너드 케인스

한 투자은행이 자신의 저축에 최고의 이자를 적용받고 싶어 한다고 가정하자. 유럽과 미국의 이자율은 각각 0.5%다. 이자율이 똑같을 때에는 유럽에 투자하든 미국에 투자하든 문제가 되지 않는다. 하지만 미국의 이자율이 1.5%로 오른다면 어떻게 될까? 더 높은 수익률을 얻기 위해 수백만 유로의 저축을 미국으로 옮길 것이다. 투자자들은 유로를 팔고 달러를 살 것이고, 그로 인해 달러 가치가 상승할 것이다. 그럼 투자자들은 이자율이 오를 것이라는 기대감을 갖고 더 많은 양의 달러를 구매한다. 자연스럽게 달러의 가치가 더 상승하게 되는 것이다.

71

평가절하

평가절하와 인플레이션

통화 가치가 큰 폭으로 감소하면 경제에 어떤 영향을 미칠까요? 통화 가치가 낮아지는 것을 통화의 평가절하라고 합니다. 통화가 평가절하 되면 수출품의 가격은 저렴해지지만, 수입품의 가격은 비싸집니다. 영국 파운드의 달러 환율이 1파운드=1.5달러라고 가정해봅시다. 만약 영국에 사는 누군가가 3달러짜리 사과파이를 사고자 한다면 2파운드를 내야 합니다. 만약 파운드의 가치가 하락해 환율이 1파운드=1.2달러가 되면, 같은 영국 소비자에게 사과파이의 가격은 약 2.5파운드가 될 것입니다.

한편 1만 파운드짜리 영국산 자동차를 미국에서 구매하기 위한 가격은 1만 5,000달러였습니다. 하지만 달러의 가치가 하락하면 미국 소비자는 1만 2,000달러만 지불하면 됩니다. 결과적으로 영국은 자동차를 더 많이 수출하고, 사과파이는 덜 수입하게 될 것입니다.

이러한 상황은 통화 가치가 하락한 나라의 수출업자에게 이롭습니다. 재화의 가격이 상대적으로 저렴해져 수요가 증가하기 때문입니다. 이때 수출의 수요는 증가하고 수입의 수요는 감소하기 때문에 경제 전반적으로 내수가 증가하고 경제가 성장하게 됩니다.

또한 평가절하는 경상수지 적자를 줄입니다. 이는 수출이 수입보다 상대적으로 (수요의 탄력성에 따라) 증가하기 때문입니다. 만약 수요가 비탄력적이라면 평가절하가 되어도 수출량은 크게 늘지 않습니다. 하지만 수요가 탄력적인 경우에는 수요의 증가율이 훨씬 더 큽니다.

이러한 상황은 해외에서 재화를 수입하는 사람에게 불리합니다. 재화는 더욱 비싸지고, 소비자들의 구매력은 상대적으로 감소하게 됩니다. 평가절하는 다음과 같은 이유로 인플레이션을 야기합니다.

평가절하가 인플레이션을 야기하는 이유

• 수입품이 더욱 비싸진다.

• 국내 수요의 증가는 수요 견인 인플레이션을 야기한다.

• 수출업자들은 별다른 노력을 기울이지 않아도 경쟁력을 유지할 수 있기 때문에 비용을 절감하지 않는다.

파운드 환율지수

▶ 이 그래프는 파운드의 환율을 보여준다. 파운드는 1992년과 2008년에 금융위기로 인한 평가절하로 두 차례 폭락했다.

평가절하가 유익할 수 있을까?

경기가 침체된 나라에서는 평가절하가 내수를 진작하는 데 도움이 됩니다. 1992년 영국은 유럽환율조정장치(European Exchange Rate Mechanism, ERM)* 하에 환율을 관리했고, 파운드의 가치를 높게 유지하기 위해 높은 이자율을 고수했습니다. 하지만 과대평가된 통화와 높은 이자율은 경기침체를 야기했습니다.

파운드는 1992년 9월 16일 수요일에 유럽환율조정장치를 떠났고, 파운드의 가치는 20% 하락했습니다. 이는 가히 대재앙이라 할 만했고, 이후 '검은 수요일(Black Wednesday)'이라 불리게 되었습니다. 하지만 통화 가치의 하락은 수출품의 가격, 수입품의 경쟁력, 이자율을 낮추어 강력한 경제 회복의 발판이 되었습니다. 경제 내 유휴생산능력 덕분에 인플레이션은 잠잠했고, 실업은 감소했기 때문입니다.

알아두세요

유럽환율조정장치
유럽 환율시장의 안정을 도모하기 위해 실시한 유럽통화제도의 핵심적 제도

평가절하의 수혜자와 피해자

수혜자(순기능)	피해자(역기능)
• 해외에 수출하는 기업 • 저렴해진 해외여행 • 경제성장세의 증가 • 고용 안정성	• 값비싼 수입품을 구매하는 소비자 • 원자재를 수입하는 기업 • 인플레이션의 증가

평가절하의 폐해

1992년의 평가절하는 영국 경제에 이롭게 작용했지만, 그렇다고 해서 평가절하가 항상 유익한 것은 아닙니다. 벨라루스는 2011년 한 해 동안 벨라루스 루블화의 가치를 62% 절하했고, 이는 108%의 인플레이션과 45%에 이르는 이자율로 이어졌습니다. 이러한 방식의 평가절하는 통화의 불안정성을 증폭시킵니다. 사람들은 자금을 다른 통화로 보

유하려 했고, 벨라루스 루블화의 투자 가치는 더욱 떨어졌습니다.

2014년 러시아는 원유 가격 폭락으로 인한 경제난을 극복하기 위해 비슷한 방법으로 루블화의 가치 절하를 실시했습니다. 러시아 중앙은행은 이자율을 13~17%까지 올렸지만 루블화의 가치는 좀처럼 하락하지 않았고, 인플레이션은 11%까지 증가했습니다. 러시아는 평가절하가 러시아 경제를 석유 생산에서 제조업 수출로 재정비하는 데 일조하기를 희망했습니다. 하지만 경제 재정비를 이루기는 어려울 수 있습니다.

잠깐만요!   환율이 고정된 나라는 어떻게 평가절하를 할까?

고정환율을 고수하는 나라는 통화 가치를 절하할 수 없다. 이러한 상황에서 경쟁력을 되찾기 위한 대안은 임금과 가격, 비용을 줄이는 것이다. 이를 '내부 평가절하'라고 한다. 내부 평가절하는 통화 가치를 변동시키지 않고 같은 결과를 얻고자 하는 것이다. 하지만 노동자들은 임금 삭감에 저항하고, 임금과 가격, 비용을 줄이기는 매우 어렵다. 차라리 통화의 평가절하가 훨씬 쉽다!

72 구매력평가지수

통화가 가지는 구매력이란, 특정한 재화 한 묶음을 구매하는 데 필요한 통화의 양을 일컫습니다. 구매력평가지수는 같은 수량의 재화와 서비스를 구매할 수 있는 파운드나 달러 같은 통화 간의 실질환율을 나타냅니다. 맥주 1파인트가 영국에서는 3파운드, 미국에서는 2달러라고 가정합시다. 이때 구매력평가지수는 1달러=1.5파운드가 됩니다.

영국   미국

3파운드   2달러

구매력평가지수 1달러=1.5파운드

일물일가의 법칙

구매력평가지수의 개념은 일물일가의 법칙에서 유래되었습니다. 일물일가의 법칙에 따르면 재화의 판매 가격은 거래비용과 무역장벽이 없다는 가정하에 동일한 통화로 표시했을 때 동일한 값을 가져야 합니다. 만약 어떤 재화가 캐나다에서 더 저렴하다면 미국 소비자들은 그 재화를 사기 위해 캐나다까지 갈 수도 있습니다. 이는 캐나다에서의 가격은 올리고, 미국에서의 가격은 끌어내립니다.

환율과 구매력평가지수를 보여주는 빅맥지수

빅맥지수는 여러 지역에서 판매되는 빅맥의 가격을 달러로 보여줍니다. 전 세계 어디든 빅맥에 들어가는 재료는 동일합니다. 그러므로 빅맥지수는 환율과 구매력평가지수의 차이를 보여줍니다. 2020년 빅맥의 가격은 다음과 같았습니다.

- 유럽: 4.79달러
- 남아프리카공화국: 1.86달러

이는 10달러로 남아프리카공화국에서는 5개의 빅맥을, 유럽에서는 2개의 빅맥을 살 수 있다는 의미입니다. 달리 말해, 남아프리카공화국에서는 유럽에서보다 1달러로 더 많은 것을 구매할 수 있습니다. 공식적인 환율은 유럽과 남아프리카공화국 사이의 실제 구매력평가지수를 반영하지 않습니다. 하지만 구매력평가지수로 가격을 비교하면, 남아프리카 공화국 랜드화의 가치는 유로의 가치에 비해 56% 낮습니다.

물론 빅맥은 하나의 재화일 뿐이고, 빅맥지수는 《이코노미스트》에서 단순하고 쉽게 실질환율을 설명하기 위해 고안한 것입니다. 환율에 대해 보다 정확히 이해하기 위해서는 재화의 묶음을 나타내는 가격을 보아야 합니다.

빅맥 가격이 가장 비싼 6개국	빅맥 가격이 가장 저렴한 6개국
1. 스위스: 6.91달러	1. 남아프리카공화국: 1.86달러
2. 레바논: 5.95달러	2. 러시아: 1.91달러
3. 스웨덴: 5.76달러	3. 터키: 2.04달러
4. 미국: 5.71달러	4. 우크라이나: 2.17달러
5. 노르웨이: 5.55달러	5. 멕시코: 2.23달러
6. 캐나다: 5.08달러	6. 루마니아: 2.32달러

통화 가치와 구매력평가지수가 다른 이유

일단 불안정성을 이유로 들 수 있습니다. 투자자들은 불안정한 정치 경제적 상황 때문에 남아프리카에 투자하기를 망설이는 반면, 미국은 좀 더 안정적이라고 생각합니다. 또한 생활비 차이도 여러 이유 중 하나입니다. 미국은 임금과 임대료가 높아 빅맥 가격 또한 높게 책정됩니다.

잠깐만요! 빅맥지수로 판단하는 물가의 함정

빅맥지수에 의하면 남아프리카의 생활비는 미국의 생활비보다 저렴하다. 하지만 미국에서 받는 임금이 더 높다면 빅맥을 살 만큼의 돈을 벌기가 상대적으로 쉬울 것이다. 만약 남아프리카에서의 임금이 훨씬 낮다면 빅맥을 몇 개를 사든 더 오랜 시간 일을 해야 할 것이다.

일곱째
마당

경제정책

The Cakewalk Series – Economics

73

통화정책

통화정책은 약한 인플레이션과 꾸준한 경제 성장을 도모하며, 주로 이자율을 조정하는 방법으로 시행됩니다. 만약 경제가 너무 빨리 성장하고 인플레이션율이 오를 것으로 예상된다면 중앙은행은 이자율을 인상할 것입니다. 그렇다면 이자율이 인상되면 어떤 일이 생길까요?

높은 이자율은 이자 비용을 늘립니다. 따라서 기업들은 투자 결정을 미루고, 소비자들은 지출을 줄입니다. 거액의 변동이율 모기지를 받은 주택 소유자들은 이자로 지급해야 할 금액이 늘어 가처분소득이 줄어들 것입니다. 또한 높은 이자율은 주택 가격을 낮추기도 합니다.

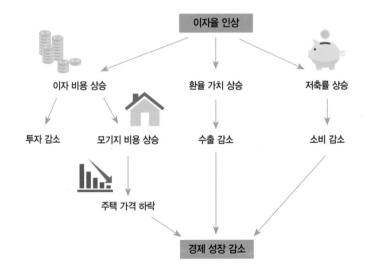

이자율과 경제 성장의 관계

이자율이 경기에 미치는 영향

한 주택 소유자가 매달 2,000달러의 소득 중 400달러를 모기지 이자 지급에 사용하고, 1,600달러의 가처분소득이 남는다고 가정해봅시다. 만약 이자율이 4%에서 6%로 오른다면 주택 소유자의 월 이자 납입액은 600달러로 오르고, 가처분소득은 1,400달러가 됩니다. 이는 자연스럽게 소비 하락으로 이어집니다.

2005~2006년 이자율은 완만하게 상승했는데, 이는 미국 경제에 큰 영향을 미쳤습니다. 2005년 이전 많은 사람이 거액의 모기지를 받았습니다. 그런데 이자율이 오르면서 이들이 모기지를 감당할 수 없게 되자 주택 압류가 증가하고, 주택 가격이 하락했습니다. 이는 뒤따라 발생한 경기침체의 원인이었습니다.

경기가 과열되면(경제 성장이 너무 빠르면) 이자율을 높여 경제 성장에 브레이크를 걸 수 있습니다. 이를 통해 지출과 투자의 증가 속도를 줄이고 인플레이션을 예방할 수 있습니다. 1951년부터 1970년까지 미국 연방준비제도이사회 의장을 지낸 윌리엄 맥체스니 마틴(William McChesney Martin, 1906~)은 이렇게 말했습니다.

"파티가 시작되면 바로 술을 치워라."

반대로 낮은 이자율은 경기침체기에 투자와 소비를 진작시키는 방법이 될 수 있습니다. 이자율이 낮을 때에는 자금을 빌리고 투자하는 데 드는 비용이 적고, 개인적으로 대출을 받은 사람들이 보다 많은 가처분소득을 가집니다. 이러한 현상은 이론적으로 경제 성장을 가속화합니다.

▶ 윌리엄 맥체스니 마틴

높은 이자율은 핫머니(Hot Money)*를 끌어들여 통화 가치 상승을 야기하기도 한다. 통화 가치가 상승하면 수출 경쟁력이 떨어지고 내수가 줄어든다. 또한 소비자들은 일부 재화를 국산품 대신 가격이 저렴한 수입품으로 대체한다.

이자율 인하가 효과가 없는 이유

2008~2009년 미국과 유럽은 심각한 경기침체를 겪었고, 그로 인해 이자율이 5%대에서 0.5%로 낮아졌습니다. 이론적으로 이러한 이자율 인하는 경기를 진작하고 실업을 줄이며 경기 회복에 일조합니다. 하지만 실제로는 경제 성장을 도모하는 데 작은 영향을 미칩니다.

은행의 위기

2008~2009년 경기침체는 은행의 자금경색을 가져온 신용위기에 의해 촉발되었습니다. 이자율이 인하된 후 이자 비용은 낮아졌지만, 은행들이 대출을 해줄 여력이나 의지가 없을 때에는 낮은 이자 비용도 별 소용이 없었습니다. 그 결과, 이자율 인하는 기업들이 대출을 받는 데 별 도움이 되지 않았습니다.

낮은 신뢰도

소비자 입장에서는 돈을 빌려 고급 자동차를 사기까지 고려해야 할 요소가 많습니다. 만약 이자율이 낮다면 소비자는 대출을 긍정적으로 검토할 것입니다. 하지만 경기가 매우 침체되어 은행이 파산하고 실업이 증가한다면 대부분의 소비자는 아무리 이자율이 낮아도 위험을 감수하고 싶어 하지 않을 것입니다. 실제로 경기침체기에는 사람들이 대출을 늘리기보다는 대출을 상환하려 하기 때문에 오히려 저축률이 증가합니다.

국제적인 경기침체

2009년에는 전 세계적으로 수출이 감소했습니다. 단순히 내수만 줄어든 것이 아니라 해외에서의 수요도 감소한 것입니다. 2009년 영국의 이자율은 낮았고, 파운드의 가치는 25% 감소했습니다. 그럼에도 불구하고 단기적으로 경기침체를 극복하기에는 역부족이었습니다.

긴축 재정

유럽에서는 유로존 내 문제점들로 인해 채권수익률이 증가하고, '긴축' 프로그램으로 적자예산을 줄이고자 하는 시도가 이어졌습니다. 하지만 수요를 진작하기 위해 이자율을 인하했음에도 정부의 지출은 감소하고 수요도 줄어들었습니다. 쉽게 말해, 경제와 금융 부문이 빈약하면 이자율을 낮춘다 해도 수요가 늘거나 경제가 성장하지 않습니다.

낮은 이자율의 좋은 소식과 나쁜 소식	
2009~2016년 대부분의 유럽 국가와 미국의 이자율은 0.5% 이하에 머물렀다. 낮은 이자율은 대출을 받은 사람들에게는 좋은 소식이지만, 은퇴하여 예금에 기대어 사는 사람들에게는 나쁜 소식이다.	
좋은 소식	**나쁜 소식**
• 모기지가 있는 주택 소유자들에 이익 • 부채가 있는 기업에 이익 • 국가부채의 비용 절감	• 저축수익률 저하 • 대출 제한(낮은 이자율 때문에 은행이 대출을 통해 얻는 수익이 낮아짐)

74

양적완화

2009년 이전까지만 해도 '양적완화'라는 용어는 잘 사용하지 않았습니다. 경제 교과서에서조차 찾아보기 어려웠죠. 하지만 중앙은행은 2009년의 경제위기로 인해 '전례 없는 정책'을 고려하게 되었습니다. 양적완화는 기존의 일반적인 경제정책들과 동떨어져 보입니다.

우선 중앙은행은 화폐를 만들어냅니다. 이때 실제로 화폐를 발행하는 것이 아니라 전자적으로 화폐의 보유 수량을 늘립니다. 이는 은행 계좌에 1만 달러가 있었는데, 그것이 마법처럼 2만 달러가 되는 것과 비슷합니다. 그리고 중앙은행은 이렇게 새로 만들어진 돈으로 자산, 특히 국채나 기업채를 매입합니다. 이러한 대규모 채권 구매는 채권의 가격은 올리고 수익률은 낮춥니다.

▶ 이론적으로 양적완화는 투자와 경제 성장을 진작한다.

양적완화의 목표

통화 공급 증가

중앙은행이 시중은행으로부터 채권을 사들이면 은행의 유동성(은행의 현금 보유량)이 증가합니다. 이후부터 중앙은행은 시중은행이 기업과 소비자에게 대출을 늘리기를 바랄 수밖에 없습니다.

시장이자율 인하

시장이자율은 금융시장에서 합의된 이자율입니다. 채권 구매는 채권 수익률과 경제 내 전반적인 이자율, 즉 시장이자율을 낮춥니다. 이때 중앙은행은 기업채의 낮은 이자율이 이자 비용을 낮춰 기업들이 투자를 늘리기를 희망합니다.

양적완화는 효과가 있을까?

양적완화로 인해 화폐량은 네 배가 늘었지만 인플레이션을 측정하는 소비자물가지수는 여전히 매우 낮았습니다. 전반적으로 양적완화의 성패를 평가하기는 어렵습니다. 긍정적으로 보면 양적완화가 없었다면 경기침체는 더욱 심각하게, 오랫동안 지속될 수도 있었습니다. 물론 양적완화의 효과는 제한적입니다. 은행은 유동성이 늘었어도 부정적인 경제 전망 때문에 여전히 기업 대출에 적극적이지 않았습니다. 낮은 이자율의 효과도 그다지 크지 않았습니다. 문제는 이자율이 아니라 전반적인 경제 환경이었던 것입니다. 미래 수익 전망이 어둡다면 기업들은 돈을 빌릴 이유가 없습니다.

양적완화의 부작용

정부는 양적완화 덕분에 보다 쉽게 국가채무를 충당하게 되었습니다. 정부는 보통 민간 부문이 국채를 구매하는 것에 의지했는데, 양적완화를 시행하자 중앙은행이 신규 자금으로 국채를 구매했습니다. 미국과 영국 같은 국가들에서는 낮은 이자율 덕분에 정부가 훨씬 저렴하게 돈을 빌릴 수 있습니다.

양적완화의 가장 큰 수혜자는 채권을 판매하고 자산의 가치가 증가한 금융기관들이고, 가장 큰 피해자는 채권에서 발생하는 이자 수익을 기대한 사람들입니다. 또한 양적완화의 영향력은 금융시장 밖의 보다 넓은 경제 영역에까지 미치지 않았습니다.

인플레이션은 어떨까요? 많은 분석가가 양적완화가 인플레이션을 야기할 것이라고 예상했습니다. 화폐 공급 증가는 인플레이션에 영향을 미치기 때문입니다. 하지만 양적완화 기간 동안 인플레이션율은 오히려 하락했습니다. 화폐 공급 증가가 은행 대출과 소비 진작으로 이어지지 않은 것입니다. 유동성 함정*도 한몫하여 경제는 여전히 불황 상태에 놓여 있었습니다. 이러한 경제 상황에서 화폐 공급 증가가 인플레이션에 미치는 영향은 미미했습니다.

잠깐만요! **더 나은 형태의 양적완화**

많은 경제학자가 과거의 양적완화가 불완전하게 시행되었다고 주장한다. 그들은 채권을 구매하는 대신 헬리콥터에서 소비자와 기업에 직접 돈을 살포하는 것 같은 보다 효과적인 정책이 필요하다고 생각한다.

75 헬리콥터 머니 드롭

헬리콥터 머니는 중앙은행이 소비 진작을 위해 시중에 대량으로 푸는 자금을 말합니다. 헬리콥터 머니의 첫인상은 비도덕적이고 비경제적인 듯하지만, 사실 이는 디플레이션과 실업, 마이너스 경제 성장의 해결책입니다. 헬리콥터 머니는 신규 자금이 중앙은행에 채권을 판매하는 은행에만 집중되는 것이 아니라 모두에게 돌아가므로 '민중을 위한 양적완화'라 불리기도 합니다. 헬리콥터 머니 드롭은 어느 정도는 양적완화와 비슷하지만 돈을 은행이 아니라 일반 시민들에게 푸는 형태입니다.

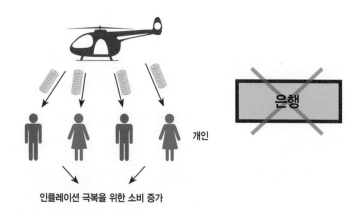

개인

인플레이션 극복을 위한 소비 증가

▶ 헬리콥터 머니 드롭은 일반인들에게 직접적으로 돈을 나눠주어 소비와 경제 성장을 진작한다.

헬리콥터 머니는 1969년 밀턴 프리드먼이 자신의 논문 〈최적화폐수량 (The Optimum Quantity of Money)〉에서 언급하면서 유명해졌습니다. 그

후 2006년부터 2014년까지 미국 연방준비제도이사회 의장을 지낸 벤 버냉키(Ben Bernanke, 1953~)에 의해 다시 주목받게 되었습니다.

헬리콥터 머니 드롭을 해도 괜찮은 걸까?

디플레이션 때문에 소비가 매우 저조하다고 가정합시다. 이때 헬리콥터 머니는 다소나마 소비를 진작하고, 디플레이션을 완만한 인플레이션으로 전환합니다. 이는 경제 성장에 도움이 되죠. 과도한 인플레이션이 발생한다 해도 중앙은행이 인플레이션을 줄이는 방법(이자율 인상)을 알고 있기 때문에 별 문제가 되지 않습니다.

헬리콥터 머니에 대한 의견이 분분한 이유

하지만 헬리콥터 머니는 실제 성공 사례가 없기 때문에 이론적인 추측으로만 남아 있습니다. 경제정책을 실행할 때는 실제 성공 사례가 있는 정책을 따르는 것이 훨씬 쉽습니다. 전례 없는 정책을 실행하는 선두주자가 되기는 어렵습니다. (2020년 코로나19로 인한 경제적 타격을 극복하기 위해 세계 각국에서 헬리콥터 머니 드롭을 실행했습니다 - 옮긴이)

일부 경제학자는 화폐를 발행해 나눠주면 화폐에 대한 신뢰도가 떨어지고, 훗날 인플레이션을 부추기게 될 것이라고 염려합니다. 또한 도덕성에 대한 우려도 있습니다. 이때 중요한 것은 헬리콥터 머니는 오직 디플레이션이라는 특수한 경제적 상황에만 적용할 수 있다는 것입니다. 만약 일반적인 경제 상황에서 화폐를 발행해 나눠준다면 인플레이션과 불안정성을 피할 수 없을 것입니다. 하지만 경제가 심각한 디플레이션 상태에 있다면 헬리콥터 머니는 경기침체를 극복할 가장 효율적인 정책일지도 모릅니다.

재정정책

재정정책은 경제 성장 속도를 조절하기 위해 세제를 개편하고, 정부 지출 수준을 조정합니다. 이론적으로 재정정책은 경기침체와 높은 실업을 극복하는 데 유용합니다. 하지만 비평가들은 재정정책은 효과가 없으며, 높은 정부 지출에 대한 핑계라고 비판합니다.

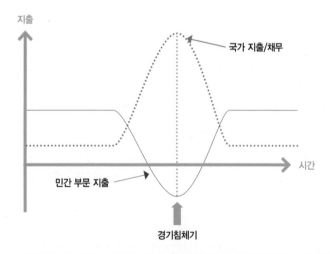

▶ 경기침체기에는 소비자가 저축을 늘리기 때문에 민간 부문에서의 지출이 감소한다. 그러므로 정부는 증가한 민간 부문의 저축에서 자금을 빌려 채무를 늘리는 방법으로 대응할 수 있다.

경기침체기 재정정책의 효과

경기침체기에는 저축률이 빠르게 증가하고, 민간 부문의 소비와 투자가 상대적으로 감소해 네거티브 경제 성장에 이르게 됩니다. 실업 문제를 해결하기 위한 전통적인 대응 방안은 임금을 줄여 기업들이 노동 비용을 감당할 수 있게 하는 것입니다. 하지만 임금이 줄어들면 노동자들의 소득도 줄어들어 수요는 더욱 하락하게 됩니다.

존 메이너드 케인스는 대규모 실업이 발생한 기간에는 저축이 사용되기까지 매우 오랜 시간이 걸린다고 주장했습니다. 이러한 저축은 유휴자원입니다. 케인스는 정부가 민간 부문에서 유휴자금을 빌려와 경제에 투여함으로써 경제 회복 속도를 높일 수 있다고 주장했습니다.

정부 지출은 일자리를 창출하고, 전반적인 소비를 늘려 긍정적인 승수 효과를 일으키며, 경제 회복을 도울 수 있습니다. 또한 경기침체기에는 저축률이 증가하기 때문에 정부는 손쉽게 돈을 빌릴 수 있습니다. 달리 말해, 국가채무의 증가는 민간 부문의 채무 감소를 반영합니다.

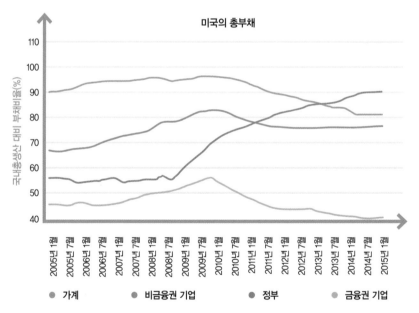

▶ 2008년부터 국가채무는 증가했고, 금융권과 가계 부채는 감소했다.

경제호황기에도 재정정책을 펼쳐야 할까?

경제가 성장하고 실업률이 낮을 때 정부는 적자예산을 줄이거나 흑자
예산을 유지하기도 합니다. 만약 인플레이션이 감당할 수 없는 수준에
이르면 높은 세금을 부과해 과잉 지출을 줄이고 흑자예산으로 돌아설
수도 있습니다. 케인스주의의 재정정책은 큰 정부에 관한 것은 물론,
경기침체기에 돈을 빌려 경제를 개선할 의지가 있느냐에 대한 것입니
다. 대공황은 이 새로운 경제 이론을 증명할 설득력 있는 케이스 스터
디였습니다. 시장은 자정능력이 없는 듯했고, 많은 서구 경제권에서
수년 동안 경기침체와 대량 실업이 지속되었습니다.

케인스 경제학의 부활

케인스주의가 내세운 수요 관리는 1970~1980년대에는 스태그플레이
션 때문에 인기가 없었습니다. 하지만 2008~2009년 심각한 경기침체
기에는 관심을 끌었습니다. 미국과 영국, 일본의 국가채무 수준은 높
았지만 이자율은 매우 낮았고, 통화정책은 심각한 경기침체를 해결하
는 데 효과가 없는 듯했습니다. 이에 많은 경제학자가 통화정책의 효
과를 보기 위해서는 확장재정정책 또한 필요하다고 주장했습니다.

케인스는 창의적인 아이디어로 정통 경제학에 도전했습니다. 대공황
시절 이와 관련한 일화가 있습니다. 케인스는 식당에서 몇몇 웨이터가
일이 없어 빈둥거리는 모습을 보고 바닥에 냅킨을 던진 뒤 그들에게
줍게 했습니다. 케인스는 자신이 웨이터들의 일자리를 지켜준 것이라
고 주장했습니다. 그리고 이것이 대공황의 가장 중요한 목적이라고 덧
붙였습니다. 한때 케인스는 정부가 실업자들에게 땅에 구멍을 파고 다
시 메우는 일이라도 하게 해야 한다고 주장했습니다. 케인스의 발언에
인터뷰 진행자는 이렇게 말했습니다.

▶ 20세기를 통틀어 가장 영향력 있는
경제학자인 존 메이너드 케인스는 새
로운 수요 관리 이론으로 경제학계에
큰 변화를 가져왔다.

"하지만 사람들을 고용해서 병원을 짓는 게 더 낫지 않을까요?"

이에 케인스는 "병원을 짓는다니 훌륭하군요! 여기서 중요한 것은 유휴자원을 없애는 것입니다. 실업자를 고용해서 무엇이든 할 수 있다면 구멍을 파든 병원을 짓든 상관없습니다"라고 답했습니다. 케인스는 사람들이 무엇이든 제안하여 경제를 부양하기를 원했습니다. 그에게 가장 중요한 문제는 추가 수요를 제공하는 것이었습니다.

재정정책에 대한 비판

확대재정정책은 수십억 달러의 적절한 투자처를 찾기 어렵기 때문에 비효율적인 정부 지출로 이어지기도 합니다. 어떤 이들은 케인스주의가 항상 큰 정부로 귀결된다고 주장합니다. 공공 부문의 지출을 늘리기는 쉽지만 한 번 시작된 지출을 멈추기는 쉽지 않기 때문입니다.

재정정책은 과거의 경제 데이터를 보고 길을 찾아야 하고, 총수요에 영향을 미치기까지 몇 년의 지연이 뒤따를 수도 있습니다. 재정정책이 효과를 보이기까지는 시간이 걸리고, 훗날 경제에 어떤 일이 일어날지 알 수 없기 때문에 경제를 정교하게 조율하기는 어렵습니다.

어떤 이들은 재정정책이 뿌연 뒷유리로만 밖을 내다볼 수 있는 자동차를 운전하는 것 같다고 말합니다. 게다가 운전대를 돌리면 자동차는 방향을 바꾸고 속도는 느려집니다. 정책의 방향도 마찬가지 입니다.

77 구축효과

구축효과는 국가채무가 증가할 때 공공 부문의 지출은 늘어나는 반면, 민간 부문의 지출은 줄어드는 현상을 말합니다. 즉 높은 국가채무가 전반적인 수요를 늘리지 않는다는 뜻입니다.

재정정책의 효과가 생각보다 낮은 이유

한 투자자가 기업채(민간 부문에 대출)를 구매할지, 국채(정부에 대출)를 구매할지 선택의 기로에 놓였다고 가정합시다. 만약 정부가 더 많은 자금을 빌린다면 이는 실질적으로 민간 부문에서 저축과 투자를 가져가는 셈이 됩니다. 그러므로 정부의 투자가 늘더라도 민간 부문의 지출이 그만큼 감소하여 전반적인 수요는 이전과 동일한 수준에 머물게 됩니다. 그래서 정부 지출을 비판하는 사람들은 정부 지출이 비효율적이고 낭비적이라고 주장합니다. 확장재정정책은 효율적인 민간 부문에서 비효율적인 공적 부문으로 자원을 이동하는 것일 뿐이니까요.

다음 표를 통해 알 수 있듯 국가채무가 발생한 후 정부 부문은 국내총생산의 35%에서 40%로 증가했습니다. 하지만 민간 부문은 국내총생산의 65%에서 60%로 동일한 폭의 감소를 보였습니다. 그러므로 전체 국내총생산은 변하지 않았습니다.

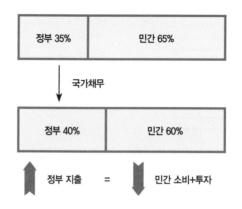

구축효과가 발생하는 이유

민간 부문의 구축효과는 국가채무 증가에 기인한 높은 이자율 때문에 발생하기도 합니다. 만약 정부가 국채 판매량을 늘려야 한다면 정부는 채권수익률을 높여 투자를 독려할 것입니다. 하지만 그로 인한 전반적인 이자율 증가는 민간 부문의 투자를 저해합니다.

구축효과, 정말 발생할까?

정상적인 경제성장기에도 구축효과가 나타나지만 심각한 경기침체기에는 일반적으로 과도하게 저축하는 현상이 나타납니다. 그리고 정부는 유휴 상태로 남아 있었을 뻔한 저축을 이용해 채무를 늘립니다.

미국의 저축률

투자자들은 경기침체기에 민간 부문에 투자하는 위험을 감수하지 않으려 합니다. 그러므로 투자자들이 국채를 구매할 때 민간 부문의 투자가 줄어드는 것이 아닙니다. 게다가 국가채무가 늘어난다고 해서 이자율이 반드시 오르는 것도 아닙니다. 2008~2016년 미국의 국채 규모는 상당히 증가했지만 같은 기간 동안 이자율은 감소했습니다. 이는 경제 내에 과잉 저축이 있었기 때문입니다. 달리 말해, 높은 국가채무와 낮은 이자율은 양립할 수 있으며, 이때 구축효과는 발생하지 않습니다.

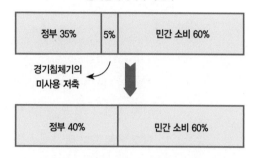

경기침체기의 구축효과

| 정부 35% | 5% | 민간 소비 60% |

경기침체기의
미사용 저축

| 정부 40% | 민간 소비 60% |

정부 지출은 증가하고 민간 소비는 변하지 않는다.

▶ 이 경우, 미사용 저축 덕분에 국가채무가 증가해도 구축효과는 발생하지 않는다.

78 긴축

긴축은 저성장기에 정부 지출을 줄이고 세금을 인상하여 국가채무를 줄이는 정책을 일컫습니다. 특히 긴축은 2010~2012년 유로화의 부채위기 이후 유로존의 국가채무를 줄이려는 노력과 관련이 있습니다.

경제위기 당시 그리스의 상황

2008년 그리스의 부채 수준은 상당히 높았습니다. 그리스 경제는 수출 경쟁력 하락과 대규모 경상수지 적자에 허덕였고, 국제적인 경기침체로 인해 부채는 더욱 늘고 성장은 둔화되었습니다. 부채위기 이전에는 그리스 국채의 수익률이 매우 낮았습니다(사람들은 유로화가 모든 유로존의 채권을 안정적으로 유지한다고 생각했습니다). 하지만 투자자들은 부채위기가 시작되자 그리스의 국가채무를 실질적으로 책임질 최종 대부자가 없다는 사실을 깨달았습니다. 채권시장은 그리스가 채무불이행 상태에 이를까 두려움에 떨었고, 공공 지출 삭감에 대한 강력한 압박이 가해졌습니다.

그리스의 긴축

이에 대응하여 그리스 정부는 긴축을 추구하고, 흑자예산을 유지하고자 했습니다. 그리스 정부는 정부 지출을 대폭 삭감하고 세금을 인상했습니다. 하지만 이러한 긴축은 소비가 줄어들고, 실업이 25%까지 증가하면서 경기침체를 심화했습니다.

긴축 재정에도 불구하고 아무것도 수요를 진작시킬 수 없었습니다. 그리스는 통화를 평가절하할 수 없었으므로 수출 경쟁력이 없었습니다. 유로존 전체의 통화정책은 유럽중앙은행(European Central Bank, ECB)*이 시행하는데, 이때 통화정책은 그리스의 개별 이익을 대변하지 않았습니다. 유럽중앙은행은 양적완화를 추구하지 않았고, 통화정책은 상대적으로 제한적이었습니다. 심각한 경기침체는 조세수입의 감소를 야기했습니다. 소득이 없는 사람들은 소득세를 내지 않았습니다. 그러므로 긴축에도 불구하고 국가채무는 꾸준히 상승했습니다. 게다가 국내총생산이 급감하여 지출 감소와 세금 인상에도 불구하고 그리스의 국내총생산 대비 부채비율은 꾸준히 상승했습니다.

그리스를 통해 배운 긴축의 위험

국내총생산 대비 부채비율이 상승하자 긴축을 향한 압력은 더욱 거세졌습니다. 그리스 부채의 대부분은 나라 밖의 유럽은행들이 보유했습니다. 그리스가 부채를 갚을 길이 없으니 파산을 허용해야 한다는 의견도 있었습니다. 하지만 유럽의 납세자들과 은행들은 '무책임한 차입에 대한 보상'이나 도덕적 해이로 간주될 수 있는 그리스의 파산을 허용하는 것이 내키지 않았습니다. 긴급 구제 방안이 합의되었으나 이는 그리스가 부채의 이자를 지불할 수 있도록 하기 위함이었습니다.

장기적으로 봤을 때 실제로 채무불이행 상태에 이르렀거나 긴축을 덜했다면 채권 보유자들이 더 나은 수익을 얻었을지도 모릅니다. 우리는 그리스의 사례를 통해 심각한 긴축은 자멸을 초래할 수도 있다는 사실을 배울 수 있습니다. 부채를 줄이기 위해서는 경제 성장을 우선시하여 조세수입을 늘리는 것이 중요합니다. 경제가 강성해지면 부채를 더

알아두세요

유럽중앙은행
유럽의 통화정책에 관한 결정을 위해 설립된 의사 결정 기구

욱 잘 상환할 수 있을 것입니다.

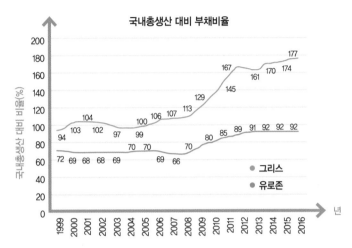

국내총생산 대비 부채비율

▶ 금융위기 이전 그리스의 부채는 국내총생산의 100% 수준이었으나 2016년에는 177%까지 올랐다. 이는 유로존의 평균 국내총생산 대비 부채비율인 92%의 두 배에 이른다.

긴축의 정치적인 성향

존 메이너드 케인스의 수요 관리는 강력한 경제적 기초를 가진 반면, 긴축은 보다 정치적입니다. 특히 긴축을 가계 재정을 관리하는 것에 비유할 때 더욱 그렇습니다. 찰스 디킨스(Charles John Huffam Dickens, 1812~1870)의 소설 《데이비드 코퍼필드》에 등장하는 미코버는 이렇게 말했습니다.

"연소득이 20파운드에 지출이 19파운드 19실링 6펜스면 행복한 결말에 이를 수 있고, 연소득이 20파운드에 지출이 20파운드 6펜스면 재앙에 이르게 된다."

이 말을 통해 사람들이 부채의 도덕성에 대해 어떻게 생각하는지 잘 알 수 있습니다. 많은 나라에서 부채는 비도덕적인 것으로 간주되고, 국가채무의 증가는 일반적으로 정치적인 부담이 됩니다. 경기침체기에는 국가채무가 미사용 저축을 사용한다는 사실을 설명하기 어렵습니다. 민간 부문에서의 저축 증가는 국가채무의 증가를 반영하기 때문에 경제 내 전반적인 부채 부담은 동일한 수준에 머뭅니다. 하지만 우리가 모기지를 받거나 기업들이 투자금을 빌리는 것은 신뢰할 수 있어도 정부가 자금을 빌리고 생산적으로 사용하는 것에는 불신이 팽배합니다.

적자예산을 줄이기 위한 방법

2008~2015년 경기침체기 동안 유로존은 적자예산을 줄이는 데 얼마나 많은 어려움이 뒤따르는지 보여주었습니다. 하지만 적자예산을 줄이는 것이 항상 경기침체를 야기하는 것은 아닙니다. 국가채무의 수준을 낮추고 높은 경제 성장을 유지하는 것도 가능합니다.

캐나다는 1990년대 중반에 높은 부채 수준을 보였고, 1991년에는 경기침체를 겪었습니다. 1995년 적자예산은 국내총생산의 6%에 이르렀고, 1995~1996년에는 순 부채가 국내총생산의 104%에 이르렀습니다. 그로 인해 캐나다는 트리플 A 신용등급을 받을 수 없었습니다.

하지만 캐나다는 적자예산을 줄이겠다는 강력한 정치적 의지를 가지고 있었습니다. 정부는 공공 지출을 줄이고 세금을 늘렸습니다. 1996년에 이르러 적자예산은 균형예산으로 돌아섰습니다. 순 부채는 1999~2000년 80%로 하락했습니다. 유로존에서의 긴축과 달리 캐나다에서의 긴축은 수십 년간의 경제 성장과 실업 감소를 배경으로 이루어졌습니다. 그렇다면 캐나다의 성공 요인은 무엇일까요?

첫째, 캐나다의 이자율은 1995년 8%에서 1997년 3%로 인하되었습니다. 그러므로 총수요마저도 줄일 수 있는 지출 감소 효과는 이자율을 인하하여 수요를 유지함으로써 상쇄될 수 있었습니다. 둘째, 캐나다는 캐나다 달러 가치 하락의 덕을 보았습니다. 1991년 캐나다 달러의 가치는 0.89 미국 달러였지만 1995년에는 0.71 미국 달러, 1998년에는 0.65 미국 달러까지 하락했습니다. 이러한 캐나다 달러의 가치 하락은 미국 경제의 호황과 북미자유무역협정 협약 내용의 도움을 받아 캐나다의 수출을 진작했습니다.

금융 완화와 통화 가치 하락의 조합은 정부 지출 감소가 경제에 미치는 충격을 완화했습니다. 캐나다의 사례는 정부가 경기침체나 높은 실업을 야기하지 않고도 적자예산과 공공 지출을 줄일 수 있음을 보여줍니다. 경제의 한 부분(정부)에서 수요가 줄어들 때 다른 부분(민간 부문)에서 통화정책과 수출을 통해 수요를 늘리면 큰 도움이 됩니다.

유로존은 단일 화폐 구조로 인해 거시경제정책이 제한적이라는 문제점을 안고 있습니다. 그리스는 캐나다와 달리 통화 가치를 떨어뜨릴 수 없었습니다. 또한 독자적으로 확장적인 통화정책을 펼칠 수도 없었습니다.

▶ 정부 지출 감소는 수요 감소를 야기하지만 낮은 이자율과 낮은 수출 가격으로 총수요를 유지하면 균형을 이룰 수 있다.

79 독립적인 중앙은행

누가 경제를 운영해야 할까요? 경제 지식이 부족한 정치인일까요, 비선출 기관인 중앙은행일까요? 최근 대부분의 국가가 독립적인 중앙은행에 통화정책을 위임했습니다. 이는 비선출직 전문가들이 경제와 관련된 중요한 결정을 내린다는 의미입니다.

독립적인 중앙은행이 필요한 이유

정치인들이 통화정책을 시행하면 경기 변동이 정치적으로 이용되기도 합니다. 예를 들어 정치인들은 선거 전해에 이자율을 낮추려는 유혹에 빠질 수도 있습니다. 이자율이 낮아지면 사람들은 지출을 늘리고, 경제는 성장하고, 실업은 감소합니다. 그러면 여당이 선거에서 이길 가능성이 커집니다.

하지만 선거가 끝나고 나면 이자율 감소는 과도한 인플레이션을 야기합니다. 정부는 인플레이션을 막기 위해 이자율을 다시 높여야 하고, 이는 결국 붐 앤 버스트 주기로 이어집니다. 영국도 한때 붐 앤 버스트 사이클에 시달렸고, 잉글랜드은행은 1997년에 독립적인 기관이 되었습니다.

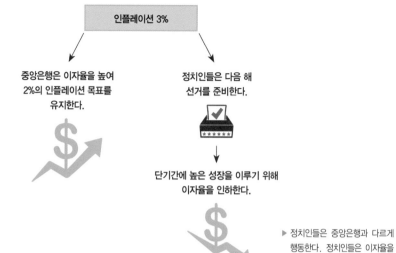

중앙은행은 이자율을 높여 2%의 인플레이션 목표를 유지한다.

정치인들은 다음 해 선거를 준비한다.

단기간에 높은 성장을 이루기 위해 이자율을 인하한다.

▶ 정치인들은 중앙은행과 다르게 행동한다. 정치인들은 이자율을 낮춰 인기를 얻고자 할 수 있다.

중앙은행이 정치에서 자유로울 때 일어나는 일

이론적으로 독립적인 중앙은행은 선거 전에 이자율을 인하하라는 정치적 압박을 받지 않습니다. 만약 중앙은행이 인플레이션을 조정하고자 한다면 이자율을 높게 유지할 것입니다. 정치적으로 인기를 얻을 수는 없겠지만요.

1913년 미국 연방준비제도는 미국의 통화정책을 세울 수 있는 독립성을 부여받았습니다. 비선출 권력을 반대하는 사람들은 실제로 의회가 연방준비제도를 감독하고 감시함에도 불구하고 이를 비판했습니다. 경제 상황이 상대적으로 좋았던 1990년대와 2000년대 초에는 독립적인 중앙은행이 일을 잘하고 있다는 의견이 대다수였습니다. 1987년부터 2006년까지 연방준비제도이사회 의장을 지낸 앨런 그린스펀은 강성한 경제 덕분에 긍정적인 평가를 받았습니다.

중앙은행에 대한 비판

하지만 2007년 금융위기 이후 중앙은행에 대한 비판의 목소리가 높아졌습니다. 미국 연방준비제도는 2008년까지 수년 동안 주택과 신용 거품을 허용한 것에 대해 비판을 받았습니다. 연방준비제도를 변호하자면, 연방준비제도가 이자율로 할 수 있는 일에는 한계가 있었습니다. 신용경색의 원인은 낮은 이자율보다 훨씬 광범위한 문제였습니다. 최근 몇 년 동안 '금융 완화 조치'를 꺼리는 이들은 연방준비제도의 대차대조표 확장정책(본원통화 증대)에 의문을 제기했습니다. 연방준비제도는 대통령의 성패를 좌우하기 때문에 독립성을 가졌음에도 불구하고 정치적으로 완전히 자유로울 수 없었습니다. 연방준비제도이사회 의장이 대통령보다 더 큰 경제 권력을 가지고 있다 해도 과언이 아닙니다.

이와 반대로 유럽중앙은행은 경기침체기에 경제 회복이나 실업 감소와 같은 중요한 경제 목표보다 인플레이션을 낮추는 데 너무 몰입했다고 비판받았습니다. 하지만 독립적인 중앙은행에 대한 비판에도 불구하고 가까운 미래에 정치인들이 통화정책을 운영할 가능성은 적습니다. 물론 중앙은행도 나름의 한계가 있지만 정치인들은 더 할 것입니다!

80 경제 예측

'신이 일기 예보자를 돋보이게 하기 위해 경제 예측가를 창조했다'라는 유명한 농담이 있습니다. 최근 과학의 발달로 일기 예보의 정확성은 높아졌지만, 경제 예측은 여전히 바보짓 같아 보입니다. '경제 전문가들은 본인들의 책임을 제외한 모든 것을 가정한다'라는 말은 일리가 있습니다. 하지만 비록 경제 예측이 까다로운 일일지라도 미래 경제 추세를 위해 꾸준히 경제를 예측할 필요가 있습니다.

경제 예측이 어려운 이유

수많은 변수

높은 이자율이 소비자 행동과 기업 투자에 미치는 영향에 대한 모델을 구상해볼 수는 있습니다. 하지만 독자적으로 일어나는 일은 아무것도 없습니다. 높은 이자율 외에도 많은 요소가 소비자 행동에 영향을 미칩니다.

불완전한 데이터

정부는 실질국내총생산과 같은 수요 통계 데이터를 내놓습니다. 하지만 이러한 데이터는 종종 불완전한 통계에 기초합니다. 예를 들어 기업들이 감독기관에 소득과 생산량 자료를 보내는 데에는 시간이 걸리고, 실질국내총생산과 관련된 초기 자료들은 이후에 종종 수정되기도 합니다. 경제 현안을 모른다면 미래에 어떤 일이 일어날지 예측하기 어렵습니다. 예를 들어 영국 경제는 2008년 8월 경기침체기에 들어섰습니다. 하지만 공식 통계는 2009년까지 이를 반영하지 않았습니다.

확증편향

확증편향이란 자신의 가치관, 신념, 판단 따위와 부합하는 정보에만 주목하고, 그 외의 정보는 무시하는 사고방식을 말합니다. 경제 예측가도 다른 사람들처럼 확증편향을 가지고 있는 경우가 많습니다. 만약 여러분이 화폐 발행에 반대한다면 중앙은행이 화폐 공급을 늘릴 때 인플레이션을 예상할 것입니다. 수년 동안 미국의 인플레이션을 예상한 사람이 많았지만 현재까지 인플레이션은 발생하지 않았습니다. 그럼에도 이러한 예측은 계속되고 있습니다. 언젠가 미국에 인플레이션이 또 재발할지도 모르죠. 하지만 이런 말이 있습니다.

'멈춘 시계도 하루에 두 번은 시간을 맞춘다.'

많은 경제학자가 세계 경제위기를 예측하지 못한 이유

2000년부터 2007년까지 일반적으로 국제적인 인플레이션율은 낮았고, 국제 경제는 성장했습니다. 마치 우리가 과거의 붐 앤 버스트 주기를 징복하고, 서인플레이션 성장과 공공 부문 부채 감소라는 궁극적 목표를 달성한 것 같았습니다. 많은 사람이 이 시기를 '대안정기'라 칭했습니다. 하지만 겉으로 보이는 것이 다가 아니었습니다.

대부분의 경제학자는 금융 부문의 영향력과 부실 대출의 가능성을 무시했습니다. 전례 없는 규모의 모기지 파산 덕분에 신용경색을 예상하기는 어려웠습니다. 경제 시스템 내에 부실채권이 얼마나 있는지도 알아차리기 쉽지 않았습니다. 경제학자들은 인플레이션, 경제 성장, 화폐같은 주요 경제 통계에 집중하는 경향이 있습니다. 은행 부문 내 부실채권의 수는 경제학자들의 주의를 끄는 주요 통계에 포함되지 않았기 때문에 명확하지 않았습니다. 물론 은행도 자신들이 보유한 서브프라임모기지 규모에 대한 회계 기록을 발표하는 것을 탐탁지 않아 했습니다. 과대평가된 주택 가격과 같은 위험 신호도 있었습니다. 하지만 연방준비제도이사회 의장인 앨런 그린스펀마저도 크게 염려하지 않았고, 그의 업적에 감화된 사람들은 기꺼이 그의 관점을 따랐습니다.

그럼 경제 예측은 쓸모없을까?

많은 사람이 경제 예측이 쓸모없다고 생각합니다. 하지만 경제 예측은 여전히 필요합니다. 만약 여러분이 단순히 5년 내 경제 성장과 인플레이션을 예측한다면 이는 대부분 어림짐작일 것입니다. 하지만 구조적인 경제 변화의 효과를 모델로 구상하는 것은 효과적입니다.

예를 들어 영국이 브렉시트로 인해 유럽 단일 시장을 떠나 3% 높은 관세를 내야 한다면 관세 인상이 수출과 경제 성장에 미치는 영향에 대한 합리적인 예측이 가능합니다. 하지만 소비자 행동은 모델로 구상하기 어려우므로 브렉시트가 소비자 신뢰도에 미치는 영향을 정확히 예측하기는 어렵습니다.

이와 유사하게 만약 어느 나라의 석유 의존도가 높다면 석유 가격 인하가 경제에 미치는 영향에 대해 유용한 예측을 할 수 있습니다. 어느 나라가 석유 수출에 의존하는 가운데 석유 가격이 50% 하락한다면 경제에 미치는 영향은 명백합니다. 그러므로 석유 의존도가 높은 나라는 미래를 위해 석유 판매로 얻은 자금을 저축하고, 경제를 다각화해야 한다는 결론을 도출할 수 있습니다.

81 행복경제학

행복경제학은 낮은 인플레이션율과 높은 국내총생산 같은 전통적인 경제 목표보다는 웰빙과 만족감, 일반적인 행복의 최대화를 우선시합니다. 일반적으로 전통적인 경제학은 부와 소득 및 수익 증대를 경제 목표로 삼습니다. 하지만 많은 사람이 이로 인해 사회적 불만족과 문제점이 야기된다고 주장합니다.

행복은 돈으로 살 수 없다

인플레이션을 감안한 미국의 2016년 실질국내총생산은 16조 7,320억 달러였고, 1947년 국내총생산은 1조 9,320억 달러였습니다. 제2차 세계대전 이후 미국의 국내총생산은 여덟 배 이상 증가했습니다. 그렇다면 미국 시민들은 지금 더 행복할까요?

이스털린의 역설(Easterlin's Paradox)에 의하면 행복에 관한 데이터는 소득이 증가해도 크게 변하지 않습니다. 이때 문제는 경제 성장과 실질 생산량 증가가 교통 체증, 환경오염, 범죄율, 스트레스 등 많은 문제점도 함께 늘린다는 것입니다. 최근 중국의 경제 성장이 좋은 예입니다. 중국은 연평균 10%에 가까운 경제성장률을 보였지만 환경오염과 교통 체증 등의 문제가 발생했고, 더 많은 부를 축적하는 과정에서 스트레스가 증가하는 문제를 겪었습니다.

▪ 교통 체증 증가
▪ 환경오염 증가
▪ 범죄율 증가
▪ 스트레스 증가

▪ 교육비와 의료비로 사용할
　더 많은 자금
▪ 높은 임금
▪ 더 많은 투자

▶ 1957~2005년 미국의 평균 소득은 세 배 가까이 증가했다. 하지만 자체적으로 평가한 행복지수는 변하지 않았다. 즉 소득 증가가 '나는 매우 행복하다'라고 말하는 사람의 수 증가로 이어지지 않았다.

부의 한계효용 감소

1인당 국내총생산이 낮을 때에는 경제 성장이 만족도를 높이는 데 중대한 영향을 미칩니다. 가난을 극복하면 사람들의 삶의 질은 급격하게 향상됩니다. 국내총생산이 높아지면 충분한 음식과 집을 가질 수 있고, 교육 수준도 향상되죠. 그러므로 국내총생산과 행복이 아예 관련이 없다고 말할 수는 없습니다.

그러나 어느 순간 부의 한계효용은 감소합니다. 미국의 실질소득 증가로 사람들은 자동차를 한 대 더 가지게 되었지만, 자동차 한 대를 더 가지는 데서 오는 만족감은 매우 적었습니다. 이론적으로 사람들은 소득이 증가하면 더 많은 소비와 취미 활동을 하고, 스트레스를 줄였어야 합니다. 하지만 실제는 이론과 달랐습니다. 최근 수십 년 동안 경제가 성장하며 업무 시간과 업무 관련 스트레스는 오히려 증가했습니다.

행복경제학은 이런 상황에서 의사결정의 우선순위를 매기는 데 일조할 수 있습니다. 행복의 최대화를 추구하는 사회에서는 국내총생산 감소라는 상쇄효과를 받아들이면서 평균 근무 시간을 줄이고, 자기 자신을 위한 시간을 늘리는 결정을 내릴 수 있습니다.

행복은 매우 주관적이기 때문에 측정하는 것이 어렵다. 여가 시간이 늘어나는 것을 반기지 않고 주당 45시간 일하던 시절을 그리워하는 사람들도 존재한다. 정부가 설문조사를 통해 평균수명과 환경의 질 등을 측정할 수는 있지만, 이 또한 정확한 과학적 수치가 아니다. 행복은 정치적 자유와 민족적 주체성, 관계의 질과 같은 여러 가지 요소를 포괄한 기능이다. 이러한 요소들은 모두 전통적인 경제학의 범주에서 벗어난다. 행복경제학은 생활 수준을 쉽게 측정할 수 있는 경제 통계보다 훨씬 많은 요소에 달린 문제임을 강조했다는 점에서 중요한 기여를 했다.

여덟째
마당

금융경제학

The Cakewalk Series - Economics

82 화폐

화폐의 기능과 사용

화폐는 본질적으로 교환의 매개 수단입니다. 일단 화폐가 재화와 서비스에 대한 교환의 매개 수단으로 받아들여지면 다른 용도로도 사용될 수 있습니다. 화폐의 기능을 간략히 정리하면 다음과 같습니다.

화폐의 기능

- **교환 수단**: 사람들은 화폐를 이용해 재화를 구매한다.

- **가치의 척도**: 재화는 화폐 단위로 가격이 매겨진다.

- **부의 저축 수단**: 화폐를 저축한 뒤 필요할 때 사용할 수 있다.

- **할부 상환의 기준**: 매달 일정 금액을 상환해야 하는 모기지를 예로 들 수 있다.

원시시대에는 화폐가 필요하지 않았습니다. 사냥꾼들은 짐승을 잡아먹으며 양을 소가죽과 맞바꾸었을 것입니다. 원시 공동체는 필요한 사람에게 서로의 물건을 주었기 때문에 딱히 물물교환도 하지 않았을지도 모릅니다. '필요할 때 다른 것으로 보답받을 수 있겠지' 하는 믿음으로 말이죠.

하지만 경제가 발전하고 사람들이 다른 공동체와 무역을 하기 시작하면서 특정한 금속이나 금속으로 만든 동전이 다양한 재화에 지불하기

편리한 수단이 되었습니다. 별 특징이 없던 금속은 본질적 가치를 가진 덕분에 일종의 실물화폐가 되었습니다. 만약 여러분이 금으로 된 동전을 반으로 가른다면 두 조각은 각각 절반의 가치를 가지게 됩니다. 실제로 중세시대에는 동전을 지불할 때 옆면을 깎아내지는 않았는지 저울에 달아 확인했습니다.

화폐와 은행의 발달

경제가 발달하면서 동전 무더기를 운반하기가 어려워졌습니다. 그래서 은행과 상인들은 동전 대신 종이 화폐를 발행했습니다. 십자군 전쟁 기간에는 군자금을 대기 위해 동전을 옮기느라 물류 문제가 발생하기도 했습니다. 이때 템플 기사단이 은행 시스템을 구축했습니다. 템플 기사단이 동전 대신 발행한 보증 수표는 이들이 영향력을 가진 다른 나라에서 금으로 교환될 수 있었습니다.

시간이 지나 중앙은행은 금으로 교환될 수 있는 종이 화폐를 발행하기 시작했습니다. 하지만 사람들이 종이 화폐를 신뢰하여 화폐를 금으로 바꾸는 일은 흔치 않았습니다.

금 동전 자루   템플 기사단 (성=은행)   가벼운 종이 수표

▶ 원래 화폐는 원금과 같은 금속이어서 휴대가 어려웠다. 그로 인해 초기 은행들(템플 기사단)은 보증된 종이 수표를 개발했다.

잠깐만요! 금본위제

금본위제는 여러 형태로 존재했지만, 기본 원칙은 통화 가치가 금의 공급과 연결되어 있다는 것이다. 만약 돈을 금으로 교환할 수 있다면 인플레이션을 거치더라도 돈의 가치가 줄어들 가능성은 낮다. 화폐는 발행할 수 있지만, 금은 발행할 수 없다. 대공황 시기에는 디플레이션과 생산성 하락으로 많은 나라가 금본위제를 떠나 교환이 불가능한 명목화폐를 사용했다(231쪽 '금본위제', 277쪽 '명목화폐' 참조).

명목화폐

명목을 나타내는 '피아트(Fiat)'는 라틴어로 '그대로 이루어지다'라는 뜻입니다. 명목화폐는 정부와 중앙은행이 그들이 인쇄한 이 종이 화폐가 지불 수단으로 사용될 수 있는 법정 화폐라고 정해놓은 것을 말합니다. 명목화폐는 금과 달리 내재가치(본질적 가치)가 없기 때문에 사람들이 해당 법령에 대한 신뢰를 잃는다면, 그저 종이 조각에 불과해집니다.

명목화폐는 인플레이션을 일으킬 가능성이 있습니다. 만약 정상적인 상황에서 정부가 명목화폐 발행을 늘린다면 화폐의 공급 증가로 화폐 가치가 하락할 것입니다.

정말 명목화폐가 종이 조각이 될 수 있을까?

17세기 뉴프랑스(현재 캐나다의 일부 지역)의 관리였던 자크 드 미엘레(Jacques de Meulles)는 동전이 부족한 상황에 직면했습니다. 반란군이 언제 들이닥칠지 모르는 상황에서 그는 새로운 해결책을 고안해냈습니다. 그는 플레잉 카드를 모두 회수하여 카드에 가치를 적고 서명했습니다. 카드는 급조되었음에도 불구하고 식민지에서 교환 매체로 널리 사용되었습니다. 사람들은 여러 해 동안 카드 화폐로 급여를 받았고, 카드는 '실물' 동전을 대체하여 사용되었습니다.

하지만 카드 화폐의 말로는 해피엔딩이 아니었습니다. 영국과의 전쟁으로 인해 급속한 인플레이션이 발생하자 카드 화폐의 가치는 하락했습니다. 사람들은 금을 비축하고, 카드 화폐를 지불 수단으로 사용하려 했습니다. 1763년 프랑스 정부는 남은 카드 화폐를 채권으로 교환해주기로 했습니다. 하지만 불행히도 프랑스 정부는 파산했고, 채권은 쓸모없는 종이 조각이 되어버렸습니다.

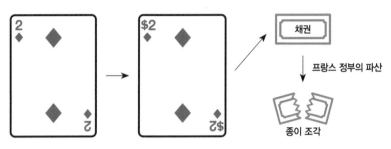

▶ 플레잉 카드의 '2개의 다이아몬드 카드'는 정부 법령에 의해 2달러 지폐가 되었다.

잠깐만요! **감옥에서 담배가 화폐의 기능을 하는 이유**

감옥에서는 다음과 같은 이유로 담배 등의 재화가 비공식적인 화폐가 되기도 한다.

- 담배 공급이 제한되어 있기 때문에 인플레이션 가능성이 낮다.
- 흡연자들에게 담배는 내재가치가 있는 재화다. 흡연자가 대다수일 때 널리 받아들여진다.
- 저축이 가능하며, 저축 중에 가치를 잃지 않는다.

84 비트코인: 디지털 화폐

우리는 정부에 의해 정해진 명목화폐에 익숙합니다. 만약 여러분이 자신의 계좌에서 다른 사람의 계좌로 송금을 한다면 은행이 중개자 역할을 하여 전자적으로 송금이 이루어집니다. 중앙은행과 같은 통화 감독 기관은 이러한 은행 시스템을 관리 감독합니다. 하지만 담배 등의 재화가 새로운 형태의 화폐가 되는 것을 막을 재간은 없습니다. 이때에는 중개자가 필요하지 않기 때문이죠.

비트코인이 암호화폐라고 불리는 이유

디지털 화폐의 원리도 같습니다. 이는 유저들이 만들어낸 화폐로, 중앙기관의 관리 감독을 받지 않습니다. 비트코인 시스템은 2140년까지 천천히 방출할 계획으로 2,100만 개의 비트코인을 만들어냈습니다. 이는 비트코인의 양이 정해져 있다는 의미입니다. 비트코인은 현금으로 구매하거나 서비스를 제공하고 반대급부로 얻을 수 있습니다. 또한 복잡한 수학 방정식을 풀어 '채굴'할 수도 있습니다.

비트코인이 화폐로 사용될 수 있을까?

비트코인은 비트코인 시스템에 신뢰를 가진 다른 유저의 서비스나 재화에 지불 수단으로 사용할 수 있습니다. 비트코인 거래는 공개된 시스템에 등록되어 있습니다. 그래서 비트코인으로 서비스에 대한 대가를 지불하면 구매자의 계좌에서 비트코인이 빠져나가 판매자의 계좌로 옮겨갑니다. 이러한 거래는 공적인 장부에 기록되어 모든 유저가 입출금 내역을 조회할 수 있습니다.

비트코인 거래는 제3의 중개자 없이 개인 대 개인 사이에서 발생하며, 매 거래가 비집중형 유저 네트워크를 통해 관리된다는 점에서 쌍방향(Peer-to-peer, P2P) 시스템이라 일컬어지기도 합니다. 어떤 사람들은 비트코인을 사용하는 것이 이메일로 금을 전송하는 것만큼 신뢰도가 높다고 주장합니다. 또 어떤 사람들은 비트코인이 장기적인 생존이 보장되지 않은 매우 불안한 시스템이라고 주장합니다.

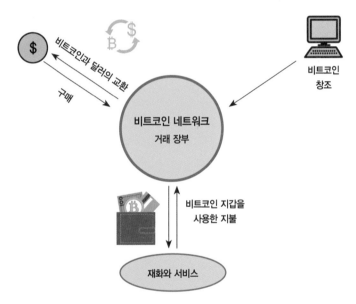

▶ 비트코인 네트워크에서는 비트코인 창조, 재화와 서비스 거래에 사용, 다른 화폐로의 교환이라는 세 가지 활동이 일어난다.

85 채권시장

채권시장은 채권을 사고파는 금융시장으로, 가장 중요한 채권시장은 국가채무를 매매하는 시장입니다. 채권시장의 반응이 경제정책에 미치는 파급력은 엄청납니다. 1993년 빌 클린턴(Bill Clinton, 1946년~) 전 미국 대통령의 고문이었던 제임스 카빌(James Carville, 1944~)은 이렇게 말했습니다.

"나는 환생한다면 대통령이나 교황이 되고 싶다고 생각했었다. 하지만 이제는 채권시장으로 환생하고 싶다. 그러면 모두를 위협할 수 있다."

채권시장은 어떻게 작동할까?

만약 정부 지출이 조세수입보다 많다면 정부는 부족분을 충당해야 합니다. 이때 정부는 자금을 모으기 위해 민간 부문(개인이나 연기금 등)이 구매할 수 있는 미국 재무성 채권과 같은 국채를 판매합니다. 한 투자자가 액면가 1,000달러에 연 이자 5%를 제공하는 국채(정부는 채권 만기가 되는 10년 후에 원금 1,000달러를 상환할 것입니다)를 구매한다고 가정해봅시다. 정부는 국채를 팔아 자금을 조달하고, 투자자는 명목이자율* 이 보장된 안전한 투자를 한 셈입니다.

채권 가격과 채권수익률

채권은 정부로부터 직접 구매할 수 있습니다. 하지만 초기 구매자가 다른 이들에게 채권을 되팔 수 있는 유통시장도 있습니다. 만기까지 10년을 기다리지 않고 액면가인 1,000달러를 되돌려 받고 싶어질 수도 있죠. 이때 채권의 실질이자율*은 바뀔 수 있습니다.

우리가 액면가 1,000달러에 연 이자 5%를 제공하는 채권을 구매했다고 가정해봅시다. 그러면 정부는 매년 50달러의 이자를 지급할 것입니다. 하지만 채권의 인기가 올라가면 더 많은 투자자가 채권을 사고자 할 것이고, 채권 가격이 상승하게 됩니다. 결국 채권 가격이 1,200달러로 올랐다고 합시다. 정부는 여전히 매년 50달러의 이자를 지급하므로 실질이자율은 4.17%가 됩니다. 수요가 증가해 채권 가격이 오르면 채권수익률은 하락합니다.

알아두세요

실질이자율
인플레이션을 감안한 이자율

채권의 가치			
채권 가격	연 이자지급액	실질수익률	
1,000달러(이자 5%)	50달러	5%	2000년
1,200달러	50달러	4.1%	2001년
800달러	50달러	6.2%	2002년

채권 수요 증가 ↓
채권 수요 감소 ↓

역전관계

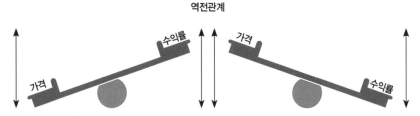

▶ 액면가가 1,000달러인 채권의 연 이자지급액은 50달러(5%)다. 만약 채권 가격이 1,200달러로 오른다면 실질수익률은 4.1%로 떨어지고, 채권 가격이 800달러로 떨어진다면 실질수익률은 6.2%로 오른다. 채권 가격이 떨어지면 실질수익률은 커지고, 채권 가격이 오르면 실질수익률은 떨어진다.

사람들이 채권을 되팔기 시작하면 어떻게 될까?

투자자들이 향후 정부의 유동성을 염려한다고 가정합시다. 적자예산이 매우 높은 경우가 될 수 있겠죠. 이에 투자자들은 채권시장에서 채권을 되팔기 시작합니다. 공급이 증가하니 채권 가격은 하락합니다. 만약 액면가 1,000달러, 표면이자율* 5%의 채권 가치가 500달러가 된다면 실질이자율은 10%(50달러/500달러)가 됩니다. 이렇듯 채권 가격의 하락은 채권수익률 증가로 이어집니다. 이는 국채의 위험이 증가하면 투자자들이 보상으로 보다 높은 이자율을 요구할 것이라는 의미이기도 합니다.

알아두세요

표면이자율
채권의 액면가에 대한 연간 이자 지급액의 비율로 나타낸 채권의 수익률

채권수익률을 결정하는 요인

채무불이행 가능성

만약 투자자들이 정부가 채무를 불이행할 가능성이 있다고 생각한다면 그들은 투자 원금 전부나 일부를 잃을까 염려할 것입니다. 투자자들은 두려움에 채권을 팔 것이고, 그로 인해 채권수익률은 오를 것입니다. 아르헨티나, 러시아, 그리스 같은 나라에서는 일종의 국가 파산 때문에 채권수익률이 가파르게 상승했습니다. 미국과 영국처럼 채무불이행의 역사가 없는 나라들은 일반적으로 낮은 채권수익률로부터 혜택을 봅니다.

인플레이션

채권의 이자율이 5%이고 인플레이션율이 2%라면, 투자자들은 3%의 실질이자율(꽤 좋은 수익률입니다)을 받게 됩니다. 하지만 인플레이션율이 10%로 오르면 이는 채권 투자자들에게 나쁜 소식입니다. 인플레이

선율이 10%라면 5%의 이자율이 화폐 가치의 하락을 만회하기에 충분하지 않기 때문입니다. 투자자들은 인플레이션율이 10%일 때 5%의 이자를 지급하는 채권을 보유하려 하지 않습니다. 그러므로 투자자들은 채권을 팔 것이고, 따라서 채권 가격은 하락하고 채권수익률은 증가합니다. 인플레이션은 사실상 선택적 파산으로 간주될 수도 있습니다. 정부는 인플레이션을 허용해 보다 쉽게 채무를 이행할 수 있습니다. 하지만 그로 인해 투자자들의 신뢰를 잃을 것이고, 훗날에도 채권 구매를 망설이게 될 것입니다.

경제 성장

투자자들은 어디에 자금을 투자할지 선택할 수 있습니다. 만약 그들이 낙관적으로 경제를 전망한다면 주식시장에 투자하거나 기업채를 구매할 것입니다. 주식과 기업채는 보다 위험한 투자처이지만 국채보다 높은 수익을 안겨줄 수 있습니다. 경기침체기에는 기업들이 손실을 낼 확률이 커지므로 투자자들은 국채의 안정성을 선호합니다. 따라서 경기침체기에 국채는 수요가 증가하고 이자율이 하락할 것입니다.

이자율

만약 중앙은행이 이자율을 인상하면 은행 저축이 보다 매력적인 투자처가 됩니다. 간단한 저축으로 높은 수익률을 얻을 수 있다면 국채를 구매할 필요가 없습니다. 그러므로 채권수익률은 시장이자율과 밀접한 관계가 있습니다. 2016년에 채권수익률이 매우 낮았던 이유 중 하나는 시장이자율이 매우 낮았기 때문입니다.

세계의 채권수익률은 왜 자꾸 떨어질까?

지난 10여 년 동안 국제 채권수익률은 다음과 같은 이유로 하락세에 있었습니다.

채권수익률이 떨어진 이유

- 국제적인 인플레이션율 하락

- 낮은 경제성장률

- **전 세계적인 과잉 저축**: 사람들의 저축자금은 많았지만 좋은 투자처가 부족했다. 그로 인해 사람들은 이자율이 낮음에도 불구하고 국채를 구매하고자 했다.

- 안전자산에 대한 수요 증대

- **인구 통계**: 많은 연금 수급자가 저축으로 투자를 하면서 채권 수요가 증가했다.

- **이례적인 통화정책**: 양적완화로 인해 통화가 증가하고, 중앙은행이 국채를 구매하면서 이자율이 더욱 낮아졌다.

잠깐만요! 　**신용평가기관, 얼마나 믿을 수 있을까?**

무디스(Moody's)와 스탠더드앤드푸어스(S&P) 같은 신용평가기관들은 국채와 기업채의 신용등급을 매긴다. 이들은 채무불이행의 위험이 없다고 생각하면 AAA등급을 매긴다. AAA등급은 대단히 훌륭한 것이고, 보다 저렴하게 채권을 판매하는 데 일조한다. 만약 신용평가기관이 어떤 정부의 가치를 부정적으로 전망한다면 신용등급은 BB등급이나 CCC등급으로 강등된다. 보통 BB등급이나 CCC등급은 '정크본드' 상태로 간주된다. 즉 파산의 위험이 있다는 뜻이다. 신용등급 하락은 국가채무에 대한 부정적인 징후이므로 정치적으로 큰 타격을 준다.

하지만 신용평가기관의 유용성에 대한 의문도 제기되고 있다. 신용경색 이전에 AAA등급을 받은 많은 모기지 증권이 신용경색 이후 빠르게 '정크본드'로 재분류되었다. 이는 신용평가기관이 시장보다 더 많이 아는 것은 아니라는 사실을 보여준다.

86 주식시장

주식시장의 역할과 특징

주식시장은 경제 내에서 중요한 역할을 담당하며, 대략적인 경제적 웰빙의 지표로 간주됩니다.

대부분의 대기업은 공개 기업이며, 누구든지 공개 기업의 주식을 살수 있습니다. 주식을 구매하면 배당금(기업의 수익 중 일부분)을 받을 수있고, 기업이 성공적으로 운영되어 주식 가격이 오르면 자본이득도 볼수 있습니다. 물론 반대의 결과도 얻을 수 있습니다. 만약 기업이 파산하면 투자자는 모든 것을 잃게 됩니다. 주식은 은행에 저축하는 것보다 위험한 투자이지만, 저축보다 높은 수익을 얻을 수 있습니다.

기업이 주식회사가 되는 이유

기업은 주식을 판매하여 효과적으로 투자금을 모을 수 있습니다. 기업은 은행 대출과 달리 투자자들에게 고정된 이자율을 그대로 지급하지 않아도 되고, 기업이 더 많은 수익을 낼 때까지 배당금 지급을 미룰 수도 있습니다. 예를 들어 기업은 유로터널과 같은 장기 투자 프로젝트를 진행할 때 건설비 등을 충당하기 위해 어마어마한 금액을 조달해야 합니다. 많은 투자자들은 향후 수년간 배당금을 받을 수 없을지도 모른다는 사실을 알고도 주식을 구매합니다.

▶ 1986년에 설립된 유로터널은 프랑스와 영국을 잇는 터널을 건설하는 데 필요한 90억 달러의 비용을 주주들로부터 조달했다.

경제가 주식시장에 미치는 영향

다른 조건이 모두 동일한 가운데 경제가 낮은 인플레이션율과 높은 경제성장률을 보인다면, 이는 일반적으로 주식시장에 우호적으로 작용합니다. 높은 성장은 높은 수익성으로 이어지고, 기업들은 배당금 지급을 늘려 더 많은 투자자를 끌어모아 주식 가격을 올릴 수 있습니다. 경기침체기에는 수익이 감소하고, 기업들이 파산하기도 합니다. 이때 배당금과 자본 가치가 하락하기 때문에 주식의 수요가 감소합니다. 하지만 실제로 주식시장은 반직관적으로 움직이기도 합니다. 주식 가격은 경기침체기에 상승하기도 하고, 경제성장기에 하락하기도 합니다.

경기침체기에도 주가가 오르는 이유

투자자들은 항상 앞날을 내다봅니다. 경기침체기에는 경기 회복을 예상하며 주식을 구매하고, 경제안정기에는 주식을 현금화하여 자본이득을 보고자 합니다.

2007~2016년 국제경제성장률은 낮았지만 역설적으로 기업수익률은 증가했습니다. 이 기간 동안 기업들은 임금 상승을 낮게 유지해 수익률을 늘렸습니다. 그로 인해 주가는 상대적으로 선전했습니다. 국제경제는 매우 낮은 이자율을 유지했으며, 일부 국채는 네거티브 이자율

을 기록하기도 했습니다. 이에 투자자들은 주식시장으로 향해 배당금 형태로 보다 나은 이자율을 얻고자 했습니다. 주식 투자는 늘 위험이 따릅니다. 하지만 국채의 가치가 낮을 때는 위험을 감수할 만합니다.

주식시장의 또 다른 특징은 주가가 '시장 심리(Market sentiment)'의 영향을 받는다는 것입니다. 시장 심리는 과한 낙관론과 뿌리 깊은 하락세 사이에서 움직입니다. 예를 들어 1990년대 후반 IT 관련주의 비이성적 과열은 닷컴버블로 이어졌습니다(177쪽 '비이성적 과열' 참조).

잠깐만요!   **주식시장의 상승, 경제적 성공의 신호일까?**

버락 오바마(Barack Obama, 1961~) 미국 대통령의 재임 기간(2008~2016) 동안 주식시장은 상승했다. 하지만 주식시장을 경제적 성공의 척도로 사용할 때는 주의해야 한다. 이 기간 동안 주식시장이 상승한 이유는 어느 정도는 국제적인 과잉 저축과 양적완화, 전례 없이 낮은 이자율 때문이었다.

87 주식시장의 폭락

주가와 경기의 관계

'주식시장이 지난 다섯 번의 경기침체 중 아홉 번을 예측했다'라는 유명한 농담이 있습니다. 이 농담의 핵심은 주가가 급락하면 경기침체로 이어지기도 한다는 것입니다. 하지만 주가가 20%나 하락하고도 경기가 침체되지 않고, 오히려 경제 성장이 지속되기도 했습니다. 주가 하락은 기초 경제가 튼튼하지 않다는 신호일 수도 있지만, 항상 그렇다고 볼 수는 없습니다.

적어도 이론적으로는 주가 하락이 경제에 부정적인 영향을 미칩니다. 주가 하락은 부의 감소를 가져오고, 미약하나마 소비를 줄입니다. 주식 투자자들은 일반적으로 다른 형태의 저축과 소득을 가지고 있습니다. 주가가 지속적으로 하락하면 투자신탁과 연기금의 가치가 하락해 은퇴자들의 연금수령액이 줄어듭니다. 직접적으로 주식에 투자하지 않은 사람들조차 연기금 투자 때문에 주가의 영향을 받게 됩니다. 게다가 주가가 폭락하면 소비자 신뢰도와 기업 신뢰도가 하락할 수도 있습니다. 기업들은 주식시장에서 자금을 조달하는 데 어려움을 겪을 것이고, 이는 투자 감소로 이어질 수 있습니다.

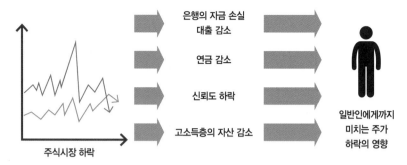

은행의 자금 손실
대출 감소

연금 감소

신뢰도 하락

고소득층의 자산 감소

주식시장 하락

일반인에게까지
미치는 주가
하락의 영향

▶ 주가 하락은 경제는 물론, 주식을 보유하지 않은 사람들에게도 영향을 미친다.

1987년에 일어난 주가 폭락

1987년 10월의 '검은 월요일'은 주식시장이 경제에 영향을 미치지 않은 좋은 예입니다. 전 세계의 주가는 일주일 새 20%나 하락했습니다. 현재까지도 사람들은 그 당시 주가 급락의 원인을 놓고 다투고 있으며, 일부는 애매모호한 '기술적 요인'이 원인이라고 주장합니다. 주가 폭락은 분명 많은 우려를 낳았습니다. 어떤 이들은 1929년 월스트리트 대폭락과 대공황이 재발되지 않을지 우려했습니다.

정책 입안자들은 심각하게 대처했고, 이자율은 하향 조정되었습니다. 하지만 결과적으로 경기침체는 발생하지 않았고, 주가는 회복되었습니다. 이는 일시적인 주가 하락이 직접적인 소비에 미치는 영향은 매우 제한적일 수 있다는 것을 보여주었습니다. 사람들은 주가 실적에 의지해 일상적인 소비생활을 영위하지 않습니다. 이는 주식시장이 시장 심리의 변화로 움직일 수도 있음을 보여줍니다. 그리고 시장 심리가 시장의 근본 요인과 반드시 연관된 것은 아닙니다.

월스트리트 대폭락

1929년 월스트리트 대폭락은 대공황의 선구자 역할을 한 것으로 유명합니다. 소위 '광란의 20년대'에는 경제 신뢰도가 증가했습니다. 생활 수준이 급격하게 향상되어 일반 노동자들이 처음으로 자동차를 살 형편이 되었습니다. 이러한 경제 성장은 어느 정도는 기술과 업무 관행의 실질적인 개선 덕분이었습니다. 하지만 경제 성장과 통화완화정책(당시 미국의 이자율은 낮았습니다)은 금융시장의 비이성적 과열에 불을 붙였습니다. 사람들은 주식 투자가 돈을 벌 수 있는 확실한 방법이라고 믿었습니다. 1920년대에 주가는 지속적으로 상승했고, 많은 투자자가 주식시장에 뛰어들었습니다.

투자자들은 마진 거래를 통해 주식을 사기 시작했습니다. 쉽게 말해, 투자자들이 돈을 빌려 감당할 수 있는 것보다 많은 주식을 산 것입니다. 그리고 가격이 오르기를 기다렸습니다. 빚을 내서 주식을 구매하면 가격이 올랐을 때 더 큰 자본이득을 보게 됩니다. 1929년에는 무수히 많은 '서류상의 백만장자(마진 거래를 통해 구매한 주식의 가격이 오른 사람들)'가 존재했습니다.

벌어지는 기업의 성과와 주가의 차이

하지만 주식 가격은 경제 성장 그리고 기업의 실질 수익과 동떨어지기 시작했습니다. 1920년대 후반에 이르러 미국의 농업 부문이 침체되기 시작했고, 수익은 주가보다 훨씬 낮은 수준으로 증가했습니다. 기업들이 계속해서 예상보다 낮은 수익을 기록하자 투자자들은 주식을 팔아 현금화하려 했습니다. 이에 시장 심리가 급격하게 변했습니다. 이전에는 지속적인 주가 상승을 내다보았지만 이제는 모두가 주식을 팔려고 했습니다. 주가는 폭락했고, 더 많은 투자자가 패닉에 빠져 주식을 팔기 시작했습니다.

주식의 가치가 구매 가격보다 낮아지자 돈을 빌려 주식을 산 투자자들은 막대한 손실을 입었습니다. 대부자에게 돈을 갚을 수 없게 된 투자자는 파산했습니다. 은행들도 돈을 잃기 시작해 대출 상환을 촉구했지만, 주가 하락으로 결국은 많은 채권을 대손상각*해야 했습니다. 1929년 월스트리트 대폭락으로 촉발된 경제 피해는 1930년대까지 이어졌습니다.

알아두세요

대손상각
특정 채권의 회수가 불가능할 때 이 채권을 회계상 손실로 처리하는 것

89
대공황

대공황은 전례 없는 국제적인 생산량 감소와 대량 실업이 발생한 시기입니다. 1929년 월스트리트 대폭락 이전에도 재즈시대(Jazz age)*의 과열된 경제를 위협하던 문제가 있었습니다. 당시 미국의 농업 부문은 이미 침체기에 들어섰고, 낮은 가격과 과잉 공급에 어려움을 겪었습니다. 1925년 영국은 환율이 과대평가된 상태로 금본위제로 회귀했고, 수출 경쟁력의 하락과 수입품의 가격 인하로 인해 디플레이션을 겪었습니다. 미국은 영국의 디플레이션에 대응하여 완화된 통화정책을 펼쳐 달러의 가치를 인하하고자 했습니다. 하지만 이러한 통화정책은 미국 내 신용 거품의 원인이 되었습니다.

알아두세요

재즈시대
제1차 세계대전 이후부터 1920년대까지 경제적 번영과 자유로움을 대변하는 시기

주가 하락이 불러온 금융 시스템의 붕괴

1929년 월스트리트 대폭락 이후 주가 하락으로 인한 개인 파산과 부실채권의 증가는 은행의 자금 부족으로 이어졌습니다. 이때의 금융 패닉은 사회 전반적으로 퍼져 주식을 보유하지 않은 이들에게도 영향을 미쳤습니다. 은행 손실에 대한 소식이 전해지자 예금주들이 예금을 인출하기 위해 은행으로 달려가는 이른바 뱅크런 사태가 발생했지만, 많은 사람이 우려한 대로 은행은 곧 지급 불능 상태가 되었습니다.
1930년대에 미국에는 최종 대부자가 없었습니다. 따라서 많은 지방은

행이 파산했고, 예금주들은 모아둔 돈을 잃었습니다. 이는 더욱 심각한 패닉을 유발했고, 은행권의 신뢰는 더욱 떨어졌습니다. 1930년대에만 700개가 넘는 미국 은행이 파산했습니다. 그로 인해 통화 공급과 경제활동도 급락했습니다.

은행 실패는 투자의 고갈과 대량 해고 사태를 야기했습니다. 실업이 증가하자 수요는 더욱 감소했고, 부정적인 승수효과(160쪽 '승수효과' 참조)가 나타났습니다. 실업 증가는 보호주의적 정책으로 이어졌습니다. 각국의 정부는 국내 일자리를 지키기 위해 관세를 인상했습니다. 하지만 높은 국제 관세는 무역 감소로 이어졌고, 국제적인 수출 감소는 국내 수요를 악화시켰습니다.

1930년대 초반 각국의 정부는 수요를 진작하는 데 소극적이었습니다. 당시의 정통 경제학은 균형예산의 필요성을 옹호했습니다. 각국의 정부는 세금을 인상하고 정부 지출을 줄여 균형예산을 이루고자 했지만, 이는 오히려 수요 하락을 부추겼습니다.

미국은 1930년대 중반에 이르러 프랭클린 루스벨트(Franklin D. Roosevelt, 1882~1945) 대통령의 뉴딜정책에 힘입어 어느 정도 경제 회복을 이루었습니다. 그리고 제2차 세계대전이 시작되고 나서야 국방비 지출이 충분히 증가해 실업이 감소했습니다.

▶ 프랭클린 루스벨트

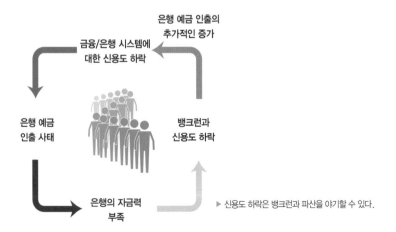

▶ 신용도 하락은 뱅크런과 파산을 야기할 수 있다.

90 주택시장

2000년대에 미국과 영국의 주택 가격은 급증했다가 폭락했습니다. 일반적으로 투기성 거품은 주식이나 상품과 관련이 있습니다. 그런데 어떻게 주택과 같은 장기 투자가 일종의 투기성 거품을 만들어냈을까요?

지난 40년 미국의 주택시장

1980년대와 1990년대에는 규제되지 않은 금융시장이 많았기 때문에 은행들은 저축은행과 투자은행 업무 모두에 더욱 매진했습니다. 또한 이 시기에는 많은 위험을 감수하여 소득을 늘리고 성장을 추구하는 문화가 널리 퍼졌습니다.

1990년대와 2000년대에 개인들은 경제 성장과 소득 증가에 힘입어 주택을 구매했습니다. 튼튼한 경제 성장과 낮은 인플레이션율은 경제적 안정감을 가져왔습니다. 은행과 금융기관들은 창의력을 발휘해 모기지의 범위를 늘려갔습니다. 이들은 대출을 늘려 수익성을 높였습니다. 이전의 은행들은 신용 기록이 좋고 모기지 지급액을 감당할 수 있는 충분한 소득을 증명한 사람에게만 엄격하게 대출을 제공했습니다. 하지만 2000년대에는 모기지 업체들이 이러한 자격 요건을 완화했습니다. 모기지 판매 직원들은 모기지 상품을 판 대가로 보너스를 받기도 했습니다. 판매 직원들은 대출자가 장기적으로 모기지를 갚을 여력

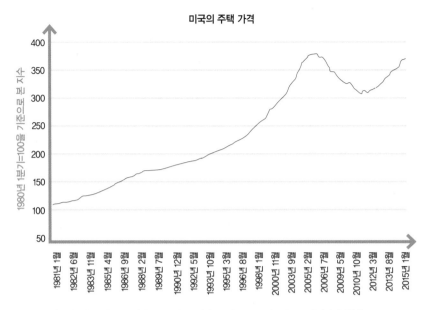

미국의 주택 가격은 1990년대와 2000년대 초반에 급증했고, 2006년부터 2012년 사이 하락했다.

이 있는지 신중하게 평가하지 않았습니다.

1990년대 후반과 2000년대의 이자율은 1980년대에 비해 낮았습니다. 2003년 연방준비위원회는 9·11 사태 이후 경제가 흔들리자 이자율을 1%로 내렸습니다. 대출 비용이 낮아지자 주택 구매가 늘었고 이자율은 2006년까지 5%로 올랐습니다.

잠깐만요! 주택시장 과열과 붕괴

과열의 징조(Boom)	거품 붕괴의 징조(Bust)
1. 모기지 자유화	1. 이자율 상승
2. 가격 상승으로 인한 대출과 구매 증가	2. 가격 하락, 주택 매도
3. 주택 건설 붐	3. 은행의 손실로 인한 대출 감소
4. '이번에는 다르다'	4. 주택 건설 붐에서 야기된 과잉 공급

2005년 주택시장의 폭락

이렇게 주택 가격이 상승하는 주기(대출과 수요를 진작하여 가격을 인상하는 주기)는 2005년에 급작스럽게 끝났습니다. 그해 연방준비위원회는 경기 과열과 인플레이션의 가능성을 염려하여 이자율을 높이기 시작했습니다. 역사적인 기준으로 볼 때 조정된 이자율은 여전히 낮았지만 소득 대비 많은 모기지를 받은 사람들은 이자율이 조금만 올라도 월 이자지급액이 큰 폭으로 증가했습니다. 대출자들이 감당할 수 없을 만큼 말입니다.

이러한 이자율 상승은 모기지의 담보 할인율 기간이 끝나고 모기지 이자율이 연방준비위원회가 인상한 이자율에서 더 오르기 시작하면서 더욱 심화되었습니다. 경제의 분위기가 바뀌면서 은행에 모기지 이자를 내지 못하는 경우가 급증했습니다. 은행은 돈을 잃기 시작했고, 그 결과 대출을 줄이기 시작했습니다.

모기지를 감당할 수 없게 된 주택 소유자들은 집을 내놓기 시작했습니다. 주택 공급이 늘자 주택 가격이 하락했고, 투기 세력들은 주택 가격이 더 하락하기 전에 자본 이익을 현금화하려 했습니다. 주택 가격이 하락하면서 주택시장 전체의 역학 구조가 바뀌었습니다. 모기지 업체들은 채무불이행 증가를 우려했고, 주택 가격이 상승하는 데에 마케팅 전략을 두었기 때문에 더 이상 대출을 하려 하지 않았습니다.

주택 가격은 2005년 말에 발생한 주택 건설 붐으로 인해 더욱 하락했습니다. 주택 건설업자들이 팔지 못한 주택은 수천 채에 이르렀습니다. 은행은 광범위한 모기지 파산 때문에 많은 주택을 압류했지만 역자산* 상태에 빠졌습니다. 수요가 폭락하고 매물로 나온 주택 수가 증가할 때 주택 가격이 하락하는 것은 놀라운 일이 아닙니다.

▌알아두세요

역자산
대출금이 집값보다 더 많은 상태

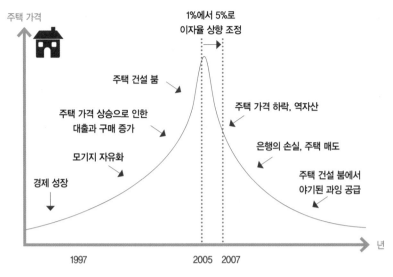

주택 가격

주택 건설 붐

1%에서 5%로
이자율 상향 조정

주택 가격 상승으로 인한
대출과 구매 증가

주택 가격 하락, 역자산

모기지 자유화

은행의 손실, 주택 매도

경제 성장

주택 건설 붐에서
야기된 과잉 공급

1997   2005 2007   년

▶ 주택시장이 과열된 시기에는 은행과 가계의 신뢰도가 상승한다. 하지만 거품이 붕괴하는 시기에는 시장 심리가 바뀐다. 은행과 가계는 돈을 잃기 시작해 매도가 증가한다.

비슷한 시기에 세계 곳곳에서 발생한 주택 가격 하락

미국 전역에서 주택 가격이 균등하게 하락한 것은 아닙니다. 주택 가격은 플로리다 주처럼 주택 가격이 많이 오르고 주택이 많이 신축되었던 지역에서 큰 폭으로 하락했습니다. 붐 앤 버스트는 세계 곳곳에서 발생했습니다. 스페인과 아일랜드에서도 비슷한 과열 끝에 주택 가격이 폭락했습니다. 영국도 2008년에 주택 가격이 하락했으나 비교적 빨리 회복되어 2016년의 주택 가격이 2007년의 최고가보다 높았습니다. 영국에서는 주택 건설 붐이 일어나지 않았기 때문으로 분석합니다. 주택 가격이 과대평가되었어도 주택은 여전히 부족했습니다.

예상하지 못했던 주택시장 폭락

사람들은 항상 쉴 곳이 필요하므로 주택시장이 폭락할 것이라고는 생각하지 못했습니다. 실제로 많은 분석가가 주택시장에 대해 긍정적인 전망을 가졌습니다. 2005년 6월 앨런 그린스펀 연방준비제도이사회

의장은 거품 붕괴(버스트)를 예상하지 못한 채 이렇게 말했습니다.

"국가 전체적으로 주택 가격에 '거품'이 있는 것으로 보이지는 않지만, 최소한 일부 지역 시장에서는 작은 거품(Froth, 프로스)의 징후가 보입니다."

하지만 되돌아보면 작은 거품은 시장 과열 상태(붐)의 마지막 단계였고, 세계 경제는 곧 고통스러운 재조정 과정을 거쳐야 했습니다.

잠깐만요!　　**'이번에는 다르다' 혹은 '다르지 않다'의 함정**

존 템플턴은 옳았다. 앞서 언급했듯 그는 이렇게 말했다.

"투자를 할 때 가장 위험한 영어 단어 네 가지는 '이번에는 다르다'다."

자산 가치와 관련된 붐 앤 버스트가 발생한 것은 이번이 처음이 아니다. 이와 관련한 사람들의 심리가 무척 흥미롭다. 사람들은 소득 대비 주택가격비율이 급상승했음에도 불구하고 시장 과열의 잠재적인 경고 신호를 무시했다.

신용경색

2007~2008년에 발생한 신용경색은 일련의 사건들이 금융 시스템 내 자금 부족으로 이어진 것으로, 은행의 유동성 부족과 파산을 야기했습니다. 그로 인해 금융시장과 세계 경제는 큰 충격을 받았습니다. 신용경색의 발생 원인은 주택시장 과열 그리고 모기지 업체의 영업 행태와 밀접한 관련이 있습니다.

주택시장 붕괴에서 시작된 은행의 위기

모기지 업체들은 모기지 대출을 늘리고 수익성을 높이기 위해 은행으로부터 자금을 빌렸습니다. 그리고 부채담보부증권(Collateralized Debt Obligations, CDO)*이라 불리는 복잡한 금융 상품을 만들어냈습니다. 부채담보부증권의 판매액은 2003년 300억 달러에서 2006년 2,250억 달러로 증가했습니다. 전 세계 은행들은 미국의 여러 모기지 업체에 돈을 빌려주면서 부채담보부증권을 구매했습니다. 은행들은 수익성 높은 투자 상품을 구매한다고 생각했을 뿐, 부채담보부증권이 위험성 높은 서브프라임 대출과 얼마나 연계되어 있는지 알지 못했습니다.

미국 주택시장이 붕괴되어 모기지 대출자들이 지급 불능 상태가 되자 모기지 업체들은 돈을 잃었습니다. 이론적으로 문제는 여기에서 끝나야 합니다. 하지만 전 세계 큰 은행들도 미국의 모기지 산업에 상당히

알아두세요

부채담보부증권
회사채나 금융회사의 대출채권 등을 한데 묶어 유동화시킨 신용파생상품

노출되었습니다. 은행들이 우회적으로 미국의 서브프라임 모기지 업체에 돈을 빌려주었기 때문입니다. 그로 인해 미국 모기지의 지급 불능 상태는 여러 은행(일반적으로 유럽은행의 모기지 대출 기준은 보다 엄격합니다)에 직접적으로 영향을 미쳤고, 결국 은행들은 많은 돈을 잃었습니다.

2000년대 금융 시스템의 또 다른 특징은 은행들이 대출 자금을 충당하기 위해 단기금융시장*을 자주 이용했다는 것입니다. 은행은 전통적인 은행 시스템하에서 일정 비율의 고객 예금을 대출 자금원으로 사용했습니다. 하지만 2000년대에는 은행들이 규제 완화와 성장 욕구 때문에 단기금융시장에서 낮은 이자율로 단기 대출을 받았습니다. 쉽게 말해, 은행이 대출을 영위하기 위해 다른 금융기관으로부터 자금을 빌린 것입니다. 이러한 영업 방식이 이상하게 보일 수도 있지만, 당시 단기금융시장은 매우 안정적이었고 이자율도 낮았습니다.

알아두세요

단기금융시장
만기가 1년 미만인 금융 상품이 거래되는 시장

전 세계 은행   대출   미국 모기지 업체   서브프라임 고객

CDO

▶ 전 세계 은행들은 간접적으로 미국의 과열된 서브프라임 모기지 대출에 자금을 댔다.

하지만 모기지 지급 불능 상태가 되자 많은 금융기관이 돈을 잃었습니다. 은행은 돈을 잃으면 유동성을 개선(현금 보유량 증가)해야 합니다. 따라서 은행은 대출을 줄이고 저축을 독려했습니다.

단기금융시장에서 대출을 받아 유동성을 유지하던 은행들은 더 이상 유동성을 확보할 수 없었습니다. 아무도 돈을 빌려주지 않았고, 단기금융시장의 규모도 줄어들었습니다.

갑자기 시장 내에 은행 예금을 비롯하여 안전한 투자는 없다는 인식이 퍼졌습니다. 사람들은 은행에 대한 신뢰도가 떨어지면 예금을 인출하려 합니다. 하지만 은행 시스템은 예금주들이 예금을 일시에 인출하려 하는 상황을 대처하지 못합니다. 1930년대 이래 볼 수 없었던 은행의 지급 불능 가능성에 대한 우려가 또다시 떠올랐습니다. 각국의 정부는 최종 대부자 역할을 자처하며 시장을 안심시켜야 했습니다. 영국에서는 정부가 500억 달러를 투자하여 일부 주요 상업은행들을 구제하고, 실질적인 국유화에 나섰습니다.

금융 시스템의 마비
신용경색의 가장 큰 문제점은 기업들과 개개인이 어떤 형태로든 대출을 받기 어렵다는 점입니다. 은행은 대출을 제공할 여력이 없었고, 새로운 대출을 제공하기보다 기존 대출을 회수해야 했습니다. 대부분의 기업은 대출을 받아 투자비용을 충당했지만 대출이 고갈되자 투자를 줄였고, 이는 경제성장률 하락으로 이어졌습니다.

신뢰도 하락과 석유 가격 상승, 높은 인플레이션 등의 요소들도 2007~2008년 경제에 영향을 미쳤습니다. 하지만 가장 큰 문제는 은행 대출이 대부분 동결되었다는 것이었고, 따라서 사업 및 경제활동이 원활하게 이루어지지 않았습니다. 그로 인해 1930년대 이래 가장 심각한 경기침체가 야기되었습니다.

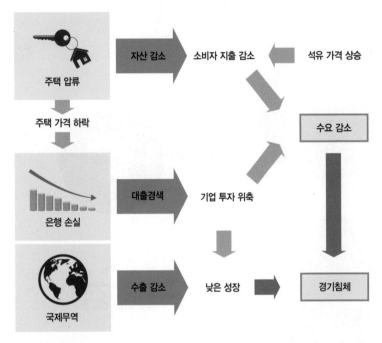

신용경색이 경제에 미치는 영향

주택 압류 → 자산 감소 → 소비자 지출 감소 ← 석유 가격 상승

주택 가격 하락

은행 손실 → 대출경색 → 기업 투자 위축

수요 감소

국제무역 → 수출 감소 → 낮은 성장 → 경기침체

▶ 신용경색은 연쇄반응을 일으켜 기업의 투자와 소비자 지출의 감소로 이어졌다. 이러한 일련의 요소들은 2008~2009년 수요 감소와 경기침체로 이어졌다.

잠깐만요! **리먼 브라더스**

2008년 10월 미국의 투자은행 리먼 브라더스는 유동성 부족의 직격탄을 맞았다. 놀랍게도 연방준비위원회와 정부는 이 상황에 관여하지 않았다. 그들은 그저 "운이 없다"라고 말했고, 리먼 브라더스는 결국 파산하고 말았다. 그로 인해 리먼 브라더스에 투자한 사람들은 모든 것을 잃었다.

아홉째
마당

국제 경제

92 세계화

세계화는 세계 각국의 경제가 통합화되고 상호 의존도가 높아지는 것을 의미합니다. 세계화는 일반적으로 '하나의 세계'를 향해 움직이며, 국경의 중요성은 줄어듭니다.

세계화는 상당히 모호한 개념이어서 세계화를 지지하거나 반대하는 입장에 따라 매우 유익한 것이 되기도 하고, 불행의 원천이 되기도 합니다. 하지만 대부분의 사람은 다음과 같은 세계화의 특징에 동의합니다.

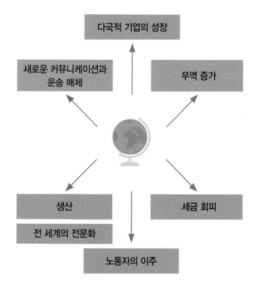

▶ 세계화의 특징

점점 더 빨라지는 세계화

세계화는 새로운 현상이 아닙니다. 첫 인류가 아프리카에서 이주해온 이래로 사람들은 세계 곳곳으로 이동해왔습니다. 마르코 폴로(Marco Polo, 1254~1324)는 중국과의 초기 무역 통로를 발견하여 세계화의 초기 개척자가 되었습니다. 하지만 의심할 여지없이 세계화 과정은 지난 50년간 급속히 빨라졌습니다. 그렇다면 무엇이 세계화를 가속화했을까요?

세계화가 가속화된 이유

- **자유무역의 증가**: 지난 50년간 일반적으로 관세가 인하되었고, 국제무역이 장려되었다.

- **신흥경제국의 성장**: 지난 20~30년간 중국, 인도, 브라질과 같은 많은 신흥경제국이 부흥했다. 이로써 새로운 수출시장이 탄생했고, 선진국에서 신흥경제국으로 생산 패턴이 이동했다.

- **기술**: 인공위성과 인터넷 커뮤니케이션 덕분에 실시간 통화와 화상회의 등이 가능해졌다.

- **컨테이너화**: 대단한 혁신은 별다른 기술을 요하지 않기 때문에 눈에 띄지 않기도 한다. 규격화된 선적 컨테이너는 무역에 대혁신을 가져왔다. 이는 인터넷 같은 현대 기술보다 더 대단한 혁신이라 할 수 있다.

세계화는 정말 좋은 걸까?

세계화의 단점

- 불평등 해소에 제한적인 기여

- 여전히 팽배한 빈곤(특히 아프리카 지역)과 불평등

- 서구권 비숙련 노동자의 임금 감소

- 환경 문제 악화

세계화에 반대하는 사람들은 세계화가 많은 국제 경제 및 사회 문제를 악화시킨다고 주장합니다. 노벨 경제학상을 수상한 미국의 경제학자 조지프 스티글리츠는 자신의 저서 《인간의 얼굴을 한 세계화》에서 이렇게 언급했습니다.

'세계화는 성공적으로 전 세계 사람들이 세계화에 맞서 단결하도록 했다. 미국의 공장 노동자들은 중국과의 경쟁에서 일자리를 잃을 위기에 처했다. 개발도상국의 농부들은 많은 보조금을 받는 미국 옥수수와 같은 농작물의 위협을 받았다.'

세계화는 개발도상국보다 선진국에 유리합니다. 예를 들어 개발도상국은 여전히 수요가 잘 늘지 않는 1차 생산품에 종속되어 있는 반면, 선진국은 노동비용이 저렴한 국가에서 노동집약적인 업무를 아웃소싱하여 이익을 봅니다. 세계화에 의해 초래된 환경 문제도 주로 개발도상국에 영향을 미칩니다. 선진국 입장에서는 아마존 정글과 같은 환경 문제에 취약한 지역에서 원자재를 수입하는 것이 보다 쉽습니다.

다국적 기업들은 세계화 덕분에 버뮤다나 룩셈부르크 같은 세금이 낮은 국가에서 사업 자격을 취득해 영업 국가에서 공공 서비스의 혜택을 누리는 동시에 세금을 회피할 수 있게 되었습니다. 해외에 설립된 미국의 주요 기업들은 세금 회피를 통해 엄청난 양의 현금을 비축했습니다.

선진국에도 세계화를 비판하는 목소리가 있습니다. 많은 사람이 세계화 때문에 제조업이 노동비용이 저렴한 국가로 아웃소싱되어 일자리가 사라졌다고 목소리를 높입니다. 또한 세계화는 비숙련 노동자의 임금을 끌어내리는 요인으로 비난받기도 합니다.

세계화는 정말 모든 문제의 원흉일까?

세계화의 장점

· 무역 증진, 소득 증가

· 빈곤 감소(특히 동남아시아 지역)

· 노동자의 이주, 빈곤 국가 내 노동자의 소득 증대

· 소득과 부의 증대

세계화를 지지하는 사람들은 세계화가 빈곤 국가의 소득 수준을 향상시켰다고 주장합니다. 외국인 투자는 자본 투자를 늘렸고, 새로운 일자리를 창출했습니다. 비록 임금이 낮을지라도 자급자족적인 농업계에 일자리가 생기는 것은 발전이라 볼 수 있습니다. 최근 수십 년간 많은 신흥경제국의 생활 수준이 향상되었고, 수백만 명의 사람이 빈곤에서 벗어났습니다.

오늘날 환경 문제는 매우 심각합니다. 하지만 세계화가 모든 환경 문제의 원흉은 아닙니다. 문제는 세계화의 과정이 아니라 협업의 부족입니다. 오히려 세계화를 더욱 강화할 필요가 있습니다. 국제적인 협업과 합의를 늘려 지속 가능한 방법으로 자원을 관리해야 합니다.

세계화는 종종 빈곤과 환경, 실업 같은 문제들의 상징으로 비춰집니다. 하지만 세계화의 과정을 되돌리기는 어렵습니다. 이를 되돌릴 수 있다 해도 국제적인 빈곤과 환경 파괴 같은 근본적인 문제를 해결할 수는 없습니다.

93

자유무역

자유무역은 어떤 경제학자들에게는 궁극적 목표이며, 경제적 철학의 초석입니다. 경제학자들은 대체로 자유무역의 혜택을 인정합니다. 하지만 많은 사람이 자유무역으로 인해 불평등이 심화되고 생활 수준이 낮아진다고 비판했고, 자유무역은 정치적으로 점차 인기를 잃어갔습니다. 그렇다면 경제학자들은 왜 자유무역을 칭송하는 것일까요?

자유무역이 가져온 혜택

무역이 없다면 국가들은 필요한 모든 것을 자체 생산해야 합니다. 국가들은 자유무역으로 인해 각자 자신 있는 영역을 전문화할 수 있습니다. 즉 각국은 다른 국가와 비교하여 가장 자신 있는 재화를 생산하고, 가장 잘 공급할 수 있는 서비스를 제공합니다. 예를 들어 중국은 노동 집약적인 제조업에 전문화되어 있고, 미국은 하이테크 IT 개발과 금융 서비스업 같은 서비스 부문 산업에 전문화되어 있습니다.

어떤 산업은 상당한 규모의 경제를 가지기 때문에 한 국가가 모든 소비재를 생산하려 하는 것은 비실용적입니다. 예를 들어 벨기에는 초콜릿 생산에 전문화되었고, 수출로 얻은 소득으로 소량의 비행기를 수입합니다. 이러한 전문화는 각국이 비효율적으로 모든 것을 하는 대신 소수의 특성화된 사업에 집중할 수 있게 하여 효율성을 높입니다.

애덤 스미스는 자신의 저서 《국부론》에서 가계의 경제를 국가의 경제에 비유했습니다. '모든 현명한 가장은 구입하는 것보다 만드는 것이 더욱 비싸다면 가내에서 만들려 하지 않는다.'

한 가정의 가장은 모든 것을 생산하려 하지 않습니다. 대신 전문화를 꾀하고, 스스로 만드는 것보다 구입하는 것이 저렴한 재화는 구입을 합니다. 국가가 그렇게 하는 것처럼 말입니다.

이상적인 자유무역의 장점

· 보호관세로 인해 많은 식료품의 현재 소비자 가격이 높게 책정되었다. 관세를 낮추면 소비자 가격도 낮아질 것이다.

· 자유무역은 전문화와 규모의 경제를 활성화한다. 이는 비용 절감과 가격 인하로 이어진다. 자동차 제조업계와 같은 산업계가 이에 해당한다.

· 수출 산업 내에 일자리를 창출한다.

· 더 많은 경쟁을 불러오고 재화 선택의 폭을 넓힌다.

북미자유무역협정

북미자유무역협정은 미국과 멕시코, 캐나다의 자유무역 협약입니다. 일부 미국 기업은 무역협정을 바탕으로 멕시코로 생산 거점을 옮겨 노동 비용을 절감하고 가격을 낮춰 수익성을 높였습니다. 이는 미국 기업에도, 멕시코 경제에도 좋은 소식입니다. 멕시코는 투자를 받아 노동 수요의 증가라는 혜택을 누렸습니다. 하지만 어떤 이들은 자유무역으로 인해 미국의 노동자들이 일자리를 잃거나 임금이 하락했다고 주장했습니다.

긍정적인 측면에서 보면 미국의 소비자는 멕시코에서 생산된 저렴한 재화의 혜택을 누리게 됩니다. 이에 미국의 소비자는 가처분소득이 증가하여 다른 경제 부문에서 더 많은 재화를 구매할 수 있게 되죠. 하지만 멕시코로 이주한 기업들에 의해 야기된 일자리 상실은 눈에 띄는 반면, 다른 재화의 수요가 소폭 상승한 것은 알아차리기 어렵다는 문제가 있습니다.

북미자유무역협정은 멕시코 노동자들의 소득을 증대하고 중산층의 성장을 이끌어 미국 수출품의 수요를 늘렸습니다. 또한 멕시코 노동자들의 임금 상승은 멕시코발 미국행 이민의 유인을 낮추는 데 일조했습니다.

하지만 자유무역의 이면을 잊어서는 안 됩니다. 북미자유무역협정은 단지 미국 기업들이 멕시코로 생산 시설을 옮긴 것에 대한 협정이 아닙니다. 미국은 석유를 제외하고는 멕시코에서 판매되는 제품과 농산품에서 무역흑자를 기록하고 있습니다. 일부 미국 노동자는 자유무역으로 인해 손해를 보았지만, 다른 미국 노동자들은 북미자유무역협정 회원국에 수출하는 산업계에 근무함으로써 혜택을 누렸습니다.

94

보호무역주의

보호무역주의는 값싼 수입품으로부터 국내 산업체를 보호하기 위해 수입관세 등의 방안을 책정하는 정책입니다.

보호무역주의와 수입관세의 이점

관세가 가져오는 수익

관세는 초기 미국 연방의 주요 소득원이었습니다. 1860년 관세는 연방수령액의 5,300만 달러(혹은 95%)에 달했습니다. 하지만 2010년에 이르러 이 수치는 1%까지 떨어졌습니다.

국내 일자리 보호

일부 기업은 자유무역 때문에 외국의 경쟁사와 겨룰 수 없어 파산하기도 합니다. 그로 인해 일자리가 사라지면 지역적인 장기침체가 발생할 수도 있습니다. 관세는 기업과 산업계 전체를 경쟁에서 보호하고, 일자리 상실을 예방하는 방법입니다.

산업체들은 자유무역 거래의 일환으로 수출이 늘어 점진적인 이익을 보게 됩니다. 하지만 대기업이 폐업하고 일자리가 사라지는 현상은 이러한 혜택보다 훨씬 더 두드러집니다. 대부분의 사람은 수입 과일 가격이 10% 하락한 것은 알아차리지 못하지만, 해외 자동차가 수입되면서 많은 사람이 해고된다면 분명 이를 알아차릴 것입니다.

이상적인 세상에서는 자유무역으로 인해 일자리를 잃은 사람들에게 다른 성장하는 산업계에서 일자리를 얻을 수 있도록 도움을 제공함으로써 보상할 수 있습니다. 하지만 노동자들이 이주하고 재교육을 받는 데 충분한 도움을 주지 못한다면 자유무역은 분명 특정 노동자 집단을 어려움에 빠뜨릴 것입니다. 비록 전반적으로 경제에 순이익이 있더라도 말입니다.

보호주의를 시행하면 달라지는 것

수입품에 높은 관세 부과

이는 수입품에 부과되는 부담금(세금)입니다. 유럽연합은 16년 이상 라틴 아메리카에서 수입된 바나나에 1톤당 176유로라는 매우 높은 관세를 부과했고, 이는 '바나나 전쟁(유럽연합의 남미 및 미국의 바나나에 대한 차별을 두고 벌어진 무역 분쟁-옮긴이)'이라 불렸습니다.

국내 산업에 보조금 지급

정부가 국내 산업에 넉넉한 보조금을 제공하는 것은 일종의 불공정 거래 및 보호주의라고 볼 수 있습니다. 예를 들어 유럽 정부는 항공업계에, 중국 정부는 자동차업계에 보조금을 지급합니다.

행정장벽 형성

이를 통해 외국 기업들은 자국과 다른 규정과 절차 때문에 무역에 어

러움을 겪습니다. 이는 유럽연합이 지역 내의 법률과 규정을 통합하려
한 이유이기도 합니다.

쿼터제 도입

이는 특정 국가에서 수입되는 재화의 물량을 제한하는 것입니다.
1980년대 초반 미국은 일본산 자동차의 수입을 제한하여 자국의 자동
차업계를 보호했습니다(역설적으로 쿼터로 인해 일본산 자동차의 가격이 올라
일본의 수익도 동반 상승했습니다).

95 유치산업보호

유치산업보호는 신흥 산업이 국제적인 환경에서 경쟁하기에 충분한 규모의 경제를 확보하기 이전에 일종의 보호주의가 필요하다는 주장입니다. 자유무역은 일반적으로 선진국에 유리합니다. 일부 경제학자는 자유무역이 신흥경제국에 나쁜 소식이라고 주장하기도 합니다.

신흥 산업은 계속 생겨난다

한 국가가 설탕 생산에 비교적 우위를 점하고 있다고 가정합시다. 이 국가의 경제와 수출의 60%가 설탕에 기초합니다. 이렇게 단 하나의 상품에 의지해 돌아가는 경제에는 많은 문제가 따릅니다.

우선 설탕 가격이 하락하면 국가는 어려움을 겪게 됩니다. 설탕 가격이 하락한 해에는 수출 소득이 감소해 조세수입이 줄어들고, 역성장이 발생할 수 있습니다. 또한 장기적인 관점에서 설탕 수요의 증가는 제한적일 것입니다. 국제적으로 소득이 증가한다 해도 부유한 소비자들은 설탕이나 커피보다는 의류, 자동차, 컴퓨터 등의 소비를 늘릴 것입니다. 설탕의 수요는 소득 비탄력적입니다.

이러한 이유로 설탕에 의존적인 나라는 부가가치가 높은 새로운 제조업세를 개발하는 등 경제를 다각화하고, 다른 산업을 육성할 필요가 있습니다. 비록 현재 비교적 우위가 없다 할지라도 말입니다.

자유주의에서 보호가 필요한 신흥 산업과 신흥국

하지만 이렇게 개발된 신흥 산업은 자유무역 때문에 경쟁력을 잃고, 저렴한 수입품을 구매하는 사람들 때문에 판매에 어려움을 겪을 수도 있습니다. 이때 개발도상국은 보호관세를 부과함으로써 신흥 산업을 개발할 기회를 보전할 수 있습니다. 시간이 지나면서 신흥 산업은 마침내 경쟁력을 갖추게 됩니다. 산업계가 튼튼해지고 규모의 경제를 이용할 수 있는 수준이 되면 자유무역에 참여하고 관세장벽을 철폐할 수 있습니다.

경제개발 수준을 고려하지 않고 모든 국가에 일방적으로 자유무역을 고집하는 것은 불공평합니다. 많은 선진국들은 과거에 이미 보호관세를 부과했습니다. 예를 들어 아시아의 호랑이 국가들(홍콩, 싱가포르, 한국, 대만-옮긴이)은 경제개발 기간 동안 관세를 부과했습니다. 따라서 다른 나라의 관세 부과를 금지하는 것은 위선적이라 할 수 있습니다.

▶ 농산품에 기초한 경제는 다양성이 부족하고 성장에 한계가 있다.

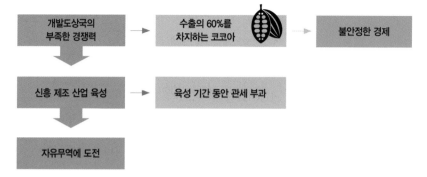

| 개발도상국의 부족한 경쟁력 | → | 수출의 60%를 차지하는 코코아 | → | 불안정한 경제 |

신흥 제조 산업 육성 → 육성 기간 동안 관세 부과

자유무역에 도전

▶ 이 표는 개발도상국이 직면한 선택들을 보여준다. 하나의 주요 수출 상품(코코아)에 의존하면 경제는 불안정해진다. 경제를 다각화하기 위한 대안은 신흥 산업을 개발하는 것이며, 신흥 산업이 경쟁력을 갖출 때까지 관세가 필요하다.

잠깐만요! 19세기 미국의 보호무역주의

1812년 영미전쟁(전쟁은 1815년에 끝났다!) 이후 값싼 영국산 수입품이 미국 시장으로 밀려들어 미국의 신흥 제조업계를 위협했다. 미국 정부는 이에 대응하여 새로운 관세를 도입해 영국산 수입품의 위세를 꺾고 제조업계의 성장을 도왔다.

미국은 19세기와 20세기 초반을 통틀어 수입품에 지속적으로 다양한 관세를 부과했다. 보호관세의 시기는 급속한 경제성장기와 일치했다. 이는 미국과 같은 현재의 선진국이 경제개발 초기 단계에서 어떻게 관세의 혜택을 누렸는지를 잘 보여준다.

96 근린궁핍화

근린궁핍정책은 한 국가가 다른 국가를 희생시켜 이득을 얻고자 하는 경제정책입니다. 중상주의시대의 근린궁핍화는 아마도 경쟁 제국의 금을 약탈하는 것을 의미했을 것입니다(14쪽 '중상주의' 참조).

현대의 근린궁핍화는 외국 기업들을 희생양 삼아 관세를 부과하여 수입을 줄이고, 국내 산업체를 보호하는 행위입니다. 또한 수출 경쟁력을 도모하기 위해 수입품의 수요를 줄이는 인위적인 통화의 가치절하를 의미하기도 합니다. 2000년대 초 중국의 환율이 인위적으로 과소평가되어 미국의 성장이 저해되고, 일자리가 줄어든다는 주장이 있었습니다.

근린궁핍화를 부르는 법인세 감면

근린궁핍화의 예로 법인세 감면을 들 수 있습니다. 1998~2003년 아일랜드는 거래 이익의 법인세를 32%에서 12.5%로 감면했습니다. 세금이 감면되자 구글과 마이크로소프트 같은 다국적 기업들이 아일랜드로 모여들었습니다. 세율은 낮아졌지만 수익성 높은 다국적 기업을 불러들인 것은 아일랜드의 전반적인 법인세 조세수입을 진작하는 데 도움이 되었습니다. 법인세 감면은 2000년대 초반 아일랜드의 경제 호황을 가져온 주요 원인으로 꼽힙니다. 세금 감면은 매우 훌륭한 정책인 듯합니다. 아일랜드 정부는 세수와 국내 투자가 증가하는 혜택을 누렸고, 아일랜드 기업들은 투자에 사용할 수익이 늘었습니다.

세계적 기업이 다른 국가로 이동해도 괜찮은 걸까?

하지만 문제는 미국과 유럽의 높은 세율을 피해 아일랜드로 이주한 구글과 마이크로소프트 등의 다국적 기업 덕에 아일랜드 정부가 조세수입이 증가하는 혜택을 누릴 때 미국과 다른 국가들은 손해를 보았다는 것입니다. 게다가 이제 다른 국가들도 아일랜드와 경쟁하기 위해 세금을 감면할 이유가 생겼습니다. 지난 수십 년간 법인세율은 전 세계적으로 꾸준히 감소했습니다. 그로 인해 기업들의 세후 이익은 증가했지만 일반 납세자들의 세금 부담은 늘었습니다. 이는 법인세의 감소분을 충당하기 위해 소득세와 판매세가 증가했기 때문입니다.

외국에서 유입된 국내 투자는 전 세계의 전반적인 경제 복지를 향상시키지 않습니다. 이는 단지 투자가 한 국가에서 다른 국가로 이동한 것에 지나지 않습니다. 세율이 높은 나라의 희생으로 세율이 낮은 나라가 혜택을 봅니다.

법인세 감면을 지지하는 의견

법인세 감면을 지지하는 사람들은 기업들의 보유이익이 늘면 투자 지출이 증가한다고 항변합니다. 이러한 투자는 더 나은 상품을 개발하고 경제 성장을 진작하는 데 도움이 될 수 있습니다. 하지만 현재 애플이나 구글 같은 다국적 기업들은 수익의 대부분을 투자하지 않고 현금으로 보유하고 있습니다. 예를 들어 애플이 미국 밖에서 보유하고 있는 현금은 2,000억 달러에 이릅니다. 미국의 높은 법인세율로 대기업이 외국에서 세금을 납부하기 때문입니다.

과도한 세금 경쟁을 막기 위해 국제적으로 법인세를 조율하려는 노력이 필요합니다. 그렇지 않으면 개인의 세금 부담은 늘어나고, 기업의 세금 부담은 낮아지는 추세가 계속될 것입니다.

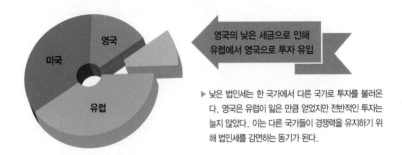

영국의 낮은 세금으로 인해 유럽에서 영국으로 투자 유입

▶ 낮은 법인세는 한 국가에서 다른 국가로 투자를 불러온다. 영국은 유럽이 잃은 만큼 얻었지만 전반적인 투자는 늘지 않았다. 이는 다른 국가들이 경쟁력을 유지하기 위해 법인세를 감면하는 동기가 된다.

97 글로벌 과잉 저축

글로벌 과잉 저축은 투자보다 저축이 더 선호되는 상황을 말합니다. 기본적으로 전 세계 기업과 개인은 투자보다 저축을 하는 경향이 있습니다.

세계적으로 과잉 저축이 발생하는 이유

개발도상국과 신흥경제국의 경제 성장

경제 성장으로 인해 부를 축적한 신흥 중산층은 현금 보유액과 저축을 늘렸습니다.

인구통계의 변화

미국에서는 베이비부머들이 은퇴를 준비하며 저축을 하기 시작했습니다. 전 세계적으로 고령 인구는 저축을 선호하며, 이러한 인구통계 변화는 선진국과 신흥경제국 모두에서 발생하고 있습니다.

국제적 불확실성

국제적으로 경제 성장이 둔화되면서 투자의 매력이 감소했습니다. 미국과 일본, 유로존 같은 국가들이 낮은 경제성장률을 보이자 투자자들은 위험한 기업 대출 대신 안전자산에 투자했습니다.

IT 대기업들의 현금 보유

최근 큰 성공을 거둔 일부 기업(마이크로소프트, 애플, 구글)이 보유한 현금의 양이 크게 증가했습니다. 이들 기업은 수익성이 높지만 현금 저축분을 투자할 필요를 느끼지 못했습니다.

중국의 경제정책

중국은 급격한 경제 성장으로 많은 부를 축적했습니다. 그리고 자국의 통화 가치를 낮게 유지하기 위해 외국 자산, 특히 일종의 저축이라 볼 수 있는 미국의 채권을 구매했습니다.

글로벌 과잉 저축은 문제일까?

개인의 관점에서 저축은 좋은 것으로 간주됩니다. 하지만 절약의 역설은 과도한 저축이 경제 전반에 의도하지 않은 결과를 가져온다는 것을 보여줍니다(154쪽, '절약의 역설' 참조). 어떤 이들은 과잉 저축이 2000년대의 낮은 이자율과 자산 거품에 어느 정도 책임이 있다고 봅니다.

2000년대의 글로벌 과잉 저축은 모든 유형의 채권 수요가 증가하는 데 일조했습니다. 모기지 업체들은 과잉 저축 덕분에 서브프라임 모기지에 기초한 담보채권을 쉽게 판매할 수 있었습니다(300쪽 '신용경색' 참조). 또한 과잉 저축은 이자율을 인위적으로 낮게 유지하는 데 일조해 주택 가격의 과열을 북돋웠습니다. 달리 말해, 글로벌 과잉 저축이 신용 거품을 악화시키고, 그에 따라 폭락을 초래했다고 볼 수도 있습니다.

저축의 과잉 수요는 국채 수요를 끌어올리고, 채권수익률을 낮췄습니다. 그리하여 정부의 대출비용이 낮아졌습니다. 또한 예금주들이 저축에서 얻는 소득도 감소했습니다. 저축에 대한 높은 수요는 이자율을 끌어내렸습니다. 이자율이 낮아진 이유 중 하나는 너무 많은 사람이 저축을 했기 때문입니다.

투자가 감소하자 기업의 보유수익이 늘어났고, 보유수익은 주주들에게 배분되거나 현금 보유액의 형태로 저축되었습니다. 많은 노동자의 실질임금은 2008년부터 2016년까지 제자리에 머물렀습니다. 이와는 반대로 기업들의 수익성과 현금 보유액은 실질소득보다 빨리 증가했습니다.

저축이 증가하면 상반된 결과가 뒤따릅니다. 정부는 부채비용이 감소하는 혜택을 누릴 수 있지만, 저축에서 발생하는 이자에 의지하는 사람들의 소득은 감소합니다.

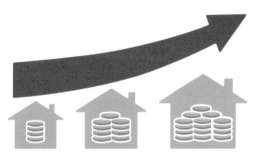

▶ 글로벌 과잉 저축의 영향으로 이자율이 낮아지고 달러의 가치가 올랐으며 자산(주택, 주식, 채권)의 가격이 상승했다.

98 유로화

유로화는 유럽연합의 법정 화폐인 유럽 단일 통화의 명칭입니다. 현재 28개국 유럽연합 회원국 중 19개국이 유로화를 사용하고 있습니다. 유럽연합은 단일 통화를 도입함으로써 정치적·경제적 통합과 다양한 경제적 혜택을 도모하고자 했습니다. 유로화의 경제적 혜택은 다음과 같습니다.

유로화의 경제적 혜택

거래비용 감소

유럽을 여행할 때 19개국에서 한 가지 통화를 사용할 수 있는 것은 큰 혜택이며, 이 덕에 여행자들은 거래비용을 아낄 수 있습니다.

안정적인 환율

유로화는 유럽 국가들 간의 미래 환율을 보장합니다. 이는 수출가와 수입가를 미리 알아야 하는 사업체에 유익하게 작용합니다. 또한 단일 통화의 안정성과 낮은 거래비용을 바탕으로 외국 투자를 유입할 수 있습니다. 예를 들어 일본 기업이 유로존 내에 공장을 설립하면 자유무역의 혜택을 누릴 수 있습니다.

가격 투명성

모든 재화와 서비스가 유로화로 표시되면 여러 유럽 국가 간의 가격을 비교하기 쉽습니다. 이론적으로 이는 가격 경쟁을 불러와 소비자에게 이롭습니다.

이러한 유로화의 혜택은 최근 몇 년간 유로존의 채권위기와 높은 실업률 때문에 빛을 발하지 못했습니다. 하지만 유럽연합은 열성적으로 동유럽의 신규 유럽연합 회원국들을 유로존으로 받아들였습니다. 물론 낮은 채무와 안정적인 환율이라는 조건을 충족해야 했습니다.

잠깐만요! **유로화의 역사**

1979년 이후– 각국의 환율조정제도(단일 통화를 준비하는 반고정 환율 시스템) 가입
1992년– 마스트리흐트 조약에서 유럽 국가들의 유로화 가입 조건 선포
1999년– 가상화폐 형태의 유로화 사용
2002년– 유로화 지폐와 동전 유통 시작, 각국의 구권과 교환
2010~2012년– 남부 유로존의 채권수익률 상승과 재정위기

유로화의 문제점

유로화는 수년 동안 제대로 작동하는 것처럼 보였지만, 2008년 신용경색으로 인해 심각한 운영상의 어려움을 겪게 되었습니다. 그 결과 긴축이 도입되고, 경기침체 및 높은 실업이 발생했으며, 유로화 프로젝트 전체가 잘못되었다는 두려움이 퍼졌습니다. 도대체 무엇이 잘못된 것일까요?

경제적 수렴

경제적으로 뒤처진 국가의 소득이 증가해 경제적으로 앞서 나가는 국가의 소득을 따라잡아 결국 동일한 수준에 이른다는 가설

유럽연합은 유로화가 경제적 수렴*을 가져와 회원국들이 비슷한 인플레이션율과 경제성장률을 보일 것이라 기대했습니다. 하지만 경제적 수렴은 일어나지 않았습니다. 남부 유럽 국가들(스페인, 포르투갈, 그리스)의 인플레이션율은 임금 인상으로 인해 보다 높은 폭으로 상승했습니다. 이는 스페인과 포르투갈의 수출 가격이 독일이나 네덜란드의 수출 가격보다 비싸졌다는 의미입니다.

과거에는 이러한 현상이 문제가 되지 않았습니다. 스페인의 높은 인플레이션은 독일의 마르크 대비 스페인의 페세타 가격 하락으로 이어지며 스페인의 경쟁력이 회복되었을 것입니다. 하지만 유로존에서 스페인과 포르투갈은 통화 가치를 낮출 수 없습니다. 유로존에는 유로화 때문에 각국의 환율이 없습니다. 그로 인해 스페인과 포르투갈의 재화는 점차 경쟁력을 잃었습니다.

2007년 스페인과 포르투갈, 그리스는 국내총생산의 10% 이상에 이르는 큰 폭의 경상수지 적자를 기록했습니다. 경상수지 적자는 유로존 내 경쟁력 차이를 나타내는 지표로, 경제 내에 근본적인 불균형이 있음을 나타냅니다. 경상수지 적자를 기록한 국가에서는 수입품의 가치가 수출품의 가치를 능가합니다. 이는 큰 폭의 경상수지 흑자(수출이 수입보다 많은)를 기록한 독일이나 네덜란드와 대조됩니다.

다음 그래프는 스페인과 포르투갈, 그리스는 경쟁력이 없어 수출보다 수입이 훨씬 더 많았음을 보여줍니다. 이는 결국 남부 유럽의 낮은 성장으로 이어졌습니다.

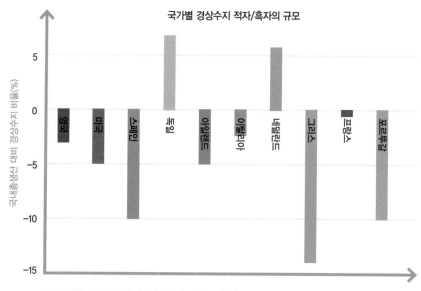

국가별 경상수지 적자/흑자의 규모

국내총생산 대비 경상수지 비율(%)

독일

미국

스페인

독일

크로아티아

이탈리아

네덜란드

그리스

유럽존

포르투갈

▶ 이 그래프는 국가별 경상수지 적자/흑자의 규모를 보여준다.

유로존은 경쟁력을 회복할 수 있을까?

통화 가치를 절하할 수 없는 스페인과 포르투갈, 그리스는 어떻게 국제 경쟁력을 회복할 수 있을까요? 정답은 인플레이션율과 임금을 낮추는 것입니다. 예를 들어 정부가 공공 부문의 임금을 낮추는 것이죠. 하지만 인플레이션율과 임금을 낮추면 경제 성장은 더욱 저조해지고, 부채의 실질가치가 증가할 수 있습니다. 게다가 이러한 내적 평가절하를 통한 경쟁력 회복은 수년간의 저성장과 높은 실업을 동반할 수 있습니다.

유로화 때문에 발생한 유로 채권위기

경쟁력 하락과 수출 하락만으로도 충분히 나쁘지만, 유로존의 경제가 실패한 데에는 또 다른 이유가 있었습니다. 유로존 체제하에서 스페인과 포르투갈, 그리스는 더 이상 중앙은행을 통해 유로화를 발행할 수 없었습니다. 이러한 상황에서 어느 나라가 국채를 판매하는 데 어려움

유로존 전체의 단일 이자율이 가지는 문제점

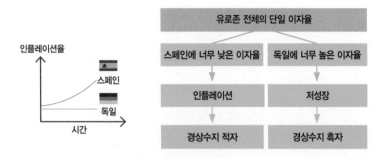

▶ 스페인의 인플레이션율은 독일의 인플레이션율보다 높지만 두 국가의 이자율은 동일하다(유로존 전체 동일 이자율 책정). 스페인 입장에서는 이자율이 너무 낮아 인플레이션과 경상수지 적자로 이어지고, 독일 입장에서는 이자율이 너무 높아 저성장과 경상수지 흑자로 이어진다. 이러한 경제적 격차는 '2차선 유로존(유로존 내 고속주행국과 저속주행국을 나누어 관리하려는 시도─옮긴이)'으로 이어진다.

을 겪을 때 해결책을 찾기란 쉽지 않습니다. 사람들은 유로화가 결코 유동성 문제에 결부되지 않을 것이라고 생각했으며, 투자자들에게 높은 신뢰도를 제공할 것이라고 가정했습니다.

하지만 실제로는 그렇지 않았습니다. 적자예산이 증가하는 가운데 결정적으로 유동성이 보장되지 않았습니다. 그 결과, 투자자들은 그리스의 채권을 시작으로 아일랜드와 스페인의 채권을 팔기 시작했습니다. 그러자 채권수익률이 급증했습니다. 아일랜드와 스페인이 채무불이행 상태에 이를까 두려워 채권을 팔자 투자자들은 더 높은 채권수익률을 요구했습니다. 투자자가 수익을 내며 채권을 팔아치우자 신뢰도는 더욱 하락했고, 채권 판매는 더욱 늘어났습니다.

이런 상황에서 민간 부문이 더 이상 국채를 사지 않으면 정부는 적자예산을 줄여야 합니다. 이는 정부 지출을 줄이고 세금을 늘리는 긴축정책을 펼쳐야 함을 의미합니다(258쪽 '긴축' 참조). 하지만 정부 지출이 감소하면 경제 내 수요는 더욱 줄어들어 경제 성장폭(또한 조세수입)이 감소합니다. 결국 남부 유로존 국가들은 저성장을 야기하는 정책을 펴야 하는 상황에 놓였습니다.

당시 남부 유로존 국가가 처한 상황

· 과대평가된 환율, 수출품의 수요 감소

· 임금 삭감, 소비자 신뢰도와 지출 감소

· 긴축 재정: 정부 지출 감소와 세금 인상을 통한 적자예산 감소

· 비정통적인 통화정책의 도입을 꺼리는 유럽중앙은행

이러한 긴축정책은 경기침체를 야기하고 부채위기를 악화시켰습니다. 높은 실업과 저성장은 조세수입의 감소와 복지에 대한 지출 증가로 이어졌습니다. 그로 인해 부채는 더 늘어났고, 나아가 채권수익률도 증가했습니다. 이는 부정적인 악순환이었습니다.

유럽중앙은행의 경제 방침 변경

2012년 유럽중앙은행은 경제 방침을 변경했습니다. 유럽중앙은행은 채권 판매에 어려움을 겪는 국가들에 유동성을 제공할 의사를 밝혔습니다. 이는 실질적으로 유럽중앙은행이 최종 대부자 역할을 하기로 약속한 것입니다. 유럽중앙은행의 관여 덕에 유로존 채권시장 내에서 신뢰도가 회복되어 채권수익률이 하락했습니다. 최종 대부자가 있다는 것을 시장이 알게 되면 시장의 안정성이 높아지므로 채권수익률은 낮게 유지됩니다.

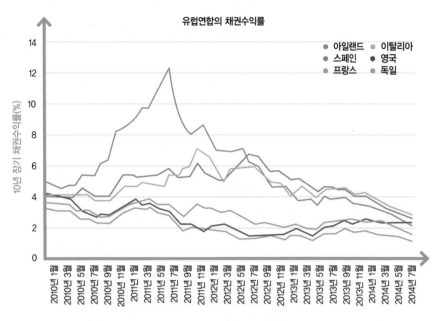

유럽연합의 채권수익률

- 아일랜드
- 이탈리아
- 스페인
- 영국
- 프랑스
- 독일

▶ 이 그래프는 선별된 유럽 국가들이 발행한 국채의 채권수익률을 보여준다. 2010~2012년 아일랜드와 스페인, 이탈리아의 채권수익률은 급증한 반면, 독일과 영국의 채권수익률은 낮은 수준에 머물렀다.

유로화보다 미국의 달러가 잘 작동하는 이유

미국은 18세기 후반에 공통통화인 달러를 도입했습니다. 이론적으로 미국 내 각 주는 개별적인 통화를 가질 수 있지만, 이는 분명 불필요한 거래비용을 야기하고 각 주 간의 경제활동을 저해할 것입니다.

미국은 공통통화를 사용하여 경제 효율성을 최대화하기 때문에 미국을 최적통화지역*이라고 일컫는 것이 합당합니다. 유로존 내 19개국도 미국과 마찬가지로 공통통화를 사용합니다. 그런데 공통통화가 미국에서는 잘 작동하는 반면, 유럽에서는 그렇지 않은 이유는 무엇일까요?

| 알아두세요

최적통화지역
개별 화폐의 사용을 포기하고 단일화된 화폐를 사용하는 것이 더 나은 지역

지리적 이동성

플로리다 주에서 경기침체와 높은 실업이 발생한다면 그곳에 거주하

는 노동자들은 상대적으로 쉽게 뉴욕이나 서부연안 지역으로 이주하여 일자리를 찾을 수 있습니다. 하지만 유럽에서는 지리적인 이동이어렵습니다. 스페인의 실업자가 독일로 이주하는 것은 쉬운 일이 아닙니다. 그들은 독일어를 구사하지 못해 일자리와 살 곳을 구하는 데 어려움을 겪을 것입니다.

재정동맹

유로존 내 국가들 사이에는 재정동맹이 없으며, 각국이 개별적인 예산과 적자예산을 가지고 있습니다. 남유럽 국가들은 이러한 상황에 밀려 적자를 줄이기 위해 긴축을 추구했습니다. 미국에는 각 주별 예산과 별도로 연방예산이 있어 어려움을 겪는 지역에 보다 쉽게 지출을 이전할 수 있습니다. 뉴멕시코처럼 상대적으로 가난한 주는 해당 지역 국내총생산의 250%가 넘는 순재정유입(연방세금에 기초한 연방지출을 통해)을 받습니다. 유럽연합 내에도 일부 재정유입이 있기는 하지만 전체 국내총생산 대비 차지하는 비율은 매우 낮습니다.

많은 경제학자가 유로화가 보다 효과적으로 운영되기 위해서는 재정동맹이 필요하다고 주장합니다. 하지만 재정동맹을 이루기 위해서는 강력한 정치적 의지가 바탕이 되어야 합니다. 그런데 독일의 유권자들은 경기침체에서 그리스를 구제하기 위한 보조금을 지급하는 것을 탐탁지 않아 할 수도 있습니다. 반면 미국에서는 부유한 뉴욕 주가 중서부 지역의 러스트 벨트를 지원하는 것에 대한 정치적 수용성이 높습니다.

99 경제개발

경제개발은 생활 수준을 높이고, 사회 복지를 진작하며, 경제 성장의 양과 질을 늘리는 효과적인 방법을 논하는 경제학 분야입니다.

경제개발은 실질국내총생산, 사망률, 교육 수준, 정치적 자유, 의료 서비스, 환경 등 삶의 질에 영향을 미치는 다양한 통계를 분석합니다. 경제개발 수준이 개선되지 않더라도 국내총생산은 증가할 수 있습니다. 예를 들어 어느 나라가 전쟁을 하느라 많은 돈을 지출한다면 국내총생산은 증가하겠지만 삶의 질은 심각하게 훼손될 것입니다. 경제개발은 단순히 평균 소득이 아니라 경제 성장이 측정 가능한 삶의 개선으로 이어지는지의 여부를 평가합니다.

국제적 불평등의 심각성

2015년 미국의 1인당 실질국내총생산은 5만 6,084달러였습니다. 하지만 같은 해 소말리아의 1인당 실질국내총생산은 474달러, 라이베리아와 콩고, 중앙아프리카공화국의 1인당 실질국내총생산은 1,000달러 이하였습니다. 세계적으로 보면 엄청난 소득 격차가 있습니다. 그렇다고 국내총생산 통계가 모든 경제 상황을 반영하는 것은 아닙니다. 개발도상국은 소득뿐 아니라 생활비용도 낮습니다. 라이베리아에서는 미국에서보다 1달러로 더 많은 것을 구매할 수 있습니다. 하지만 서로 다른 통화별 구매력평가지수(237쪽 '구매력평가지수' 참조)를 감안한 후에도 불평등은 상당합니다.

무엇이 빈곤을 유발하는 걸까?

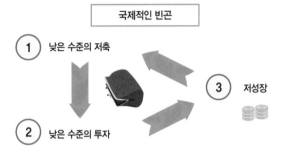

국제적인 빈곤

① 낮은 수준의 저축

② 낮은 수준의 투자

③ 저성장

▶ 이러한 국제적인 빈곤의 순환에서 낮은 수준의 저축은 낮은 수준의 투자를 의미한다. 낮은 수준의 투자는 저성장과 지속적으로 낮은 수준의 저축으로 이어진다.

경제개발을 하기 위해서는 특히 교육과 의료 서비스, 교통에 대한 투자가 중요합니다. 하지만 매우 낮은 국내총생산으로 이러한 투자를 충당하기는 어렵습니다. 국제적인 빈곤의 순환을 깨뜨리기 위해서는 저축과 투자, 삶의 기회를 늘리는 데 도움이 되는 정책이 필요합니다(339쪽 '빈곤의 순환 타파' 참조).

> **잠깐만요!** 　**공적개발원조(Official Development Assistance, ODA)**
>
> 정부 원조는 공적 원조로 분류되며, 경제개발을 도모한다는 목적하에 유리한 대출 이자율로 원조를 제공한다. 2019년 기준 해외 원조를 가장 많이 제공하는 상위 6개 국가는 미국, 독일, 영국, 일본, 프랑스, 스웨덴이다. 미국은 가장 큰 금액을 지원하지만 국민총소득의 0.15%에 불과한 수준이고, 스웨덴은 국민총소득의 0.96%를 기부했다. 한국은 16위로, 국민총소득의 0.15%를 기부했다.(출처: OECD)

워싱턴 컨센서스: 경제개발의 조건

워싱턴 컨센서스는 국제통화기금과 세계은행, 미국 재무부가 권장하는 일련의 자유무역 및 시장 중심의 정책을 설명하는 데 사용되는 용어입니다. 국제통화기금과 세계은행, 미국 재무부는 경제개발의 조건으로 다음 사항을 꼽았습니다.

> **경제개발의 조건**
>
> - **거시경제적인 안정성:** 정부는 통화정책을 통해 인플레이션을 관리하고 적자
>   예산을 낮게 유지해야 한다.
> - **자유시장:** 혁신과 효율성 증대를 도모하기 위해 민영화를 장려해야 한다.
> - **규제 완화:** 경쟁시장 체제를 도입해야 한다. 국내시장 내 경쟁은 물론이고,
>   자유무역을 더욱 활성화하기 위해 관세를 줄여야 한다.
> - **경쟁적 변동환율**
> - **민영화:** 정부 소유의 자산을 민간 부문에 팔아야 한다.

국제통화기금은 구제금융을 제공하는 조건으로 차입국에 이러한 방침을 내걸었습니다. 그로 인해 많은 개발도상국이 디플레이션을 막는 정책과 시장 자유화를 추구하게 되었습니다.

워싱턴 컨센서스에 대한 비판

워싱턴 컨센서스에 대한 비판은 워싱턴 컨센서스가 제안하는 조건들이 모든 국가의 모든 상황에 적합하지 않다는 것이 주를 이룹니다. 인플레이션과 적자예산을 줄이기 위해서는 이자율을 높이고, 세금을 늘리며, 수요를 끌어내리고, 경제적 불황을 야기하기까지 하는 정책을 펼쳐야 합니다.

워싱턴 컨센서스의 지지자들은 이러한 충격 요법이 유효하며, 장기적인 경제 개선을 위해 단기간의 고통을 감내해야 한다고 말합니다. 하지만 비평가들은 워싱턴 컨센서스가 높은 실업과 사회 복지 개혁의 감소와 같은 사회적 문제들을 무시한다고 주장합니다. 민영화와 자유화는 장단점이 있으므로 이에 대한 의견도 분분합니다. 예를 들어 볼리

비아에서는 상수도를 민영화하자 가난한 사람들이 수돗물을 이용할 수 없게 되었고, 수도 요금도 올랐습니다.

워싱턴 컨센서스는 '신자유주의(쉽게 말해, 규제가 없는 자유시장에 대한 믿음)' 이념의 연장선상에 서 있습니다. 그런데 1989년에 워싱턴 컨센서스라는 용어를 만들어낸 영국의 경제학자 존 윌리엄슨(John Williamson)이 교육 및 공공 인프라에 지출을 이전하는 것을 옹호했다는 점은 주목할 만합니다. 워싱턴 컨센서스는 본래 자유시장정책과 정부의 개입을 모두 포함하는 개념이었지만, 시간이 지나면서 자유시장식 접근법이 보다 큰 영향력을 발휘하게 되었습니다.

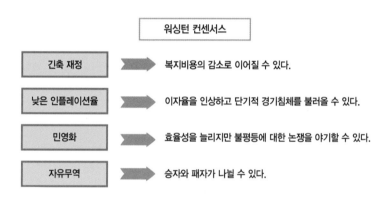

▶ 개발도상국이 워싱턴 컨센서스를 따르는 경우, 낮은 인플레이션율을 달성하면서 이자율이 오르고 경기침체로 이어질 수도 있다.

잠깐만요! **국제통화기금(IMF)과 세계은행**

1944년에 설립된 국제통화기금은 189개 회원국으로 이루어진 국제기구로, 미국 워싱턴주에 본부를 두고 있다. 국제통화기금의 주요 목적은 국제 경제의 안정화이며, 금융위기나 국제수지 위기에 빠진 국가에 단기 자금을 제공한다. 세계은행은 1944년에 설립된 국제기구로, 국제적인 빈곤 퇴치를 위해 대출을 제공하고 국제무역과 투자를 도모한다.

100 풍요의 역설

석유나 다이아몬드 같은 천연자원이 풍부한 나라들이 국내총생산과 경제개발 측면에서 봤을 때 가난한 이유는 무엇일까요? 바로 풍요의 역설 때문입니다. 언뜻 생각하기에 풍부한 천연자원을 보유한 나라는 부유하게 살 것 같습니다. 천연자원이 있으면 수출과 국내총생산, 일자리 등 대부분의 거시경제적 변수에 이롭게 작용할 테니까요. 하지만 실제로 이러한 국가들이 많은 어려움을 겪기도 합니다.

쉽게 번 돈은 문제를 일으킨다

천연자원은 독점력을 가진 기업이 소유한 경우가 많습니다. 이 때문에 일반 시민들은 낙수효과에서 오는 혜택을 온전히 누리기 어렵습니다. 천연자원의 소유권을 놓고 내란을 일으키기도 합니다. 다이아몬드 및 기타 자원을 팔아 남긴 수익은 앙골라 같은 일부 아프리카 지역에서 내전의 이유가 되며, 계속되는 전쟁으로 발생하는 비용을 충당하는 데 사용되기도 합니다. 또한 천연자원을 채굴하고 정제하는 데에는 외국계 다국적 기업의 투자가 필요한 경우가 많습니다. 다국적 기업들은 개발도상국에 투자를 하지만 수익의 대부분은 해외로 빠져나갑니다. 한 국가가 대량의 석유를 발견했다고 가정합시다. 그러면 석유 산업을 통해 조세수입을 늘리고 수출 수익을 얻기 쉬우므로 석유를 제외한 다른 경제 부문은 뒤처지게 됩니다. 석유를 생산할 수 있으면 경제를 다각화하거나 다른 산업을 개발할 동기가 적어집니다. 또한 석유가 발견되면 일반적으로 환율이 올라 다른 수출 산업의 경쟁력이 저하됩니다. 2014~2016년 석유 가격이 하락했을 때 러시아와 베네수엘라처럼 석유 의존도가 높은 나라들은 심각한 문제를 겪었습니다. 심지어 부유한 사우디아라비아마저도 어려움을 겪었습니다. 이들 국가는 석유를 통해 얻을 수 있는 예상 세금과 수출 수익을 기초로 경제 계획을 세웠습니다. 석유 의존도가 높은 경제는 석유 가격이 하락했을 때 줄어든 수익을 감당할 수 없었습니다.

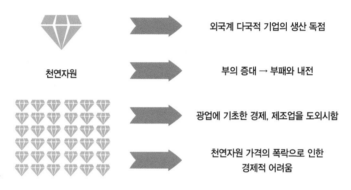

▶ 왜 대량의 천연자원을 발견하면 역설적으로 경제에 문제가 생길까? '쉬운' 돈은 축복이기도 하고, 저주이기도 하다.

노르웨이 모델

천연자원이 발견된다고 해서 항상 문제가 생긴다거나 빈곤이 악화되는 것은 아닙니다. 노르웨이와 같은 나라들은 조세수입을 투자하여 공공기반시설을 개선하고 미래를 위해 저축하는 데 많은 노력을 기울입니다. 천연자원을 현명하게 사용하면 모든 사람에게 혜택이 돌아갑니다. 천연자원은 경제개발과 성장을 돕습니다. 천연자원이 없었다면 많은 저개발국가가 더욱 가난했을 것입니다.

101

빈곤의 순환 타파

개발경제학은 빈곤의 순환을 타파하고, 개발도상국 내 생활 수준을 개선하는 방안을 연구합니다. 개발경제학의 대표적인 모델로 워싱턴 컨센서스를 꼽을 수 있으며, 다음과 같은 관련 방침이 있습니다.

개발도상국의 채무 탕감

채무가 있는 개발도상국들은 외국에서 벌어들인 수입 중 대출을 상환하는 데 드는 비용의 비율이 점점 더 증가하는 악순환에 빠집니다. 따라서 이들은 공공기반시설 같은 곳에 투자할 자금이 부족합니다. 채무 탕감은 개발과 사회 복지에 사용할 자금을 확보할 수 있게 해줍니다. 국제통화기금과 세계은행은 1996년에 고채무빈곤국(Heavily Indebted Poor Countries, HIPC) 41개국(대부분 아프리카 국가)의 채무를 탕감하고자 했습니다. 국제통화기금은 부채 탕감에 710억 달러(2007년 기준)가 들 것이지만, 이는 지속 불가능한 대출을 없애는 데 일조할 것이라고 예상했습니다.

해외 원조

이는 자금을 투입하여 공공기반시설을 개선하고, 부실한 의료 서비스와 상수도 공급, 교육 문제 등을 해결합니다. 해외 원조가 기부 의존도를 높이고, 기부 국가와의 계약에 묶여 부적절하게 사용될 수 있다고 생각하는 사람들도 있습니다. 하지만 해외 원조가 적절하게 제공되면 교육 등과 같은 경제의 기초를 다질 수 있습니다.

해외 자본 투자의 증가

이는 생산력과 소득을 늘려 임금과 수요, 기업의 투자 인센티브가 상승하는 긍정적인 승수효과를 가져옵니다. 하지만 이는 자본 투자의 성향에 따라 달라집니다. 예를 들어 다국적 기업들이 원자재 확보에 투자한다면 일반 시민이 느끼는 낙수효과는 미미할 것입니다. 자원을 소유한 사람은 많은 이익을 보겠지만, 수익은 선진국의 다국적 기업에 돌아갑니다. 원자재가 풍부한 개발도상국이 직면한 도전 과제 중 하나는 풍부한 원자재를 어떻게 교육과 공공기반시설에 대한 광범위환 투자로 전환하느냐 하는 것입니다.

▶ 투자를 늘려 개발도상국 내 빈곤의 순환을 타파할 수 있다.

잠깐만요!　　**중국의 개발도상국 지원**

중국은 최근 아프리카에 도로와 철도를 짓는 데 많은 투자를 했다. 이는 이타적인 행동이 아니라 자신의 이익에 따라 행동하라는 오래된 경제 격언을 따른 것이다. 중국은 아프리카의 원자재에 보다 효율적으로 접근하고자 했다. 하지만 중국이 떠나더라도 도로와 철도의 정비와 자본 투자는 아프리카의 개발에 도움이 된다.